高等院校计算机应用系列教材

信息检索技术
（第五版）（微课版）

孟骕 汪楠 主编

成鹰 副主编

清华大学出版社
北京

内 容 简 介

本书以信息资源的收集、甄别、整理、分析、利用和评价为主线，从信息检索的相关概念、基本原理以及常用技术和方法出发，注重常用检索工具的结构、检索方法和使用技巧的介绍，同时，借助大量的检索示例，将信息检索基础知识与检索案例分析紧密结合，帮助读者快速掌握数字化信息资源的检索和利用方法。

本书结构合理、内容全面、重点突出、注重实用性，为广大读者提供了有效的信息资源利用方法；通过大量的检索实训项目，使读者在掌握信息检索知识的同时，能更有效地巩固检索技能。本书既可用作高等院校信息检索课程的教材，又可用作科研、政务办公和社会各界用户检索信息资源的工具书。

本书的电子课件和习题答案可以到 http://www.TUPWK.com.cn/downpage 网站下载，也可以通过扫描前言中的"配套资源"二维码进行下载。扫描前言中的"教学视频"二维码，可以直接观看教学视频。

本书封面贴有清华大学出版社防伪标签，无标签者不得销售。
版权所有，侵权必究。举报：010-62782989，beiqinquan@tup.tsinghua.edu.cn。

图书在版编目(CIP)数据

信息检索技术：微课版 / 孟骦，汪楠主编. —5版. —北京：清华大学出版社，2023.2（2025.5重印）
高等院校计算机应用系列教材
ISBN 978-7-302-62666-4

Ⅰ.①信… Ⅱ.①孟… ②汪… Ⅲ.①信息检索—高等学校—教材 Ⅳ.①G254.9

中国国家版本馆 CIP 数据核字 (2023) 第 015211 号

责任编辑：胡辰浩
封面设计：高娟妮
版式设计：妙思品位
责任校对：成凤进
责任印制：沈 露

出版发行：清华大学出版社
网　　址：https://www.tup.com.cn, https://www.wqxuetang.com
地　　址：北京清华大学学研大厦 A 座　　邮　　编：100084
社 总 机：010-83470000　　邮　　购：010-62786544
投稿与读者服务：010-62776969, c-service@tup.tsinghua.edu.cn
质 量 反 馈：010-62772015, zhiliang@tup.tsinghua.edu.cn

印 装 者：三河市龙大印装有限公司
经　　销：全国新华书店
开　　本：185mm×260mm　　印　张：15　　字　数：356 千字
版　　次：2014 年 9 月第 1 版　2023 年 2 月第 5 版　　印　次：2025 年 5 月第 4 次印刷
定　　价：78.00 元

产品编号：097102-01

前言

信息资源是人类进行学习、生活、科学研究和事业发展的基础，而信息资源的有效存储和检索作为人们获取信息资源的主要手段，也已经成为人们必须掌握的基本技能。掌握一定量的必要信息，是进行研究、搞好工作的首要条件，也是进行正确决策必不可少的前提条件。科学的决策，源于对信息资料的充分了解与认识，信息检索是国家、部门、单位和个人等决策者获取信息的重要途径，可大大提高决策的科学性。

随着全球信息化时代的到来，信息的传播已经与日新月异的互联网技术紧密结合，信息资源的检索理念和方法也在不断更新。为了适应社会的变化，满足大家对资源检索的需要，本书作者在编写了《信息检索技术》(第四版)之后，根据读者的反馈及信息检索资源和信息检索技术的更新，编写了《信息检索技术》(第五版)(微课版)。

本书立足经典知识体系，注重系统性与完整性，注重培养信息检索理论实践一体化的能力。本书针对不同信息资源的基本组成结构和信息检索工具的特点，注重检索技巧和常用检索工具的介绍，并为读者提供了相应的检索实例。本书针对学生毕业设计论文的选题、写作和查重的需求，详细介绍了科研选题的策略、检索结果的分析以及检索系统评价等内容，为信息资源的有效利用奠定了基础。

《信息检索技术》(第五版)(微课版)是辽宁省一流本科课程(线上一流课程)"信息检索"的建设成果，提供微课视频，实现了微课同步导学，优质资源助力教学。本书中的"微课堂"是按照问题型微课结构建设的，即提出问题 (P，pose the problems)—分析问题(A，analyze the problems)—解决问题(M，manage the problems)。每个微课堂单元给出了结构设计的具体内容，即PMA(专题—知识—方法)。

本书共分7章，内容包括绪论、中国知网(CNKI)、搜索引擎应用、特种文献检索、国外科技信息资源检索、信息资源的利用、文献信息服务。本书由孟骥、汪楠担任主编，成鹰担任副主编。孟骥编写第2章、第4章和第7章；汪楠编写第1章、第6章和附录C；成鹰编写第3章、第5章、附录A和附录B。本书课件由牛正宇整理完成。

在本书的编写过程中借鉴了许多网络资源和相关学者的研究成果，在此谨向相关机构和作者致以诚挚的谢意。

由于作者水平有限，书中难免有疏漏和不足之处，恳请专家和读者批评指正。我们的电话是010-62796045，邮箱是992116@qq.com。

本书的电子课件和习题答案可以到http://www.tupwk.com.cn/downpage网站下载，也可以扫描下方的"配套资源"二维码获取。扫描下方的"教学视频"二维码可以直接观看教学视频。

配套资源

教学视频

作　者

2022年6月

目 录

第1章 绪 论 1
1.1 信息与文献基本知识 1
- 1.1.1 从信息到文献 1
- 1.1.2 信息的分类 4
- 1.1.3 文献的分类 4

1.2 信息检索基础 8
- 1.2.1 信息检索的原理 8
- 1.2.2 信息检索的类型 9
- 1.2.3 信息检索的工具 10
- 1.2.4 信息检索的意义 14

1.3 信息检索的途径 15
- 1.3.1 外部特征检索途径 15
- 1.3.2 内容特征检索途径 16

1.4 信息检索的步骤和方法 17
- 1.4.1 信息检索的步骤 17
- 1.4.2 信息检索的方法 20
- 1.4.3 计算机信息检索基础 21

本章小结 23

综合练习 24

第2章 中国知网(CNKI) 27
2.1 中国知网(CNKI)综述 27
- 2.1.1 关于中国知网 27
- 2.1.2 中国知网数据资源 29
- 2.1.3 中国知网检索综述 30

2.2 中国知网初级检索 31
- 2.2.1 CNKI初级单库检索 32
- 2.2.2 CNKI初级跨库检索 34

2.3 中国知网高级检索 36
- 2.3.1 CNKI的高级检索概述 36
- 2.3.2 CNKI单库高级检索 39
- 2.3.3 CNKI跨库高级检索 42

2.4 中国知网其他检索 44
- 2.4.1 中国知网专业检索 44
- 2.4.2 中国知网出版物检索 47
- 2.4.3 中国知网学术不端检测 49

2.5 常用的其他中文数据库检索系统 52
- 2.5.1 万方数据 52
- 2.5.2 维普资讯网 57

2.6 检索实例 61

本章小结 64

综合练习 64

第3章 搜索引擎应用 69
3.1 网络信息资源概述 69
- 3.1.1 网络信息资源检索的特点 70

3.1.2 搜索引擎概念及工作原理……71
3.1.3 搜索引擎检索的分类……73
3.1.4 搜索引擎的使用技巧……75

3.2 搜索引擎的利用……77
3.2.1 Baidu及其基本操作……77
3.2.2 地图搜索……81
3.2.3 图像搜索……86

3.3 搜索引擎的常见问题与选择……91
3.3.1 搜索引擎的常见问题……91
3.3.2 搜索引擎的选择……92

3.4 检索实例……92
本章小结……94
综合练习……94

第4章 特种文献检索……99

4.1 专利文献……99
4.1.1 专利基础知识……100
4.1.2 专利文献的情报价值……102
4.1.3 专利文献的结构与编号……103
4.1.4 专利文献的分类方法及检索途径……106

4.2 中文专利检索……108
4.2.1 国家知识产权局专利网络检索系统……108
4.2.2 中国专利信息网……113

4.3 标准文献……114
4.3.1 标准文献基础知识……114
4.3.2 标准文献的分类……116
4.3.3 ISO标准……119

4.4 标准文献检索……121
4.4.1 国内标准文献检索工具……121
4.4.2 中国标准服务网检索……123
4.4.3 ISO标准的网络信息检索……126

4.5 政府出版物……127
4.5.1 政府出版物基础知识……127
4.5.2 政府出版物检索……128

4.6 检索实例……130
本章小结……131
综合练习……132

第5章 国外科技信息资源检索……135

5.1 美国《工程索引》……135
5.1.1 《工程索引》概述……135
5.1.2 《工程索引》印刷版……136
5.1.3 《工程索引》光盘数据库……138
5.1.4 《工程索引》Web版……138
5.1.5 EI Compendex Web检索方法……138

5.2 美国《科学引文索引》……142
5.2.1 美国科学信息研究所(ISI)……142
5.2.2 《科学引文索引》概述……143
5.2.3 《科学引文索引》印刷版……143
5.2.4 《科学引文索引》Web版……144
5.2.5 《科学引文索引》检索方法……144

5.3 英国《科学文摘》……151
5.3.1 《科学文摘》概述……151
5.3.2 《科学文摘》印刷版……151
5.3.3 INSPEC(科学文摘, Science Abstract 网络版)……153
5.3.4 《科学文摘》检索方法……153

5.4 国外全文数据库……154

5.5 国外其他免费信息资源⋯⋯⋯⋯⋯ 161
5.6 检索实例⋯⋯⋯⋯⋯⋯⋯⋯⋯⋯ 163
本章小结⋯⋯⋯⋯⋯⋯⋯⋯⋯⋯⋯⋯ 168
综合练习⋯⋯⋯⋯⋯⋯⋯⋯⋯⋯⋯⋯ 168

第6章 信息资源的利用⋯⋯⋯⋯⋯ 171

6.1 信息资源的收集⋯⋯⋯⋯⋯⋯⋯ 171
    6.1.1 信息资源收集的方法⋯⋯⋯ 172
    6.1.2 信息资源收集的原则⋯⋯⋯ 173
6.2 信息资源的鉴别和整理⋯⋯⋯⋯ 174
    6.2.1 信息资源的鉴别⋯⋯⋯⋯⋯ 175
    6.2.2 信息资源的整理⋯⋯⋯⋯⋯ 175
6.3 信息资源的分析⋯⋯⋯⋯⋯⋯⋯ 176
    6.3.1 综合法⋯⋯⋯⋯⋯⋯⋯⋯⋯ 176
    6.3.2 分析法⋯⋯⋯⋯⋯⋯⋯⋯⋯ 176
6.4 信息资源的利用⋯⋯⋯⋯⋯⋯⋯ 177
    6.4.1 科研选题及信息收集⋯⋯⋯ 177
    6.4.2 学术论文的开题与写作⋯⋯ 178
    6.4.3 文献综述的写作⋯⋯⋯⋯⋯ 182
    6.4.4 信息资源研究报告⋯⋯⋯⋯ 184
6.5 信息资源研究的评价⋯⋯⋯⋯⋯ 186
    6.5.1 信息资源的评价⋯⋯⋯⋯⋯ 186
    6.5.2 信息检索效果评价⋯⋯⋯⋯ 188
    6.5.3 改善计算机检索效果的
          方法与技巧⋯⋯⋯⋯⋯⋯⋯ 191
6.6 检索实例⋯⋯⋯⋯⋯⋯⋯⋯⋯⋯ 193
本章小结⋯⋯⋯⋯⋯⋯⋯⋯⋯⋯⋯⋯ 195
综合练习⋯⋯⋯⋯⋯⋯⋯⋯⋯⋯⋯⋯ 195

第7章 文献信息服务⋯⋯⋯⋯⋯⋯ 199

7.1 文献信息服务系统⋯⋯⋯⋯⋯⋯ 199
    7.1.1 图书馆系统⋯⋯⋯⋯⋯⋯⋯ 199
    7.1.2 科技信息研究系统⋯⋯⋯⋯ 203
    7.1.3 档案馆系统⋯⋯⋯⋯⋯⋯⋯ 204
    7.1.4 中国版本图书馆⋯⋯⋯⋯⋯ 205
7.2 图书资源检索⋯⋯⋯⋯⋯⋯⋯⋯ 208
    7.2.1 常见的图书类型⋯⋯⋯⋯⋯ 208
    7.2.2 图书馆信息资源导航⋯⋯⋯ 209
    7.2.3 图书馆信息资源服务⋯⋯⋯ 210
    7.2.4 图书的检索途径⋯⋯⋯⋯⋯ 211
7.3 科技查新⋯⋯⋯⋯⋯⋯⋯⋯⋯⋯ 211
    7.3.1 科技查新概述⋯⋯⋯⋯⋯⋯ 212
    7.3.2 科技查新的意义和作用⋯⋯ 213
    7.3.3 科技查新流程⋯⋯⋯⋯⋯⋯ 214
    7.3.4 科技查新技术规范⋯⋯⋯⋯ 216
7.4 检索实例⋯⋯⋯⋯⋯⋯⋯⋯⋯⋯ 216
本章小结⋯⋯⋯⋯⋯⋯⋯⋯⋯⋯⋯⋯ 218
综合练习⋯⋯⋯⋯⋯⋯⋯⋯⋯⋯⋯⋯ 218

参考文献 ⋯⋯⋯⋯⋯⋯⋯⋯⋯⋯⋯⋯ 221

附录A 模拟试卷一 ⋯⋯⋯⋯⋯⋯⋯ 223

附录B 模拟试卷二 ⋯⋯⋯⋯⋯⋯⋯ 227

附录C 微课堂导学 ⋯⋯⋯⋯⋯⋯⋯ 231

第 1 章

绪 论

学习目标

1. 了解信息的特征，以及信息检索的概念、目的和意义。
2. 理解检索工具的结构，以及目录、索引、文摘3种主要检索工具的特点和作用。
3. 熟悉信息检索的原理、类型和基本工具的使用。
4. 了解信息检索的基本途径，掌握信息检索的步骤和方法。

随着信息时代的到来，以及全球市场的形成，信息的瞬息万变给人类社会带来了前所未有的机遇与挑战。在这样多变的环境下，利用具有潜在价值的数据资产，及时、准确地获取和传播有价值的信息，是人类社会发展的有利条件之一。

1.1 信息与文献基本知识

未来学家托夫勒把人类社会的发展过程划分为3个阶段：以农业经济为基础的农业社会；以工业经济为基础的工业社会；以信息经济为基础的信息社会。在信息社会中，信息资源已被人们公认为是物质、能量资源之后的人类可利用的第3类资源，是人类社会领域的基础性资源。

1.1.1 从信息到文献

在当今的信息社会中，只有将自然现象和社会现象的信息上升为对自然和社会发展规律的认识，这种再生信息才能在社会和人类生活中发挥日益重要的作用。

1. 信息 (Information)

美国数学家、控制论的主要奠基人维纳在1950年出版的《人有人的用处：控制论与社会》中是这样来理解信息的："人通过感觉器官感知周围世界""我们支配环境的命令就是给环境的一种信息""信息就是我们在适应外部世界，并把这种适应反作用于外部世界的过程中，同外部世界进行交换的内容的名称""接收信息和使用信息的过程，就是我们适应外界环境的偶然性的过程，也是我们在这个环境中有效地生活的过程"。

从哲学的观点看，"信息"是物质的一种普遍的属性，它反映不同物质所具有的不同本质、特征以及运动状态和运动规律，它是用来消除人们对客观物质不确定性认识的东西。"信息"是人们认识事物和获取新知识的唯一方式。只有掌握了事物的信息，人们才能对事物的运动规律进行调控，进而在认识世界和改造世界的过程中才能处于主动地位。

国家标准《信息与文献 术语》(GB/T 4894—2009)中信息的定义为：被交流的知识。信息涉及事实、概念、对象、事件、观念、过程。信息是物质存在的一种方式、形态或运动状态，也是事物的一种普遍属性。

信息具备以下基本属性。

(1) 客观性。信息是事物本质特征和客观规律的表征，是客观存在的，不以人们的主观意识为转移。

(2) 传递性。信息在事物之间的相互联系必定在信息的流动中发生。信息的传递性表现在人与人之间的信息交换，人与计算机之间的信息交换，动物界及植物界之间的信息交换等方面。同时，人类进化过程中的细胞选择、遗传，也是信息的传递与交换。

(3) 多态性。信息在不同的领域具有不同的特性或表现形式，如：客观事物中的各种自然属性；人工设备的技术特征；人类社会的各种社会特征；人脑中反映客观事物认识的思想、知识；人类交流信息过程中的声音、文字、图像，以及用各种编码形式记录下来的数据、新闻、情报、消息等。各种形式的信息又常常以综合的方式表现事物的特征，所谓"多媒体"正是信息多样性和综合性的集中体现。

(4) 共享性。同一个信息资源可以被不同用户在不同地点、不同时间利用，不需要任何限制条件，信息量也不会损失。信息不会像物质一样因为共享而减少，反而可以因为共享而衍生出更多信息。

(5) 时效性。信息的时效性是指信息的效能依赖于时间，它既表明了信息的时间价值，又表明了信息的经济价值和社会效益。客观事物不断变化而产生的信息，具有很强的时效性。客观事物变化越快，信息的时效性就越强。时间的延误，就是扼杀信息的生命——导致信息价值衰减，乃至完全消失。时过境迁的信息是毫无价值的。

(6) 价值相对性。由于人们认知的能力与认知的条件不同，信息的接受者获得的信息及信息量也就不同，从这个意义上讲，信息的价值是有相对性的。

(7) 依附性。信息必须通过一定的符号，依附于某一载体才能被表现。没有载体就没有信息。

(8) 增长性。物资和能源在使用后会有消耗，而信息的使用不但不会减少信息的数量，还能产生更多的信息。

2. 知识 (Knowledge)

知识是人们在改造世界的实践中所获得的认识和经验的总和，是对客观世界物质形态和运动规律的认识。根据韦伯斯特(Webster)词典1997年的定义，知识是通过实践、研究、联系或调查获得的关于事物的事实和状态的认识，是对科学、艺术或技术的理解，是人类获得的关于真理和原理的认识的总和。国家标准《信息与文献 术语》(GB/T 4894—2009)中知识的定义为：基于推理并经过证实的认识。

从信息的观念看，知识来源于信息，是信息的一部分。简而言之，知识是理性化、优化、系统化了的信息。从反映的内容而言，知识是客观事物的属性与联系的反映，是客观世界在人脑中的相对正确的反映。从反映的活动形式而言，知识有时表现为主体对事物的感性知觉或表象，属于感性知识，有时表现为关于事物的概念或规律，属于理性知识。

知识是人们在实践活动中获得的对于世界的最本质的认识，是对信息的提炼、比较、挖掘、分析、概括、判断和推论。一般而言，知识具有共享性、传递性、非损耗性(可以反复使用，其价值不会减小)及再生性等特点。

3. 情报 (Intelligence)

情报是作为交流对象的有用的知识。"情报是判断、意志、决心、行动需要的能指引方向的知识和智慧""情报是解决问题所需要的知识""情报是激活了的知识"。情报的基本属性是知识性、传递性和效用性。

(1) 知识性。一般而言，情报是一种"新"的知识，然而称为情报的知识并不排斥时间上的"不新"。这就是说，凡原先不知道的(不论时间多久)，而现在又迫切需要的知识，都属于"新"的知识。

(2) 传递性。情报传递的过程包括从情报源进行收集到向用户提供情报的全过程。无论多高深、渊博、新奇的知识，如果不记录、不传递、不交流，都不能称为情报。

(3) 效用性(判断的标准)。情报是一种有价值、有效用的知识。情报均须"有用"，当用户不需要时，百分之百的知识也不能被称为情报。

4. 文献 (Literature/Document)

国家标准《文献著录 第1部分：总则》(GB/T 3792.1—2009)给出的文献定义为：文献是记录有知识的一切载体。国家标准《信息与文献 术语》(GB/T 4894—2009)指出：文献是在文献工作过程中作为一个单位处理的记录信息或实物对象。文献工作是指为了存储、分类、检索、利用或传递，而对记录信息所进行的连续和系统的汇编和处理。国际标准《文献情报术语国际标准》(ISO/DIS 5127)对文献的定义：文献是在存储、检索、利用或传递记录信息的过程中，可作为一个单元处理的，在载体内、载体上或依附载体而存储有信息或数据的载体。

从定义中不难看出文献包括4个要素。

(1) 知识和信息，即文献的内容。

(2) 物质载体，如竹简、纸张、胶片、磁盘等，它是文献的外在形式。

(3) 记录知识和信息的符号，如文字、图表、声音、图像等。

(4) 记录的方式或手段，如书写、印刷、复制、录音、录像等，即将知识和信息固化到载体上的手段。

文献是记录有知识和信息的一切载体，或称为固化在某种物质载体上的知识和信息。当文献中记录的知识传递给用户，并为用户所利用时，文献中的知识就转化为情报。因此，文献是记录、积累、传播和继承知识的有效手段，是人类社会活动中获取情报的基本、主要的来源，也是交流传播情报的基本手段。现在通常将其理解为图书、期刊等各种出版物的总和。

5. 信息、知识、情报与文献

生活中信息无处不在，无时不有，它们是知识产生的原料，这些原料经过人脑接收、处理后，成为系统化的信息，知识由此产生。从知识管理的层面上看，知识是指可直接用于行动的信息，它使人们可以随时随地做出正确决策。

目前，我国图书情报学界对信息、知识、文献和情报的看法是：知识是对信息加工、吸收、提取、评价的结果，即系统化的信息成为知识，知识记录下来成为文献，文献经传递并加以应用成为情报，情报体现了人运用知识的能力。

1.1.2 信息的分类

信息的分类没有固定的标准，可以根据不同需求从多个角度进行划分。

1. 按信息的内容划分

按信息的内容划分，信息可分为科学技术信息和社会科学信息。科学技术信息包括自然科学信息、工程技术信息等；社会科学信息包括政治信息、军事信息、经济信息、技术经济信息、社会生活信息等。

2. 按产生信息的客体性质划分

按产生信息的客体性质划分，信息可分为自然信息(瞬时发生的声、光、热、电，形形色色的天气变化，缓慢的地壳运动，天体演化等)、生物信息(生物为繁衍生存而表现出来的各种形态和行为，如遗传信息、生物体内的信息交流、动物种群内的信息交流)、机器信息(如自动控制系统)和社会信息。社会信息是指人与人之间交流的信息，既包括通过手势、身体、眼神所传达的非语义信息，也包括用语言、文字、图表等语义信息所传达的一切对人类社会运动变化状态的描述。

3. 按信息所依附的载体划分

按信息所依附的载体划分，信息可分为文献信息、口头信息等。文献信息，就是以文献为载体的信息，以文字、符号、声像信息为编码信息，是经人们筛选、归纳和整理后记录下来的，它与人工符号本身没有必然的联系，但需要通过符号系统实现传递。口头信息是原始的没有形成文字、符号、声像的信息，不如文献信息易于流传。

1.1.3 文献的分类

文献是信息存在的一种重要形式，其优点是易识别、易保存、易传播，使人类精神文明千古流传。文献是信息的主要载体,大多规范化的重要信息都以文献形式出现,所以文献的分类非常重要。

1. 按照文献的加工层次分类

文献是信息的主要载体,根据对文献信息的加工层次可将文献分为零次文献、一次文献、二次文献和三次文献。

(1) 零次文献(Zeroth Literature),指未经正式发表或未形成正规载体的一种文献形式,如书信、手稿、文献草稿、会议记录、实验笔记、口头演讲等。零次文献具有客观性、针对性、直观性强等特点,但也有传播面窄、难以保管,以及信息零散和不成熟的缺点。零次文献一般是通过口头交谈、参观展览、参加报告会等途径获取,不仅在内容上有一定的价值,而且能弥补一般公开文献从信息的客观形成到公开传播之间费时甚多的弊病。

(2) 一次文献(Primary Literature),指人们直接以自己的生产、科研、社会活动等实践经验为依据生产出来的文献,也常被称为原始文献(或叫一级文献),其所记载的知识、信息比较新颖、具体、详尽,如期刊论文、专利说明书、科技报告、会议论文、学位论文、技术标准等。这些文献具有创新性、实用性和学术性等明显特征,是科技查新工作中进行文献对比分析的主要依据。

(3) 二次文献(Secondary Literature),又称检索性文献,指对一次文献按照其外部特征和内容特征进行有序化加工、整理所形成的文献形式,如目录、题录、索引、文摘等。二次文献在内容上不具有原创性,只是一次文献特征的汇总,提供检索一次文献的线索。二次文献内容相对集中、系统性强,便于管理和传播,是查新工作中检索文献所利用的主要工具。

(4) 三次文献(Tertiary Literature),又称参考性文献,指围绕某个专题,在一、二次文献的基础上,经过筛选、综合、分析和浓缩等深度加工而形成的文献,如专题评述、动态综述、进展报告以及手册、百科全书、年鉴、大全、词典等工具书。三次文献是对现有成果加以评论、综述并预测其发展趋势的文献,具有系统性、综合性、知识性和概括性等特点。在查新工作中,利用三次文献可以在短时间内了解其研究历史、发展动态及水平等,以便能更准确地掌握待查项目的技术背景,把握查新点。

总之,从零次文献、一次文献、二次文献到三次文献,是一个由分散到集中,由无序到有序,由多到精地对知识信息进行不同层次加工的过程。它们所含信息的质和量是不同的,对于改善人们的知识结构所起到的作用也不同。零次文献和一次文献是最基本的信息源,是文献信息检索和利用的主要对象;二次文献是一次文献的集中提炼和有序化,它是文献信息检索的工具;三次文献是把分散的零次文献、一次文献和二次文献,按照专题或知识的门类进行综合分析加工而成的成果,是高度浓缩的文献信息,它既是文献信息检索和利用的对象,又可作为检索文献信息的工具。

2. 按照文献的载体分类

随着信息记录与存取技术的发展,文献载体形式呈现多样化,如音像磁带、缩微胶卷、光盘等，这些非纸型文献的出现使文献的范围进一步扩大；使文献的生产和传递更加迅速；使知识、信息的存储和利用更加便捷。目前，文献主要有印刷型、缩微型、电子型(机读型)和音像型4种。

(1) 印刷型文献(Paper Literature)，指以手写、打印、印刷等为记录手段，将信息记载在纸张上形成的文献。它是传统的文献形式，便于阅读和流传，但存储密度小、体积大，不便于管理和长期保存。

(2) 缩微型文献(Microform Literature)，指以感光材料为载体、用缩微照相技术制成的文献复制品，如缩微胶卷、缩微平片。其特点是存储密度大、体积小，便于保存和传递，但必须借助专门的设备才能阅读。世界上许多文献信息服务机构都将欲长期收藏的文献制成缩微品加以保存。

(3) 电子型文献(Electronic Literature)，指以数字代码方式将图、文、声、像等信息存储到磁、光、电介质上，通过计算机或类似设备阅读使用的文献，也称机读型文献，如各种电子图书、电子期刊、联机数据库、网络数据库、网络新闻、光盘数据库等。其特点是信息存储量大，出版周期短，易更新，传递信息迅速，存取速度快，可以融文本、图像、声音等多媒体信息于一体，信息共享性好，易复制。

(4) 音像型文献(Audio-Visual Literature)，是采用录音、录像、摄影、摄像等手段，将声音、图像等多媒体信息记录在光学材料、磁性材料上形成的文献，又称声像资料、视听资料、音像制品，如音像磁带、唱片、幻灯片、激光视盘等。音像文献脱离了传统的文字记录形式，直接记录声音和图像，给人以直观的感觉，又称直感型资料。其特点是形象、直观，尤其适于记录用文字、符号难以描述的复杂信息和自然现象，但其制作、阅读需要利用专门设备。

3. 按照文献的出版形式分类

按照文献的出版形式和内容，文献可以分为图书、期刊、报纸、特种文献(学位论文、会议论文、专利文献、标准文献、科技报告、政府出版物、产品样本资料等)。

(1) 图书。联合国教科文组织对图书的定义是：凡由出版社(商)出版的不包括封面和封底在内49页以上的，具有特定的书名和著者名，编有国际标准书号(ISBN)，有定价并取得版权保护的出版物称为图书。

图书是以传播知识为目的，用文字或其他信息符号记录于一定形式的材料之上的著作物；图书是人类社会实践的产物，是一种特定的不断发展着的知识传播工具。其包括专著、教科书、词典、丛书、工具书、百科全书等。

知识窗： ISBN

国际标准书号(International Standard Book Number，ISBN)是国际通用的图书或独立的出版物代码。它标识特定出版社发行的一种著作的一个发行批次，它对于该发行批次是唯一的。它基于国际标准 ISO 2108，由国家 ISBN 机构分配。国际标准书号原由 10 位数字 4 部分构成。2007 年 1 月 1 日，国际标准书号改成由 13 位数字组成：前缀号 (ISBN)、组号、出版者号、书序号、校验码 5 部分。13 位数字结构的 ISBN 编码就是在 10 位数字结构的 ISBN 编码前冠前缀号 "978"，该前缀号由国际物品编码协会分配。

格式举例：图书《科技文献信息检索与利用》(第 5 版)，ISBN 为 978-7-512-14161-2。

(2) 期刊，也称杂志，是由多位作者撰写的不同题材的作品构成的连续出版物。期刊有固定刊名，以期、卷、号或年、月为序。期刊是指定期或不定期连续出版的印刷读物，每期的内容不重复。期刊出版单位出版期刊，必须经新闻出版总署批准，持有国际标准连续出版物号(ISSN)。

根据期刊的出版周期，期刊可以分为旬刊、半月刊、月刊、双月刊、季刊、半年刊、年刊。期刊按其用途可以分为科普类期刊和学术类期刊两大类。学术类期刊按主管单位的不同，可以分为省级、国家级、科技核心期刊(统计源期刊)、中文核心期刊(北大中文核心)、中文社会科学引文索引(CSSCI)、中国科学引文数据库(CSCD)、双核心期刊等。

知识窗：ISSN

国际标准连续出版物号 (International Standard Serial Number，ISSN) 是为识别连续出版物或集成性资源而设计的国际标准编号，是连续出版物的唯一代码标识。该编号以 ISSN 为前缀，由 8 位数字组成。8 位数字分为前后两组，每组 4 位数字，中间用短横"-"相连。

ISSN 是基于国际标准 ISO 3297 制定的。ISSN 由国际连续出版物数据系统 (International Serial Data System，ISDS) 国际中心负责管理并向各国或地区分配号码，各国或地区中心负责本国或本地区连续出版物的登记及配号事宜。

格式举例：期刊《中国经济问题》，ISSN 为 1000-4181。

(3) 报纸，也是连续出版物的一种，是以刊载新闻和时事评论为主的定期向公众发行的印刷出版物。其是大众传播的重要载体，具有反映和引导社会舆论的功能。根据出版周期，报纸可分为日报、早报、晚报、双日报、周报、旬报等。

(4) 学位论文，是指学生为了获得所修学位，按要求所撰写的论文。学位论文是学术论文的一种形式，有严格的格式要求，一般不公开出版。学位论文分为学士论文、硕士论文、博士论文3种。

(5) 会议论文，是指在会议等正式场合宣读的首次发表的论文。会议论文属于公开发表的论文，一般正式的学术交流会议都会出版会议论文集。会议论文集不是期刊，但是有的期刊为会议论文出增刊。

(6) 专利文献，是包含已经申请或被确认为发现、发明、实用新型和工业品外观设计的研究、设计、开发和试验成果的有关资料，以及保护发明人、专利所有人及工业品外观设计和实用新型注册证书持有人权利的有关资料的已出版或未出版的文件(或其摘要)的总称。

(7) 标准文献，是经公认权威机构(主管机关)批准的一整套在特定范围(领域)内必须执行的规格、规则、技术要求等规范性文献，简称标准。

(8) 科技报告，是记录某一科研项目调查、实验、研究的成果或进展情况的报告，又称研究报告、报告文献。每份报告自成一册，通常载有主持单位、报告撰写者、密级、报告号、研究项目号和合同号等。其按内容可分为报告书、论文、通报、札记、技术译文、备忘录、特种出版物。

(9) 政府出版物，是指由政府机构制作出版或由政府机构编辑并授权指定出版商出版的文献。常见的政府出版物有报告、公报、通报、文件汇编、会议录、统计资料、图表、地名词典、官员名录、国家机关指南、工作手册、地图集以及传统的图书、期刊，也包括缩微、视听等其他载体的非书资料。

(10) 产品样本资料，是指厂商或贸易机构为宣传和推销其产品而印发的资料，如产品目录、产品说明书、产品总览、产品手册等。

1.2 信息检索基础

信息时代一个突出的特点是信息爆炸。人们每天都面临着来自四面八方的庞杂信息，要快速准确地找出需要的信息、提高信息的利用率，掌握有效的信息检索方法是很有必要的。

1.2.1 信息检索的原理

1. 信息检索的概念

检索的英文为retrieval，有"查找"之意。信息检索的定义有广义和狭义之分，广义的信息检索(Information Retrieval)是指将信息按照一定的方式组织和存储起来，并根据信息用户的需要揭示、查找、传递相关信息的过程，包括信息的存储过程和查找过程。狭义的信息检索是指从存储信息中获得特定信息的过程。狭义的信息检索包括3方面的含义：了解用户的信息需求；掌握信息检索的技术或方法；满足信息用户的需求。

国内外有关专家关于信息检索给予了不同的解释，较有代表性的观点主要有下列几种。

(1) 信息检索的范围较大。动态信息、静态信息、声频信息、视频信息及各种数值信息均属信息检索范围。如果将信息检索作为一门学科，它应该包括概率论、最优化理论、模式识别及系统分析技术等各学科领域的内容。

(2) 信息检索主要是文献检索。信息检索是从大量的文献中查找出与情报提问所指定的课题(对象)有关的文献，或者是包含用户所需事实与消息的文献的过程。这里谈到的文献，不仅指文献线索，也包括文献的片断，如章、节、段落以及与事实有关的直接情报等。

(3) 信息检索是指将信息按一定的方式组织起来，并根据用户需求找出相关信息的过程。这是指信息的存储与检索，是针对信息工作者和用户来定义的，如果仅针对用户，信息检索是指在信息集合中找出所需信息的过程。

2. 信息检索的目的与原理

信息检索的目的就是在信息用户与信息源之间充当媒介。信息检索经历了手工检索、计算机检索、网络检索和智能化检索等多个发展阶段，其基本原理就是在对信息进行整理排序形成检索工具的基础上，按照用户的要求利用检索工具或检索系统，将用户检索提问标识(检索词)与已形成的或存储在系统中的信息的存储标识(文献特征标识、标引词)进行匹配比较，若取得一致，则为匹配，即达到了用户的检索需求，如图1.1所示。

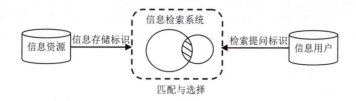

图 1.1　信息检索原理图

由信息检索原理可知，信息的存储是实现信息检索的基础。这里要存储的信息不仅包括原始文档数据，还包括图片、视频和音频等。系统首先要将这些原始信息进行计算机语言的转换，并将其存储在数据库中，否则无法进行机器识别。待用户根据意图输入查询请求后，检索系统根据用户的查询请求在数据库中搜索与查询相关的信息，通过一定的匹配机制计算出信息的相似度大小，并按从大到小的顺序将信息转换输出。

1.2.2　信息检索的类型

1. 按信息存储和检索的内容分类

信息检索按存储和检索的内容可划分为文献检索、数据检索和事实检索。

(1) 文献检索。文献检索通常指的是在检索系统中检索以二次文献(目录、索引、文摘)为对象的信息，它们是文献信息的外部特征与内容特征的描述集合体。信息用户通过检索获取的是原文的"替代物"。

(2) 数据检索。数据检索指在检索系统中检索的数值型数据，如科学技术常数、各种统计数据、人口数据、气象数据、市场行情数据、企业财政数据等，即事物的绝对值和相对值的数字。检索系统提供一定的运算推导能力，例如外推、内插、填补空缺数据，甚至列出曲线图或进行各种分析等功能。信息用户可以通过检索获得经过核实、整理的数值信息，然后做定量分析。

(3) 事实检索。事实检索指在检索系统中的原始文献中，检索关于某一事物(事件、事实)发生的时间、地点和过程(情况)等方面的信息。它包括数值信息和系统数据信息。一般从系统中检索出所需信息后，再加以逻辑推理才能给出结论。这类信息主要用于管理决策。

以上3种信息检索类型的主要区别在于：数据检索和事实检索是要检索出包含在文献中的信息本身，而文献检索则检索出包含所需信息的文献即可。

2. 按检索系统中信息的组织方式分类

信息检索按系统中信息的组织方式可划分为全文检索和多媒体检索。

(1) 全文检索。全文检索是指检索系统中存储的是整篇文章乃至整本书。检索时，用户可以根据需要从中获取有关的章、段、句、节等信息，还可以进行各种频率统计和内容分析。随着计算机容量与运算速度的增大和提高，全文检索正迅速扩大到各学科、专业。

(2) 多媒体检索。多媒体检索是对超文本检索的补充。其存储对象超出了文本范畴，融入了静、动态图像(形)以及声音等多种媒体信息。信息的存储结构从单维发展到多维，存储空间范围在不断扩大。

3. 按信息存储的载体和实现查找的技术手段分类

信息检索按信息存储的载体和实现查找的技术手段可划分为手工检索、机械检索和计算机检索3种。

其中发展比较迅速的计算机检索是"网络信息检索"，是指互联网用户在网络终端，通过特定的网络搜索工具或是通过浏览的方式，查找并获取信息的行为。

1.2.3 信息检索的工具

信息检索工具是指为检索需要而组织的文献检索系统，它是检索工作赖以生存的手段和条件，包含目录、索引、文摘等。

1.2.3.1 检索工具的结构

典型的检索工具通常由主体、辅助索引和使用说明3部分组成。

1. 主体

主体即检索工具的主要部分，由所收录文献的著录部分组成，是文献存储与检索的实体。其包含文献的内容特征与外部特征。内容特征包含分类系统、主题系统和文摘等。外部特征包含书名系统、著者系统、编码系统等。

2. 辅助索引

辅助索引是在文献检索工作中，从主体部分的文献款目编排系统以外的角度增加检索途径、扩大检索效果的辅助手段，它不能离开检索工具的主体单独存在。

3. 使用说明

使用说明向用户介绍本检索工具的性质、内容范围、收录年限、读者对象、著录方法、分类体系、检索方法等，帮助用户利用检索工具。

有的检索工具还包含附录，其附在检索工具后面，一般包括出版物对照表、代码表等。

信息检索工具具有以下基本特点。

(1) 详细描述文献的内容特征和外部特征。

(2) 每条文献记录必须有检索标识。

(3) 文献条目按一定顺序形成一个有机整体，能够提供多种检索途径。

1.2.3.2 目录

1. 目录的定义

目录是图书以及其他单独出版物的外部特征的解释和系统化记载。国家标准《文献著

录　第1部分：总则》(GB/T 3792.1—2009)中定义目录为"将一批款目按照一定的次序编排而成的一种文献报道和检索工具"。目录包括卡片目录、书本式目录等印刷型目录，也包括机器可读目录(如MARC目录)。

2. 目录的著录款目

目录的著录包括如下款目。

(1) 书名(刊名)项。

(2) 著者(编者)项。

(3) 出版项：出版地点、出版者、出版期、版次等。

(4) 稽核项：页数、图表、开本、装订形式、定价等。

(5) 附注项：对上述各项的补充或说明。

(6) 提要项：内容简介。

(7) 业务注记：图书馆或保存单位在目录上做的业务记载，包括索取号、登录号、分类号、主题词、存储地点等。

3. 目录的排检

(1) 书名目录的排检方式如下。

① 中文图书或期刊，按中文字顺排检。方法有汉语拼音法、笔画法、部首法等。

② 外文图书或期刊，西文书名或篇名按西文字母顺排检；日文书名或篇名按汉字或假名排检，如按汉字排检则用笔画法，如按假名排检则利用假名顺序；俄文按俄文字母顺序排检。

(2) 著者目录的排检方式：中文著者按中文字顺排检；外国著者按先姓后名排检，其中欧美著者一般名在前姓在后，排检时需将其倒置。

(3) 分类目录的排检方式：分类目录是按分类法规定的图书、资料所属的学科、专业内容对应的分类号编目，并按分类号的顺序排检。分类号可以由阿拉伯数字、字母或两者结合组成。

(4) 主题目录的排检方式：主题目录是按图书、资料的主题内容编排的目录。主题目录使用主题词的字顺排检。

4. 目录的作用

目录能反映一定历史时期科学文化发展的概貌，是人们对浩如烟海的文献加以控制的有效手段，是查阅和利用文献必不可少的工具。目录的具体作用概括起来主要有几个方面。

(1) 推荐作用。针对特定读者，按知识的连续性和发展的阶段性编纂和推荐文献，指导阅读，成为治学的途径。因此，有人将目录比作在海洋中航行不可缺少的导航图。

(2) 检索工具。其能够帮助读者从特定角度去查找资料，例如题名、著者、主题等。理想的目录应具有分析的功能，能满足读者检索某一著作中最小的特殊单元的要求。专科目录根据不同的研究需要选编不同学科内容、不同水平和各文种的资料，分门别类加以编排以供查阅，为专业研究提供方便。

(3) 文献工作。其能够用以核对各个著录项目，如著者、题名、版本和日期等。

(4) 提供出处。其有助于文献资料的收集选择、编目加工、报道推广和翻译评介。

1.2.3.3 索引

1. 索引的定义

中华人民共和国新闻出版行业标准《出版资源内容部件数据元 第7部分：索引》(CY/T 235.7—2020)中定义索引为："汇集书刊中包含的字词、语句、名词、事件、编号等主题，以适当方式编排，指引读者查找的检索工具。"索引是将报纸、期刊、书籍中某些重要的或有意义的信息，如书名、刊名、篇名、主题、人名、地名等分别摘录出来，按一定方式编排，并注明出处，以供检索的工具。它包括4个基本要素：索引源、索引款目、编排方法和出处指引系统。

2. 索引的作用

索引可以将文献所包含的若干信息分析摘录出来，作为排检标识，这种标识可以根据需要，在一定的范围内进行任意深度的选择和标引，从而满足更深层次或更多途径的查找要求。索引可以方便用户更快地达到检索目标，是依附在目录或文摘等检索工具之上的辅助性工具，不能独立存在。

3. 常用索引

常用索引主要包括以下几种。

(1) 主题索引。主题索引是将文献中具有实质意义的词语或能揭示文献主体概念的词语抽出来，经过规范化处理后，再按字顺排列起来形成标识系统。通常在各主题词下面给出副标题词，或在各主题词下面给出篇名性的说明语、关键词性的说明语，在说明语后列出文摘号，以这种方式编制的索引称为主题索引。

主题索引提供了一个按揭示内容的主要词汇进行查找文献的检索途径，能迅速查找到专指度高的文献内容，越来越受到文献工作者的青睐。

(2) 分类索引。分类索引是将文献内容所属的分类号按隶属关系排列起来，并列出分类号对应的类名。以这种方式列出的索引称为分类索引。分类索引提供了一个按学科分类角度进行查找文献的检索途径，可以迅速查找到泛指度较高的文献。

(3) 著者索引。著者索引是以文献著者的姓名进行标引的索引，按姓名的字顺排列。著者索引在著者名字后面列出该著者所著文献的文摘号，读者根据文摘号可查阅文摘或原文。著者索引提供了一个按著者姓名进行查找文献的检索途径。

常用的索引还有著者所在单位索引(或团体著者索引)、化学分子式索引、引用刊物索引、出版单位索引等。

1.2.3.4 文摘

1. 文摘的定义

文摘是以提供文献内容梗概为目的，简明、确切地描述文献主要内容的短文。我国国家标准《文摘编写规则》(GB 6447—86)中定义文摘为："以提供文摘内容梗概为目的，不加评论和补充解释，简明、确切地记述文献重要内容的短文。"文摘客观、如实地反映原文献的内容，但又比原文文字简洁。作为一种检索工具，文摘将论文或书籍中摘录出来的主要论点、数据等按一定方式编排，供读者检索和阅读。

目录和文摘的共同点都是以论文、文章、报告等为主要的报道对象，区别主要是以报道文献的外表特征为主还是以报道内容特征为主，在形式上是看有无摘录或评价原文的文字材料。文摘提供文献的外表特征和内容特征，目录仅提供文献的外表特征。

2. 文摘的作用

文摘的作用概括起来有以下4点。

(1) 帮助读者快速判断文献内容。通过目录查找文献仅能查阅文献题目，通过文摘查找文献不仅能查阅文献题目，还能查阅文献内容。文献题目虽然在一定程度上表达了文献内容，但与文摘相比相差甚远，利用文摘可以减少误检和漏检。

(2) 节省阅读时间。由于文摘是对原文献主要内容的描述，每一条文摘实际上是一篇高度浓缩、信息完整的文献，因此，读者在不需要阅读原文献的情况下，可真实地了解该文献的内容，明确其基本要点，并可直接引用，从而节省阅读时间。

(3) 减少语言障碍。文摘能帮助读者获得因语言障碍无法得到的科学文献。用本国语言或通用语言翻译的文摘，可以帮助读者克服语言障碍，了解国外有关领域的发展水平和趋势。

(4) 替代原文。由于文摘所摘录的是经过筛选的某一学科或某一专业领域最新、最有学术价值的文献，并把相关论题集中一处，因而通过一组文摘，能获得该学科专业领域的学术概况和最新进展。在难以获得原文或不需获得原文的情况下，阅读文摘就显得非常重要了。

1.2.3.5 检索工具类型

检索工具按照不同的标准可以划分为不同的种类。

1. 按信息加工的手段或设备划分

按信息加工的手段或设备划分，检索工具可分为以下几类。
(1) 手工检索工具。
(2) 机械检索工具。
(3) 计算机检索工具。

2. 按编制方法划分

按编制方法划分，检索工具可分为以下几类。
(1) 目录型检索工具。
(2) 题录型检索工具。
(3) 文摘型检索工具。
(4) 索引型检索工具。

3. 按信息载体形态划分

按信息载体形态划分，检索工具可分为以下几类。
(1) 书本式检索工具，包括期刊式、单卷式和附录式。
(2) 卡片式检索工具。
(3) 缩微式检索工具。
(4) 磁性材料式检索工具。

4. 按收录范围划分

按收录范围划分，检索工具可分为以下几类。
(1) 综合性检索工具。
(2) 专科性检索工具。
(3) 专题性检索工具。
(4) 全面性检索工具。
(5) 单一性检索工具。

5. 按时间范围划分

按时间范围划分，检索工具可分为以下几类。
(1) 预告性检索工具。
(2) 现期通报性检索工具。
(3) 回溯性检索工具。

1.2.4 信息检索的意义

随着信息技术的飞快发展，信息、物质和能源已经成为人类社会的三大财富。其中，信息对于经济、社会的发展，以及科学、文化的进步都起着重要的作用。有效、快速、准确地在信息海洋中找到所需要的信息，并有效地利用信息，已经成为信息社会人才的必备素质。因此，掌握信息检索的方法和技能有着重要的意义。

1. 掌握获取知识的捷径，提高信息利用的效率

现在，社会信息丰富多样，知识的存储过于庞大和无序，人们在"信息的海洋"中面临着3种挑战：无限的文献资料对有限的阅读时间的挑战；急涌而至的文献对人们接受能力的挑战；大量新知识的出现对人们理解能力的挑战。信息检索正是从大量无序知识中搜索有用的、准确的知识的技能，是快速获取知识的捷径，同时又能帮助人们提高信息利用的效率。信息检索已经构成知识体系中一个不可缺少的部分。

2. 提高信息素质，培养终身学习的能力

信息素质是一种能够发现信息需求，以及查询、分析判断、加工、筛选、综合利用、创造信息的各方面能力的总和。提高了人们的信息素质，就培养了人的独立自主学习的态

度和方法，使之善于从瞬息万变的事物中捕捉信息、创造新信息。信息素质已成为每个社会成员的一种基本生存能力，更是在学习型社会中终身学习的必备素质。信息素质的培养，日益成为世界各国教育界乃至社会各界所关注的理论与实践的重大课题。

3. 科学研究的向导，科技查新的基础

信息检索在信息用户与信息源之间充当媒介的作用。信息检索的任务就是将用户与信息源经济地、有效地结合在一起。文献检索是科技查新的基础，查新是以通过检出文献的客观事实来对项目的新颖性做出结论，帮助研究人员继承和借鉴前人成果，避免重复研究或走弯路，节省研究人员查找文献的时间。

1.3 信息检索的途径

信息检索工具是把众多的信息资源进行分析、加工后，按照一定的特征标识排检组织而形成的信息集合体。信息检索就是根据用户的检索需求，分析信息的某些特征标识，然后利用检索工具进行匹配比较的过程。所谓信息检索途径就是利用信息的特征来实现信息的查找。

根据信息的基本特征，可以把信息检索途径分为外部特征检索途径(题名途径、著者途径、引文途径等)和内容特征检索途径(分类途径、主题途径等)两大类。

1.3.1 外部特征检索途径

信息源的外部特征是指在文献载体的外表上标记的可见特征，如题名(刊名、书名、篇名等)、责任者(作者、编者、译者、专利权人、出版机构等)、号码(标准号、专利号、报告号、索取号等)。

1. 题名途径

题名途径指通过文献的题名来查找文献的途径。题名包括文献的篇名、书名、刊名、专利名称、标准名称、数据库名等，检索时可以利用检索工具的书名索引、刊名索引、会议论文索引等进行。

2. 著者途径

著者途径是指根据文献责任者名称来查找文献的途径，包括个人著者和团体著者。许多检索系统备有著者索引、机构(机构著者或著者所在机构)索引，专利文献检索系统有专利权人索引，利用这些索引按著者、编者、译者、专利权人的姓名或机关团体名称字顺进行检索的途径统称为著者途径。

3. 引文途径

文献所附参考文献或引用文献，是文献的外表特征之一。利用这种引文而编制的索引系

统,称为引文索引系统。引文索引系统提供了从被引论文去检索引用论文的一种途径,称为引文途径。

4. 其他途径

有些文献有特定的序号,如专利号、报告号、合同号、标准号、国际标准书号和刊号等。文献序号对于识别一定的文献,具有明确、简短、唯一性等特点,依此编成的各种序号索引可以提供按序号自身顺序检索文献信息的途径。

总之,以外部特征途径进行检索的最大优点是,它的排列与检索方法以字顺或数字为准,不易错检和漏检,查准率高。以文献外部特征作为检索途径,适宜查找已知文献题名、作者姓名或序号的文献。

1.3.2 内容特征检索途径

信息源的内容特征是文献所载的知识信息中隐含的、潜在的特征,如分类、主题等。以文献内容特征作为检索途径,更适合检索未知线索的文献。

1. 分类途径

分类途径是指按照文献所属学科(专业)属性(类别)进行检索的途径。分类途径是以课题的学科属性为出发点,按照学科分类体系,利用学科分类表、分类目录或分类索引等进行检索。按分类途径检索文献便于从学科体系的角度获得较系统的文献线索,即有族性检索功能,便于从学科所属范围来查找文献资料。

分类途径可把同一学科的文献信息集中检索出来,但一些新兴学科、边缘学科的文献难以给出确切的类别,易造成误检和漏检。因此,从分类途径查找文献,一定要掌握学科的分类体系及有关规则。

目前,中国文献分类方法主要有5种:中国图书馆分类法(原称为中国图书馆图书分类法)、中国图书资料分类法、中国科学院图书馆图书分类法、中国人民大学图书馆图书分类法和国际图书集成分类法。国外比较重要的分类法有杜威十进分类法、国际十进分类法和美国国会图书馆图书分类法等。

知识窗:《中国图书馆分类法》类目中的基本大类

A. 马克思主义、列宁主义、毛泽东思想 　　N. 自然科学总论
B. 哲学　　　　　　　　　　　　　　　　　O. 数理科学和化学
C. 社会科学总论　　　　　　　　　　　　　P. 天文学、地球科学
D. 政治、法律　　　　　　　　　　　　　　Q. 生物科学
E. 军事　　　　　　　　　　　　　　　　　R. 医药、卫生
F. 经济　　　　　　　　　　　　　　　　　S. 农业科学
G. 文化、科学、教育、体育　　　　　　　　T. 工业技术

H. 语言、文字
I. 文学
J. 艺术
K. 历史、地理

U. 交通运输
V. 航空、航天
X. 环境科学、劳动保护科学
Z. 综合性图书

2. 主题途径

用规范化词语来表达文献信息的内容特征的词汇叫主题词。主题途径是按照文献信息的主题内容进行检索的途径，利用能代表文献内容的主题词、关键词、叙词，并按字顺排列实现检索。

利用主题途径检索文献，关键在于分析检索目标的核心、提炼主题概念，并能运用合适的词语来表达主题概念。主题途径是一种主要的检索途径，表达概念灵活、准确，能集中反映一个主题的各方面文献资料，所获得的检索信息专指性强，便于读者对某一问题、某一事物和对象做全面系统的专题性研究。

3. 其他途径

利用事物的某种代码编成的索引，如分子结构式索引、环系索引等，可以按特定代码顺序进行检索。还有某些专门项目途径，如按文献信息所包含的或有关的名词术语、地名、人名、机构名、商品名、生物属名、年代等的特定顺序进行检索，可以解决某些特别的问题。

1.4 信息检索的步骤和方法

1.4.1 信息检索的步骤

无论是手工检索还是计算机检索，都是一个经过仔细思考并通过实践逐步完善查找方法的过程。检索过程通常要包含以下几个步骤：分析课题—选择检索工具—确定检索途径—确定检索式—进行检索—获取原文，如图1.2所示。

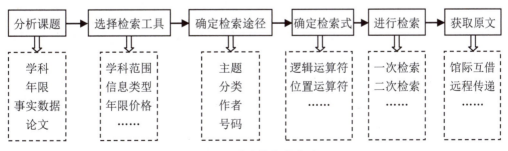

图 1.2 信息检索的步骤

1.4.1.1 分析课题

在确定研究课题后，研究者应明确课题的学科属性及专业范围、课题的信息检索类型和课题的检索时间要求。

1. 明确课题的学科属性及专业范围

首先考虑检索课题是单一学科、多学科还是跨学科。当课题涉及多学科时，应以主要学科为检索重点，次要学科为补充。明确检索的学科范围，越具体越有利于检索。如果问题属于多学科或交叉学科，则分别列出多学科或交叉学科的相关部分，确定所需信息在复杂的学科体系中的位置。

2. 明确课题的信息检索类型

弄清检索课题是属于文献检索、数据检索还是事实检索。文献类课题主要以图书、期刊、学位论文、会议论文、专利等文献为检索对象。数据类课题的检索要根据用户的需要，从某种数据集合中检索出准确数据。事实检索是一种确定性检索，一般要将检索到的信息进行逻辑推理、分析后才能得出结论。

3. 明确课题的检索时间要求

对于学科发展较快的领域，应该缩短检索时间。而对于一些特殊的研究课题(如历史类研究课题)，则要考虑特定的检索时间。

1.4.1.2 选择检索工具

检索工具成千上万，除了要知道哪类问题该用哪类工具解决，还要熟悉一些具体检索工具的内容、范围、特点与编排结构。选择检索工具的主要依据包括以下几个方面。

(1) 检索工具所包含的情报信息是否广泛全面、准确可靠，这有利于查全、查准。

(2) 检索工具中文献报道量是否充足，这是衡量检索工具存储功能的主要标准。

(3) 著录款目是否准确、详尽，这是衡量准确程度的主要标准。

(4) 信息报道时差是否短，这是衡量检索工具报道功能的主要标准。报道时差是指文献从第一次发表到被收录于检索工具中的时间差。报道时差短，表示它提供的文献内容新，信息及时。

(5) 检索途径是否完善，这是衡量检索工具检索功能的主要标准。检索工具中，辅助索引种类越多，检索时也就越方便。

确定了检索工具类型之后，还要根据编撰目的、材料收录范围和编排方法，选择有希望获得所需信息的检索工具。检索工具收录的学科范围、地区范围、语种范围、时间范围和文献类型，在每一种检索工具书的用户指南(或导言、前言、编例等)中都有说明，这是首次使用某一检索工具前必读的内容。

1.4.1.3 确定检索途径及检索式

检索工具确定以后，应确定检索途径以找到所需信息。检索途径往往不止一种，使用者应根据"已知"信息特征确定检索途径。所有文献的特征可分为两大类：外部特征(如著者、题名、文献类型、文种、发表时间、语种、文献号等)和内容特征(如分类号、主题、检索词、代码等)。

检索时，如果已知文献的外部特征，尽量使用该外部特征进行检索，以便达到信息检索更高的专指度。在不知文献外部特征的情况下，通常采用内容特征进行检索。在采用内容特征进行检索时，如果希望检索词泛指度高，则通常选择分类途径。如果希望检索词专指度高，则可采用主题途径。有些检索工具仅采用一种方式进行标引，用户只能根据已有的标引方式进行检索。

检索式是计算机检索中用来表达检索提问的一种逻辑运算式，又称检索表达式或检索提问式。它由检索词和检索系统允许使用的各种运算符组合而成，是检索策略的具体体现。构造检索式就是把已经确定的检索词和分析检索课题时确定的检索要求，用检索系统所支持的各种运算符连接起来，形成检索式。

1.4.1.4 进行检索

在检索系统中将检索标识与系统中存储的文献标识进行匹配，查出相关文献，并对所获结果进行分析，看其是否符合需要。如果试检结果满意，可进行正式检索；否则，要分析原因，修改、调整检索策略。调整检索策略包括修改检索式、调整检索词、重新选择检索系统等。

在实际研究课题的检索过程中，往往进行一次检索是达不到目的的，一般都要反复调整检索策略或在一次检索结果中进行二次检索。

1.4.1.5 获取原文

从检索工具上获得所需文献线索后，利用馆藏图书目录或报刊目录获取原文。由于馆藏目录或联合目录一般提供了文献的索取号和收藏地址，获取原文时只要履行借阅手续或馆际互借手续即可，有时可从著者处获取原文。

1. 获取原文应收集的信息

现在许多网络检索工具都提供原文的链接，只要用户支付相关费用就可以方便地获取原文。如果不能在网络上获取原文，应收集以下信息，通过这些信息获取原文。

(1) 识别文献类型。不同类型的文献收藏地点不同、外表特征不同，在索取原文时首先就要区别文献的类型。

(2) 充分利用刊名。检索工具通常采用刊名缩写，并附有引用出版物一览表，供查对收录的出版物全称之用。

(3) 论文著者的地址。获取会议论文、学位论文、公司报告以及一些尚未公开发表的文章的原文，必须获得论文著者(包括团体著者)的详细地址。大多检索刊物的著录项中附有作者的工作单位名称缩写，可以据此查阅机构名录全称。

(4) 识别语系。在检索工具中，俄文、中文、日文等的文献作者、出版物名称，通常采用音译法转换成英文进行著录。故索取原文前，要将这些音译的人名、出版物名称还原成原来的语种。

(5) 其他外部特征。文献的其他外部特征包括文献篇名、编号(索书号和专利号等)、著者姓名、出版时间、分类号等。

2. 获取原文的途径

了解文献的上述特征后采用由近及远的方式进行查找，可通过以下途径获取原文。

(1) 从本单位图书情报部门获取原文，这是获取原文最方便、最经济的途径。首先应立足于本馆(或本所)，其次是附近的图书馆或信息中心。如果读者目录有缺省，应利用公务目录、典藏目录或各院系分馆的目录，这类是保存较好的、能完整反映馆藏的图书期刊目录，或通过馆际协作获取原文。

(2) 从著者处获取原文。给国外的论文著者写信索取复制件，已是国际上通用的学术交流方式。美国有一些情报机构开展这方面的服务，如研究图书馆中心(CRL)、国家技术情报服务中心(NTIS)、美国专利商标局(PTO)等。此外，还可以从学术团体指南这一类工具书中获得更详尽的资料。

(3) 从检索刊物出版机构获取原文。国外一些著名检索机构，如美国化学文摘社(CAS)、情报科学研究所(ISI)等都可向用户提供原文。ISI设有原迹论文服务，可使用户看到彩色版图、照片及复杂的图像资料。有些非营利性出版物是商业书目所不收录的，要获取这些文献可以通过学术机构或信息服务名录获得有关信息，然后通过函索方式获取出版物。

(4) 利用国际联机检索终端向国外订购原文。如果读者急需原文，而一般订购渠道又很慢，则可以采用这个途径。订购时需填写"联机订购原文申请单"，注明文档名称及代号、原文题目、著者和出处等。这是一种较快的订购办法，一般需要半个月左右，但费用昂贵。

1.4.2 信息检索的方法

信息检索方法就是为实现某个检索计划所采用的具体操作方法，其目的在于寻找一种以最少的时间、最佳的途径，获得最满意的检索效果的方法。下面是常用的几种检索方法。

1. 顺查法

顺查法指按照时间的顺序，由远及近地利用检索系统进行文献信息检索的方法。这种方法能收集到某一课题的系统文献，它适用于较大课题的文献检索。例如，已知某课题的起始年代，现在需要了解其发展的全过程，就可以用顺查法从最初的年代开始，逐渐向近期查找。该方法的优点是漏检率、误检率比较低，缺点是工作量大。

2. 逆查法

逆查法是由近及远地查找，逆着时间的顺序，利用检索工具进行文献信息检索的方法。此方法的重点是放在近期文献，只需查到基本满足需要时即可。使用这种方法可以最快地获得新资料，而且近期的资料总是既概括了前期的成果，又反映了最新水平和动向。这种方法工作量较小，但漏检率较高，主要用于新课题立项前的调研。

3. 抽查法

抽查法是针对检索课题的特点，选择有关该课题的文献信息最可能出现或最多出现的时间段，利用检索工具进行重点检索的方法。它适用于检索某一领域研究高潮很明显的、某一学科的发展阶段很清晰的、某一事物出现频率在某一阶段很突出的课题。该方法是一种费时较少而又能查到较多有效文献的检索方法。

4. 追溯法（引文法）

追溯法是指利用已经掌握的文献末尾所列的参考文献，进行逐一追溯查找"引文"的一种最简便的扩大情报来源的方法。它还可以从查到的"引文"中再追溯查找"引文"，像滚雪球一样，依据文献间的引用关系，获得越来越多的内容相关的文献。这些内容相关的文献反映着某一课题的立论依据和背景，也在某种程度上反映某课题或其中的某一观点、某种发现的发展过程。

追溯法的缺点是：原文著者引用的参考文献是有限的，不可能引出全部有关文献，而且有的著者引用某一文献只是为了说明一下经过情况，与原文的内容关系不大。因此，用追溯法查找文献出现漏检索和误检索的可能性均较大，同时也比较麻烦。由于一般科研课题需要追溯的主要是最新文献登载的最新研究成果，而不是旧文献登载的过时的研究成果，显然单纯使用此法查找文献是很不够的，它具有很大的局限性。

5. 综合法

综合法又称循环法，这是把上述方法加以综合运用的方法。综合法既要利用检索工具进行常规检索，又要利用文献后所附参考文献进行追溯检索，分期分段地交替使用几种方法。即先利用检索工具(系统)检索到一批文献，再以这些文献末尾的参考目标为线索逆行查找，如此循环进行，直到满足要求为止。

1.4.3 计算机信息检索基础

随着计算机技术、通信技术和高密度存储技术的迅猛发展，利用计算机进行信息检索已成为人们获取文献信息的重要手段之一。计算机信息检索过程实际上是将检索提问词与文献记录标引词进行对比匹配的过程。为了提高检索效率，计算机检索系统经常采用一些运算方法，从概念相关性、位置相关性等方面对检索提问进行技术处理。

1. 检索词的选择

检索词是能概括要检索内容的相关词汇。检索词是表达信息需求和检索课题内容的基本单元，也是与系统中有关数据库进行匹配运算的基本单元。检索词选择恰当与否，直接影响检索效果。

(1) 从词的性质来划分,检索词可以划分为4类。

① 表示主题的检索词。

标题词:经规范化处理的先组定组式的词汇。

单元词:从信息内容中抽出的最基本的词汇。

叙词:从信息的内容中抽出的、能概括表达信息内容基本概念的名词或术语,它是经规范化处理的自然语言词汇。

关键词:从信息单元的题目、正文或摘要中抽出的、能表达信息主体内容的具有实质意义的词语,它是未经规范化处理的自然语言词汇。

② 表示作者的检索词,如作者姓名、机构名。

③ 表示分类的检索词,如分类号。

④ 表示特殊意义的检索词,如ISBN、ISSN、引文标引词等。

(2) 从语言的规范性方面来划分,检索词又可以划分为两类。

① 受控词。受控词是事先规范化的检索语言,取自主题词表、叙词表、分类表等。受控词的检索效率高,一旦选定宽度适当的概念,系统就能检出这一概念的全部内容,而且,由于标引人员已事先解决了自然语言中的同义、近义关系,使检索相对容易。

② 非受控词。非受控词是指非规范化的自然语言词汇,又称自由词。非受控词具有以下特点:可任意选词,专指性强,不需要熟悉词表,能使用新产生的名词术语及时检索与新概念有关的文献。

2. 布尔逻辑检索

将多个检索词用布尔运算符(简称检索算符)连接在一起来进行检索,称之为布尔逻辑检索。将选定的检索词用系统规定的检索算符连接起来,就成为一个体现检索策略的检索表达式。系统使用的检索算符一般有以下几种。

(1) 逻辑与。逻辑与用AND或*来表达。检索式写作A AND B或A*B,表明数据库中同时有检索词A和B的记录才为命中记录。逻辑与可增强检索的专指性,缩小检索范围。

例如,用户想在题名中检索有关计算机新闻的文献,如果只输入"新闻"或"计算机",则命中文献太多,且有许多不是自己所要的。如果输入"新闻*计算机",则检索出题名中同时含有"新闻"和"计算机"的文献,检索结果更加准确。使用"逻辑与"能防止误检。

(2) 逻辑或。逻辑或用OR或+来表达。检索式写作A OR B或A+B,表明数据库中凡有检索词A或者B,或同时有A和B的记录均为命中记录。使用逻辑或可连接同一检索组面的多个同义词、近义词和相关词,扩大检索范围,有助于提高查全率。

例如,某用户想查找研究杜甫的文献,检索途径选择题名后,输入"杜甫",命中540篇。但考虑到研究杜甫的文献题名中未必都出现"杜甫"两字,也可能会出现"杜诗""李杜",于是改用"杜甫+杜诗+李杜"表达式,结果命中608篇。

(3) 逻辑非。逻辑非用NOT或-来表达。检索式写作A NOT B或A-B,表明数据库中凡有检索词A而不含检索词B的记录才为命中记录。使用逻辑非可以排除不希望出现的概念，增强检索的准确性。

布尔运算符优先执行顺序通常是NOT、AND、OR，在有括号的情况下，先执行括号内的逻辑运算，在有多层括号时，先执行最内层括号中的运算。布尔检索比较容易掌握，但使用不当会造成大量漏检和误检。对同一个布尔逻辑提问式来说，不同的运算次序会有不同的检索结果。

不同的数据库，检索途径设定的检索规则有所不同，有的检索途径允许用户用"任意一致"的方式检索，有的只允许用"完全一致"或"前方一致"的方式检索。

不同数据库的模糊检索符号不同。例如，专利检索数据库使用%作为模糊检索符号。检索时，可单字段查询，也可多个检索字段组配查询。如果输入的检索内容不完整，可在输入字符的前面或后面加上模糊符号%进行模糊检索。

有些数据库不遵循此规律，因此在检索前必须看使用说明。

3. 检索数据库的选择

选择检索数据库时可考虑以下几个方面。

(1) 检索数据库的类型是否满足检索需要。对于专业性强的，特别是科技信息检索，使用专业数据库更能反映专业发展全貌，且较为真实可靠。一个系统往往由上百个数据库，以及几千个文档和几百万、上千万条记录组成，而查找主要是在文档这个层次上进行。与市场信息有关的数据库种类远多于科技文献数据库，经济类数据库群中缺乏像美国《化学文摘》(Chemical Abstracts，CA)、英国《科学文摘》网络版(INSPEC)那样能满足相当大一部分用户需求的综合数据库和"核心库"。这就要求检索者针对用户的需求仔细了解数据库的内容，做出正确的选择。

(2) 检索数据库的学科专业范围是否与检索课题的学科专业相吻合。检索专业数据库应充分了解提问的学科范围、主题内容、文献类型等信息，综合考虑用户的需要，还应注意需要的文献语种、年限、文献类型、打印格式、费用要求和用户查阅过哪些资料、已经掌握了哪些信息等一些细节问题和背景情况。

(3) 检索数据库描述文献的质量。数据库描述文献的质量，包括对原文的表达程度、标引深度、专指度如何等，以及是否按标准化著录。

本章小结

被称为词典之父的英国学者S.约翰逊曾说过："知识分两类，一类是我们所知道的科学知识，另一类是关于哪儿可以获得这些知识的知识。""信息检索"是"关于哪儿可以获得这些知识的知识"的一门课程。本章通过对信息、文献、信息检索、检索工具、计算机信息检索基础等相关知识的阐述，为读者介绍信息的特征、信息检索的概念、信息检索的类型、信息检索的目的、信息检索步骤、信息检索方法等相关知识，明确信息检索就是在信息用户与信息源之间充当媒介，为后续章节的学习奠定基础。

【关键术语】

信息　　　知识　　　文献　　　目录
索引　　　文摘　　　信息检索　　检索途径

综合练习

一、填空题

1. 文献是信息的主要载体，根据对文献信息的加工层次可将文献分为_____文献、_____文献、_____文献和_____文献。

2. 追溯法是指利用已经掌握的文献末尾所列的_____，进行逐一追溯查找_____的一种最简便的扩大情报来源的方法。

3. 用规范化词语来表达文献信息_____的词汇叫主题词。主题途径是按照文献信息的主题内容进行检索的途径，利用能代表文献内容的主题词、关键词、叙词，并按字顺排列实现检索。

4. 计算机信息检索过程实际上是将_____与_____进行对比匹配的过程。

5. 无论是手工检索还是计算机检索，都是一个经过仔细思考并通过实践逐步完善查找方法的过程。检索过程通常包含以下几个步骤：_____—_____—_____—_____—_____。

6. 检索工具按信息加工的手段可以分为_____、_____、_____。

7. 《中国图书馆分类法》类目中共分_____个基本部类，下分_____个大类。

8. 索引包括4个基本要素：索引源、_____、_____和出处指引系统。

二、判断题

1. 在检索信息时，使用逻辑符AND可以缩小检索范围。　　　　　　　　　（　　）

2. 逆查法是由近及远地查找，顺着时间的顺序，利用检索工具进行文献信息检索的方法。
　　　　　　　　　　　　　　　　　　　　　　　　　　　　　　　　（　　）

3. 按编制方法划分，信息检索工具可以分为手工检索工具、机械检索工具、计算机检索工具。　　　　　　　　　　　　　　　　　　　　　　　　　　　　　（　　）

4. 请判断下面图书的国际标准书号的格式是否正确。
ISBN：978-7-030-26151-X。　　　　　　　　　　　　　　　　　　　（　　）

5. 文献的专利号、报告号、合同号、标准号、索取号、国际标准书号、刊号属于文献的内容特征。　　　　　　　　　　　　　　　　　　　　　　　　　（　　）

6. 二次检索是指在第一次检索结果不符合要求时，重新选择检索条件再次进行检索。
　　　　　　　　　　　　　　　　　　　　　　　　　　　　　　　　（　　）

三、选择题（单选或多选）

1. 目前，常用的文献分类方法有(　　)。

A. 中国图书馆分类法　　　　　　　　B. 中国科学院图书馆图书分类法
C. 杜威十进分类法　　　　　　　　　D. 中国人民大学图书馆图书分类法
2. 信息检索方法包括(　　)。
　　A. 顺查法　　　　B. 逆查法　　　　C. 抽查法　　　　D. 追溯法
3. 所有文献的特征可分为两大类：外部特征和内容特征。请指出下列中属于内容特征的是(　　)。
　　A. 发表时间　　　B. 分类号　　　　C. 文献类型　　　D. 著者
4. 常用的索引包括(　　)。
　　A. 主题索引　　　B. 分类索引　　　C. 著者索引　　　D. 化学分子式索引
5. 检索工具的结构与检索工具的功能和效率密切相关。典型的检索工具通常由3部分组成：(　　)。
　　A. 索引　　　　　B. 主体　　　　　C. 辅助索引　　　D. 使用说明

四、简答题

1. 请解释信息、知识、文献的概念，并简述三者之间的关系。
2. 什么是信息检索？信息检索的目的和意义是什么？
3. 什么是检索工具？检索工具的结构是什么？
4. 什么是目录？目录在检索中起什么作用？
5. 什么是索引？索引在检索中起什么作用？
6. 什么是文摘？文摘在检索中起什么作用？
7. 国内外主要使用的文献分类法有哪些？
8. 常用的信息检索方法有哪些？

五、检索实训

姓名：　　　　　　　检索时间：

课题1.1：利用《中国图书馆分类法》找出分类号。

检索目的：掌握《中国图书馆分类法》的基本构成特点。

检索要求：按照基本大类，在《中国图书馆分类法》中查找以下相关类目编号。

(1) 计算机技术：国际互联网。
(2) 交通运输：运输线路优选。
(3) 环境科学：环境污染的控制及其排除。
(4) 食品工业：淀粉加工工艺。
(5) 文化、科学：图书馆工作者。

检索结果：

课题1.2：查找图书的著录格式和期刊论文的著录格式。

检索目的：了解图书的著录格式和期刊论文的著录格式，掌握国际标准书号(ISBN)和国际标准连续出版物号(ISSN)著录格式。

　　检索要求：

　　(1) 检索图书，写出其著录格式，并说明其ISBN含义。

　　(2) 检索期刊论文，写出其著录格式，并说明其ISSN含义。

　　检索结果：

第 2 章

中国知网 (CNKI)

学习目标

1. 熟悉中国知网数据库检索系统的特点及其数据资源。
2. 熟练掌握中国知网的基本检索技能和使用方法。
3. 掌握中文期刊论文、中文会议论文、中文学位论文等全文信息资源的检索方法。
4. 熟悉万方数据和维普资讯中文检索系统。
5. 能运用中文数据库检索系统解决实际检索问题。

随着互联网的高速普及,我国的网络数据库发展非常迅猛,可供实现各种中文信息检索的网上数据库检索系统层出不穷。本章首先重点介绍中国知网,然后介绍国内几个主要的网络中文数据库检索系统。

2.1 中国知网 (CNKI) 综述

2.1.1 关于中国知网

中国知识基础设施工程(China National Knowledge Infrastructure,CNKI)是以实现全社会知识信息资源传播共享与增值利用为目标的信息化建设项目,由清华大学、清华同方发起,始建于1999年6月。现已建设"中国知识资源总库"及CNKI网络资源共享平台,能实现对各类知识资源的跨库、跨平台、跨地域的检索,为全社会知识资源高效共享提供了丰富的知识信息资源,是有效的知识传播与数字化学习的平台。2019年5月,"科研诚信与学术规范"在线学习平台在中国知网正式上线发布。

CNKI也可解读为"中国期刊网"或"中国知网"(http://www.cnki.net/),其首页如图2.1所示。

目前,CNKI已经发展成为集期刊、博士论文、硕士论文、会议论文、报纸、工具书、年鉴、专利、标准、国学、海外文献资源等为一体,具有国际领先水平的网络出版平台。中心网站的日更新文献量超过5万篇。CNKI实现了我国知识信息资源在互联网条件下的社会化共享与国际化传播，是全球信息量最大、最具价值的中文网站。据统计，CNKI的内容数量大于目前全世界所有中文网页内容的数量总和，可谓"世界第一中文网"。

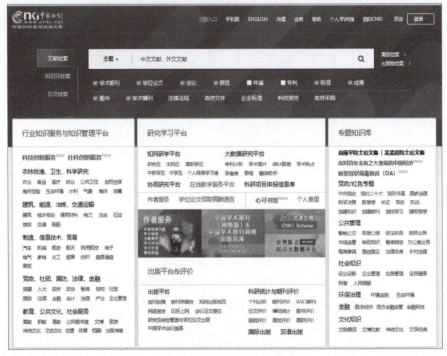

图2.1　CNKI首页

CNKI提供丰富的信息服务。

(1) 中国知识资源总库。CNKI提供CNKI源数据库，以及外文类、工业类、农业类、医药卫生类、经济类和教育类多种数据库。其中，综合性数据库为中国期刊全文数据库、中国博士学位论文数据库、中国优秀硕士学位论文全文数据库、中国重要报纸全文数据库和中国重要会议论文全文数据库。

(2) 数字出版平台。数字出版平台是国家"十一五"重点出版工程。数字出版平台提供学科专业数字图书馆和行业图书馆。个性化服务平台由个人数字图书馆、机构数字图书馆、数字化学习平台等组成。

(3) 文献数据评价。2010年推出《中国学术期刊影响因子年报》，其全新的影响因子指标体系，全方位提升了各类计量指标的客观性和准确性。其下的"学术期刊各刊影响力统计分析数据库"和"期刊管理部门学术期刊影响力统计分析数据库"，为学术期刊提高办刊质量和水平提供决策参考。

中国学术期刊文献评价统计分析系统(V1.0)是"中国学术期刊网络出版总库"中一个面向各入编期刊编辑部的应用子系统，主要统计内容包括：①中国正式出版的7000多种自然科学、社会科学学术期刊发表的文献量及其分类统计表；②各期刊论文的引文量、引文链接量及其分类统计表；③期刊论文作者发文量、被引量及其机构统计表；④CNKI中心网站访问量及分IP地址统计表。

(4) 知识检索。CNKI提供以下检索服务：文献搜索、数字搜索、翻译助手、图形搜索、专业主题、学术资源、学术统计分析。

2.1.2 中国知网数据资源

"中国知网的学术文献总库"深度集成整合了期刊、博硕士论文、会议论文、报纸、年鉴、工具书等各种文献资源，其主要包括"中国学术期刊全文数据库""中国优秀博硕士学位论文全文数据库""中国重要会议论文全文数据库""中国重要报纸全文数据库""中国工具书网络出版总库""中国年鉴网络出版总库""中国法律知识资源总库法律法规库""国家科技成果数据库""中国国家标准全文数据库"等。

"中国学术期刊全文数据库"是目前世界上最大的连续动态更新的中文期刊全文数据库。经过多年的积累，目前该库共收录近7200种学术期刊，其中包括3000多种核心期刊，其收录中文期刊8580余种，论文5960余万篇；外文期刊5.7万余种，论文1.2余亿篇。

"中国优秀博硕士学位论文全文数据库"是目前国内相关资源最完备、收录质量最高、连续动态更新的中国博硕士学位论文全文数据库。其收录2000年以来的有博士授予权单位的博硕士学位论文全文，其收录博士论文50余万篇、硕士论文500余万篇。

"中国重要会议论文全文数据库"是按照专家指导委员会确定的政府职能部门、高等院校、科研院所、学术机构名单，遵照CNKI信息采集范围规定的信息源，全文收录符合收录标准的会议论文集，其收录国内会议论文260余万篇、国际会议论文90余万篇、会议视频100余个。

"中国重要报纸全文数据库"是国内少有的以重要报纸刊载的学术性、资料性文献为收录对象的连续动态更新的数据库，其收录国内公开发行的500多种重要报纸。

"中国工具书网络出版总库"是权威的工具书汇总，涵盖了科技、社会、文化、法律等领域的专业权威词汇解释，既可多方位查询词汇的中英文释义，也可学习相关学科知识。其收录我国200多家出版社正式出版的各类工具书，含语言词典、专科词典、百科辞典、百科全书、手册等。

"中国年鉴网络出版总库"收录我国各级政府职能部门、科研院所、学术机构等单位正式出版的年鉴。该库为统计分析全国各类案件的数量、发案率、区域分布及其与经济发展和科技发展等各领域的关系，提供全面、完整、权威的数据来源，是实务研究必不可少的信息源，其收录5390余种，4万本，4050余万条。

"中国法律知识资源总库法律法规库"由案例库、论文库和法律法规库三大子数据库构成，囊括了法律法规、论文、司法案例、案例评析、理论研究、业务经验总结、法律评论、会议报告等涉法知识信息资源，是目前国内整合性最强的法律知识服务系统，具有收录资源完备、整合功能先进等特点。其收录中国专利4370余万项、海外专利1.3余亿项。

"国家科技成果数据库(知网版)"主要收录正式登记的中国科技成果，按行业、成果级别、学科领域分类。每条成果信息包含成果概况、立项、评价，知识产权状况及成果应用，成果完成单位、完成人等基本信息。每项成果的知网节集成了与该成果相关的最新文献、科技成果、标准等信息，可以完整地展现该成果产生的背景、最新发展动态、相关领域的发展趋势，可以浏览成果完成人和成果完成机构更多的论述，以及在各种出版物上发表的文献。目前，收录的成果有100余万项。

"中国国家标准全文数据库"收录了由中国质检出版社(由原中国标准出版社和中国计量出版社合并)出版的、国家标准化管理委员会发布的、中华人民共和国国家市场监督管理总局发布的所有国家标准，占国家标准总量的90%以上。数据收录年限自1950年以来国家标准化管理委员会管理的国家、行业及国内外标准题录，共计60余万条。

"中国知网的学术文献总库"还包括"国学宝典数据库""中国大百科全书数据库""中国高等教育期刊文献总库""中国党建期刊文献总库""中国政报公报期刊文献总库""中国经济信息期刊文献总库""中国精品科普期刊文献库""中国精品文化期刊文献库""中国精品文艺作品期刊文献库""德国Springer期刊数据库""英国Taylor & Francis期刊数据库""剑桥大学出版社期刊数据库""Wiley期刊数据库""IOS Press期刊数据库""Bentham期刊数据库"等数据库资源。

2.1.3　中国知网检索综述

CNKI提供的基本检索方式有初级检索、高级检索和专业检索等，其分别体现在单库检索和跨库检索两种模式中。各种检索方式的检索功能有些差异，基本上遵循由高向低兼容的原则，即高级检索中包含初级检索的全部功能，专业检索中包括高级检索的全部功能。除此之外，CNKI还提供了出版物来源检索、知识元检索、引文检索、作者发文检索、句子检索等检索模式。

各种检索方式所支持的检索均需要通过检索项、检索词和检索控制几部分实现。系统所提供的检索项、检索控制均可任选。在同一种检索方式下，不同的数据库设置的检索项及检索控制可能会有差异。

1．单库检索

单库检索是对某一个数据库的检索。在CNKI系列数据库中，各数据库页面及功能相似。单库检索页中提供初级检索及其相应的检索控制功能。在此页面上，用户可利用检索导航、检索框、检索控制项等，完成简单检索和一般的逻辑组合检索。

2．跨库检索

跨库检索是指以同一检索条件同时检索多个数据库。在数据库列表中选择要检索的数据库之后，再进行跨库检索就可实现跨库检索的操作。

3．出版来源导航检索

出版来源导航检索是按照出版物的学科分类实现检索。

(1) 专辑导航，是以CNKI文献专辑系统的自然科学与工程技术文献的6个专辑类目和人文社会科学文献的4个专辑类目为导航类目,即基础科学、工程科技Ⅰ辑、工程科技Ⅱ辑、农业科技、医药卫生科技、信息科技、哲学与人文科学、社会科学Ⅰ辑、社会科学Ⅱ辑、经济与管理科学十大专辑导航系统。

(2) 专库导航,是在特定数据库(期刊导航、学术辑刊导航、学位授予单位导航、会议导航、报纸导航、年鉴导航、工具书导航)中,通过选择来源名称的特征(主办单位、出版者、ISSN、CN、ISBN),实现更精准的导航检索。

4. 引文检索

引文检索是指在引文数据库中,实现对被引文献、被引作者、被引机构、被引期刊、被引基金、被引学科、被引地域、被引出版社的检索。针对被引文献,可以依据被引主题、被引题名、被引关键词、被引作者、被引摘要、被引单位、被引来源实现引文检索。

5. 知识元检索

知识元检索指在知识问答、百科、词典、手册、工具书、图片、统计数据、指数、方法、概念等数据库的检索。

CNKI的"个人/机构馆"为用户提供多种个性化服务栏目,用户可定制学者、机构、学术出版物、科研项目、检索式、投稿信息、学术论坛、学术趋势等服务。个人用户可以按需定制出版平台出版的各类资源、功能和服务,选择个人馆显示模板和各栏目显示方式,也可以通过创建自定义栏目,引进、发布个人计算机上的自有资源和互联网上的免费资源。

CNKI的"我的CNKI"为用户提供查看最近检索、最近下载、最近浏览的项目,也可以根据兴趣词、全网热搜词等进行热门搜索,还可以接收到最近推荐、近期精选、关注学者等信息,提升了用户的个人体验和方便性。

2.2 中国知网初级检索

CNKI的初级检索(一框式检索)将检索功能浓缩至"一框"中,根据不同检索项的需求特点,采用不同的检索机制和匹配方式,体现智能检索优势,操作便捷,检索结果兼顾检全和检准。初级检索适用于不熟悉多条件组合查询方法的用户,执行效率较高,但查询结果有很大的冗余,会检索出一大批检索者所不期望的结果。这时就需要在检索结果中进行二次检索或配合高级检索,从而提高检索命中率。

在CNKI首页可进入初级检索界面。在初级检索环境下,检索者可根据检索需求选择"文献检索项";或根据检索目标选择某个"文献数据库"。初级检索是一种简单检索,只需在"检索条件输入区"(检索框)中输入检索词,单击"检索"按钮,则系统将在默认的"主题"检索项内进行检索,任意一项中与检索条件匹配者均为命中记录。CNKI初级检索界面如图2.2所示。

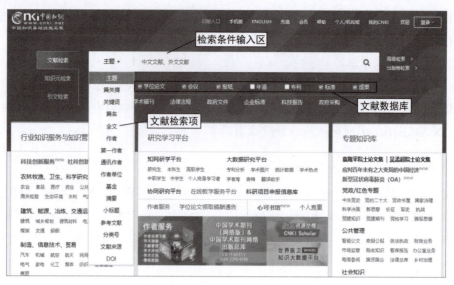

图 2.2　CNKI 初级检索界面

2.2.1　CNKI 初级单库检索

CNKI 包括学术期刊、学位论文、会议、专利、标准、成果、引文、报纸、图书、年鉴、学术辑刊、法律法规、企业标准、政府文件、科技报告、政府采购、工具书、百科、词典、手册、指数、统计数据、方法、图片、方法、概念、古籍等多种数据库。单库检索是对以上某一个数据库进行检索，各数据库的检索功能和方法相似，只是数据库设置的检索项有所不同。表2.1给出了主要数据库的检索项汇总，从中可看到各数据库数据资源组成的结构是有差异的。

表 2.1　CNKI 主要数据库检索项汇总表

文献(跨库)	学术期刊	学位论文	会议	专利	标准	成果	引文	图书
主题	主题	主题	主题	主题	主题	主题	被引主题	主题
篇关摘	篇关摘	篇关摘	篇关摘	篇关摘	篇关摘	篇关摘	被引题名	标题
关键词	篇名	关键词	关键词	关键词	标准名称	全文	被引关键词	全文
篇名	关键词	题名	篇名	专利名称	标准号	成果名称	被引摘要	作者
全文	摘要	全文	全文	摘要	关键词	关键词	被引作者	关键词
作者	小标题	作者	作者	全文	摘要	成果简介	被引单位	摘要
第一作者	全文	作者单位	第一作者	申请号	全文	中图分类号	被引文献来源	DOI
通讯作者	参考文献	导师	单位	公开号	起草人	学科分类号		单位
作者单位	基金	第一导师	会议名称	分类号	起草单位	成果完成人		出版社
基金	中图分类号	学位授予单位	主办单位	主分类号	发布单位名称	第一完成单位		目录
摘要	DOI	基金	基金	申请人	出版单位	单位所在省市		基金

（续表）

文献（跨库）	学术期刊	学位论文	会议	专利	标准	成果	引文	图书
小标题	作者	摘要	摘要	发明人	中国标准分类号	合作完成单位		参考文献
参考文献	第一作者	目录	小标题	代理人	国际标准分类号			分类号
分类号	通讯作者	参考文献	论文集名称	同族专利项				
文献来源	作者单位	中图分类号	参考文献	优先权				
DOI	第一单位	学科专业名称	中图分类号					
	期刊名称	DOI	DOI					
	ISSN							
	CN							
	栏目信息							

当检索命题对待检文献类型要求较明确时，可选择单库检索方法，这样可提高检索效率，减少数据冗余。

【检索示例2.1】利用CNKI检索包含"数字图书馆"的期刊论文。

检索步骤：

(1) 检索需求分析。该检索命题提出了检索词"数字图书馆"和文献类型"期刊"的要求，没有其他的检索限制，这属于单库检索。

(2) 选择"期刊"数据库和"全文"检索项，并在对应输入框中填入"数字图书馆"检索词。利用"全文"检索项可提高检索的查全率。

(3) 检索结果见图2.3，本次命中文献数量为356874条，如果需要更小范围的检索结果，可增加检索条件，再次输入其他检索词，最后单击"结果中检索"按钮实现二次检索。

检索结果分析：

(1) 命中文献基本信息，包括"篇名""作者""刊名""发表时间""被引""下载"等内容。

(2) 检索结果分页显示，每页可设置显示数量10、20、50等。

(3) "分组浏览"可实现命中文献按照主题、学科、发表年度、研究层次、期刊、来源类别、作者、机构、基金等分组浏览，同时还给出了每组文献的统计数据。

(4) "排序"可将命中文献分别按照主题、发表时间、被引、下载的升序或降序进行排序显示。

(5) "来源类别"给出命中文献所包含的不同类型期刊的统计数据，如图2.3所示，核心期刊论文10.53万篇、中文社会科学引文索引(CSSCI)论文8.91万篇、EI 论文965篇和SCI论文44篇。

正确了解这些检索结果提示信息的含义，有利于帮助检索者实现更有效的检索。

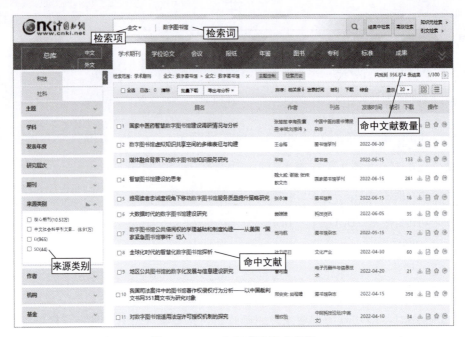

图 2.3　CNKI 初级单库检索结果

知识窗：检索项 (篇关摘、小标题、DOI)

(1) 篇关摘检索：是指在篇名、关键词、摘要范围内进行检索。

(2) 小标题检索：期刊、报纸、会议的小标题为原文的各级标题名称，学位论文的小标题为原文的中英文目录，中文图书的小标题为原书的目录。

(3) DOI 检索：输入 DOI 号检索期刊、学位论文、会议、报纸、年鉴、图书。国内的期刊、学位论文、会议、报纸、年鉴只支持检索在知网注册 DOI 的文献。

2.2.2　CNKI 初级跨库检索

前面提到过，跨库检索是指以同一检索条件同时在多个数据库中进行检索。当检索命题对待检文献类型要求不唯一或不明确时，可利用跨库检索方式实现多库同时检索。CNKI 文献数据库具有跨库检索功能，目前提供的跨库检索数据库为10个：学术期刊、学位论文、会议、报纸、年鉴、专利、标准、成果、图书、学术辑刊。

在进行跨库检索之前，首先要在数据库列表中选择所需要的数据库(两个或两个以上)，同时还要留意跨库检索项的设置和选择。跨库检索项又称公共检索项，是与平台上各数据库检索项统一对应的结果。由于各数据库的内容不同，因此所建立的检索项对应关系可能存在差异，其可能是完全对应或者是部分对应。跨库检索项将随着所选库的检索项情况而增减，检索项下拉列表的名称是从所选数据库的检索点中汇集的共性检索项，选择不同数量的数据库，下拉列表中所显示的检索项名称有可能不同。跨库检索项与各库的检索项可能存在一对多或多对一的情况。跨库检索项可能比某库的检索项多，也可能少。需要注意的是，跨库检索会过滤掉一些数据库的个性检索项(见表2.1)。

【检索示例2.2】利用CNKI，在会议论文、学术期刊论文和学位论文数据库中检索有关"移动支付"方面的研究文献。

检索步骤具体如下所示。

(1) 检索需求分析。该检索命题提出了单一检索词"移动支付"和多种文献类型"会议论文、学术期刊论文和学位论文"的要求，这就可以利用跨库检索。

(2) 选择"文献检索"，并勾选相应的数据库：会议论文、学术期刊论文和学位论文数据库，如图2.4所示。

(3) 选择"主题"检索项，并在对应输入框中填入"移动支付"检索词。利用"主题"检索项可提高检索的查准率，使检索结果更贴近检索目标。

(4) 检索结果如图2.5所示，本次命中文献数量为13229条。其中，学术期刊9765篇，学位论文2302篇，会议191篇。

图2.4　CNKI初级跨库检索界面

图2.5　CNKI初级跨库检索结果

通过检索示例2.1和检索示例2.2，我们可以看到，对于简单的检索命题，利用初级检索方式还是比较方便的，特别是对于初次使用CNKI的人员。但是面对复杂一些的检索命题，要使用初级检索就不尽如人意了，例如"检索近三年来清华大学研究食品安全方面的博硕士论文"。

小提示：检索输出篇目过多或过少的主要原因

1. 过多是由误检造成的

(1) 没有对检索词进行限制，包括字段限制、分类限制等。

(2) 主题概念不够具体或具有多义性导致误检，需要调整检索策略，将概念具体化。

(3) 对所选的检索词截词截得过短。

2. 过少是由漏检造成的

(1) 选用了不规则的主题词或某些产品的俗称、商品名作为检索词。

(2) 没有充分考虑同义词。

(3) 没有完整运用上位概念或下位概念，如"燃料"是上位概念，其下位概念有"固体燃料""液体燃料"等，还有"煤""油"等。

2.3 中国知网高级检索

2.3.1 CNKI 的高级检索概述

CNKI的高级检索支持多字段逻辑组合，并可通过选择精确或模糊的匹配方式、检索控制等方法完成较复杂的检索，得到符合需求的检索结果。多字段组合检索的运算优先级，按从上到下的顺序依次进行。

在CNKI的高级检索页面，单击标签可切换至高级检索、专业检索、作者发文检索、句子检索。高级检索检索区主要分为两部分，上半部分为检索条件输入区，下半部分为检索控制区。另外，在检索区左侧有文献分类导航区，默认为收起状态，单击展开后勾选所需类别，可缩小和明确文献检索的类别范围。下方有数据库切换区，单击库名，可切换至某单库高级检索。如图2.6所示。

图 2.6　CNKI 的高级检索区域结构

高级检索模式与初级检索模式相比，具有更加丰富的检索功能，提供多检索词的组合检索，可满足较复杂的检索需求，下面介绍CNKI高级检索的基本功能。

1. 检索条件输入区

(1) 默认显示主题、作者、文献来源三个检索项，也可根据需求选择其他检索项。

(2) 检索项间的逻辑关系(AND、OR、NOT)：指不同检索项之间的"并且""或者""不含"关系。

(3) 检索词匹配方式(精准、模糊)：精准是指检索结果完全等同或包含检索字/词；模糊是指检索结果包含检索字/词或检索词中的词素。

(4) 增加/减少逻辑检索行：单击检索框后的"+"和"-"按钮可添加或删除检索项，用于满足检索条件过多且检索界面控制选项不足时的需求，最多支持10个检索项的组合检索。

(5) 词频选择：全文和摘要检索时，选择词频数后进行检索，检索结果为在全文或摘要范围内包含检索词，且检索词出现次数大于或等于所选词频的文献。词频指检索词在相应检索项中出现的频次，范围是2~9。词频为空，表示至少出现1次。选择词频可辅助优化检索结果。

(6) 文献来源检索：文献来源指文献出处。期刊、辑刊、报纸、会议、年鉴的文献来源为文献所在的刊物。学位论文的文献来源为相应的学位授予单位。专利的文献来源为专利权利人/申请人。标准的文献来源为发布单位。成果的文献来源为成果评价单位。

2. 检索控制区

检索控制区的主要作用是通过条件筛选、时间选择等，对检索结果进行范围控制。

(1) 出版模式：包括网络首发、增强出版。

(2) 基金文献：通过科研基金名称查找科研基金资助的文献。基金包括国家重点研发计划、国家自然科学基金、国家社会科学基金、国家级大学生创新创业训练计划、教育部人文社会科学研究项目、中国博士后科学基金、中央高校基本科研业务费专项资金项目、现代农业产业技术体系建设专项资金，以及9项省级基金。

(3) 时间范围：指限定检索内容的时间区间，最早的时间是1915年。

(4) 更新时间：包括不限、最近一周、最近一月、最近半年、最近一年、今年迄今、上一年度等选项。

(5) 检索扩展。包括中英文扩展、同义词扩展。检索时默认进行中英文扩展，如果不需要中英文扩展，则手动取消勾选。

(6) 在"学术期刊"数据库中检索时，可选择期刊来源类别(EI来源期刊、SCI来源期刊、北大核心期刊、CSSCI、CSCD)进行检索，如图2.7a所示。

(7) 在"学位论文"数据库中检索时，可选择优秀论文级别(全国、省级、校级)进行检索，如图2.7b所示。

(8) 在"会议论文"数据库中检索时，可选择会议级别(国际、全国、地方)、报告级别(特邀报告、大会报告、专题或分组报告)、论文集类别(会议论文集、专题资料汇编)进行检索，如图2.7c所示。

(9) 在"政府文献"数据库中检索时，可选择发布机关(中央单位、地方单位)进行检索，如图2.7d所示。

(10) 在"科技报告"数据库中检索时，可选择报告类型(AD报告、DE报告、NASA报告、PB报告、其他报告)进行检索，如图2.7e所示。

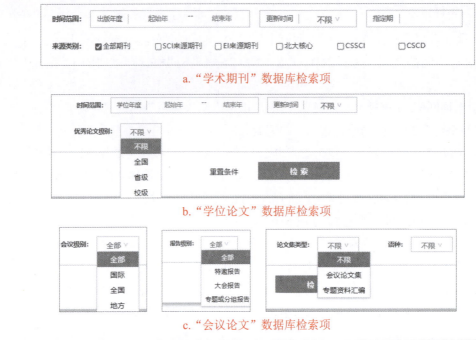

a. "学术期刊"数据库检索项

b. "学位论文"数据库检索项

c. "会议论文"数据库检索项

d. "政府文献"数据库检索项

e. "科技报告"数据库检索项

图 2.7　CNKI 高级检索

3. 其他检索

(1) 专业检索：使用逻辑运算符和关键词构造检索式进行检索，用于图书情报专业人员查新、信息分析等工作，如图2.8a所示。

(2) 作者发文检索：通过作者姓名、单位等信息，查找作者发表的全部文献及被引下载情况，输入作者姓名，可在右侧引导列表中根据机构名称进行勾选，精准定位。如图2.8b所示。

(3) 句子检索，通过输入的两个检索词，查找在同一文章或同一段落包含这两个词的句子，实现对事实的检索，如图2.8c所示。其中，"同一句"表示包含1个断句标点(句号、问号、感叹号或省略号)；"同一段"表示20句之内。

(4) 文献分类导航：通过导航可以有针对性地选择某一学科的文献数据资源，使得检索结果与该学科的研究领域更加吻合。总库高级检索提供168个专题导航，是知网基于中图分类而独创的学科分类体系。年鉴、标准、专利等还提供单库检索所需的特色导航。其界面如图2.8d所示。

a."专业检索"界面

b."作者发文检索"界面

c."句子检索"界面

d. 文献分类导航界面

图 2.8　CNKI 其他检索

2.3.2　CNKI 单库高级检索

单库高级检索是在某一个数据库中，检索者利用文献分类导航、检索条件、检索控制项等完成的逻辑组合检索。在CNKI的首页单击页面右上方的"高级检索"(见图2.1),进入高级检索界面,然后在下面"总库"一栏选择某个检索数据库,如"学术期刊"数据库,如图2.9所示。

图 2.9　学术期刊单库高级检索

【检索示例2.3】检索2020年以来核心期刊上发表的有关PM2.5(大气中直径小于或等于2.5微米的颗粒物)带来的污染方面的论文。

检索步骤具体如下所示。

(1) 检索分析:因为PM2.5也称"可入肺颗粒物",所以检索内容条件可设定为:PM2.5、可入肺颗粒物、空气污染、污染。检索范围条件可设定为:时间2020—2022年。期刊来源类别可设定为:核心期刊。

(2) 选择检索模式:"学术期刊"数据库的高级检索模式。

(3) 明确检索项:"主题"和"关键词"。明确检索词:PM2.5、可入肺颗粒物、空气污染、污染。利用检索词"PM2.5"或"可入肺颗粒物"进行主题检索,利用检索词"空气污染"或"污染"进行关键词检索。

(4) 选定时间范围:从2020年到2022年。

(5) 选定期刊来源类别:核心期刊。

其具体设置界面如图2.10所示。

图 2.10　CNKI单库高级检索示例 2.3

检索结果分析：

(1) 满足检索条件的核心期刊论文为316篇。在"发表年度"分类中，可以看到命中文献中2020年发表的为122篇，2021年发表的为137篇，2022年发表的为57篇。也可以选中某一年度，查看相关命中文献。

(2) 检索结果的排序：可根据相关度(默认)、发表时间、被引、下载、综合对检索结果进行排序。

(3) 检索结果的主题分类汇总：重金属(34)、地下水(14)、PM_(2.5)(14)、空气污染(12)、PM_(2.5)三维结构(12)、土壤重金属污染(10)、生态风险(10)、重金属污染(7)、健康风险(7)、微塑料(6)。其他分类结果也可在左侧栏目中查看。

(4) 原文预览：CNKI提供HTML格式的原文预览。

(5) 原文下载：CNKI提供两种格式(CAJ和PDF)的原文下载。其检索结果分析如图2.11所示。

(6) 检索结果显示模式：CNKI提供两种显示模式，即详情、列表(默认)，如图2.12所示。

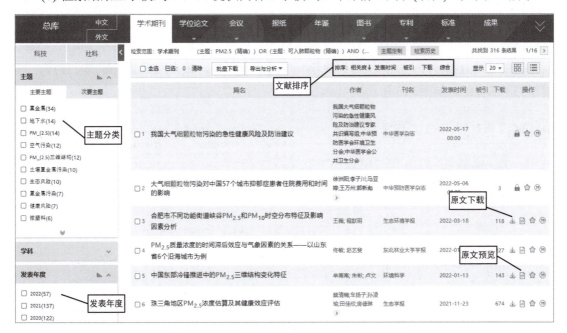

图 2.11　CNKI 单库高级检索示例 2.3 结果分析

图 2.12　CNKI 检索结果显示模式

知识窗：电子版读物的格式

网上的许多文献都是以 PDF、CAJ、PDG、NLC、WDL 等文件格式提供的，其中的文本不能被直接编辑，必须通过相应的阅读器进行阅读和编辑。

PDF 文件格式是电子发行文档的事实上的标准文件格式，也是互联网上应用广泛的一种文件格式。该格式的文档需要通过 Adobe Reader 阅读器进行浏览。

CAJ 文件格式是"中国期刊网"的"全文数据库"文献的特定格式，可以使用 CAJ 文件阅读器 CAJViewer 进行阅读和编辑。

2.3.3 CNKI 跨库高级检索

CNKI 的跨库高级检索是指在某几个数据库中，检索者利用检索导航、检索条件等完成的逻辑组合检索。跨库检索可在旧版本中进行。CNKI 的跨库高级检索的操作过程如下：首先在 CNKI 的高级检索界面，选择"文献"数据库，然后单击页面右上方的"跨库选择"确定待选的数据库(选定两个以上数据库)；其次，输入范围控制条件，如发表时间、文献来源、作者、作者单位等；然后，输入文献内容特征信息，如篇名、关键词等；最后，对检索得到的结果分组排序，如按文献所属学科等进行分组，再根据发表时间等进行排序，筛选得到所需文献，如图 2.13 所示。

图 2.13　CNKI 跨库高级检索（旧版）

【检索示例 2.4】 利用 CNKI 跨库高级检索模式，检索 2021 年以来发表的有关"城市交通枢纽换乘客流预测"方面的文献。

检索步骤具体如下所示。

(1) 检索分析：因为检索命题没有指明文献类型，所以可以选择跨库高级检索模式。检索内容可以设定为：城市交通、交通枢纽、客运枢纽、交通换乘、乘客换乘、客流预测、换乘客流等。

(2) "跨库选择"：选定期刊、博士、硕士、国内会议、国际会议、学术辑刊和成果 7 种数据库。

(3) 选择检索项为"主题"。

(4) 选择检索词：交通枢纽、客流预测、交通换乘、城市交通。设定"交通枢纽"和"交通换乘"为"或含"关系；"客流预测"和"城市交通"为"或含"关系。

(5) 时间范围控制：从2021年1月1日到今。

(6) 其具体设置界面如图2.14所示。

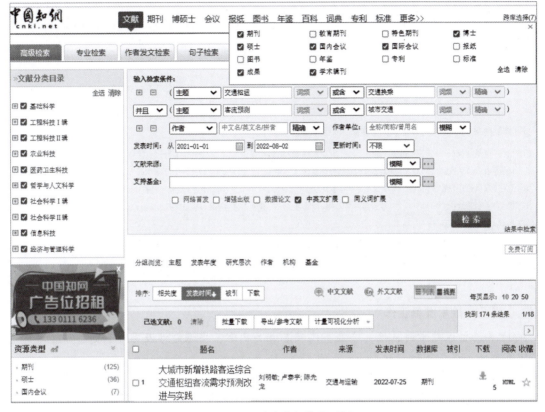

图2.14　CNKI跨库高级检索示例2.4

检索结果分析：

检索命中文献数量偏多(174篇)，不宜逐个阅读，若要得到更合适的文献，可以通过增加检索控制条件进行二次检索，还可通过分组浏览的方式，有重点地查阅命中文献。

(1) 按照主题浏览，如主题为"交通换乘"的命中文献有7篇，如图2.15a所示。

(2) 按照研究层次浏览，如"工程技术(自科)"命中文献有68篇，如图2.15b所示。

(3) 按照机构浏览，如"北京交通大学"有命中文献10篇，如图2.15c所示。

(4) 按照基金浏览，如"国家自然科学基金"的命中文献有22篇，如图2.15d所示。

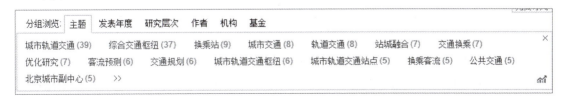

a. 按照主题浏览的结果分析

图2.15　CNKI跨库高级检索之结果分析

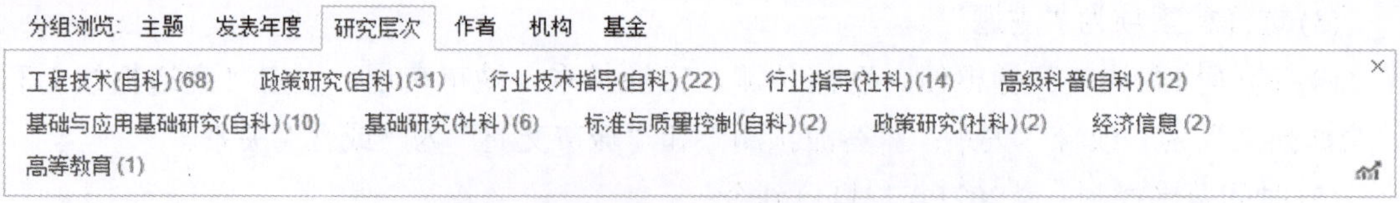

b. 按照研究层次浏览的结果分析

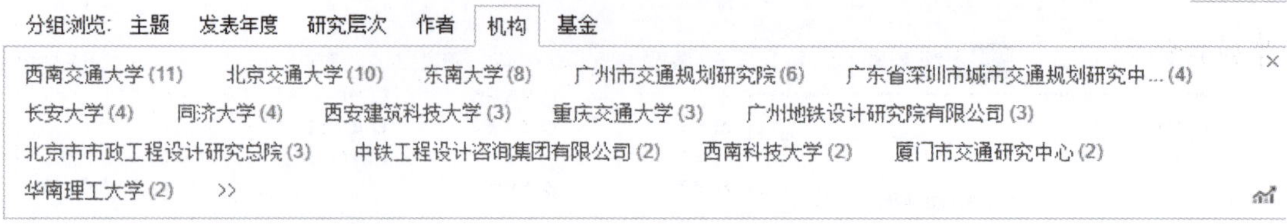

c. 按照机构浏览的结果分析

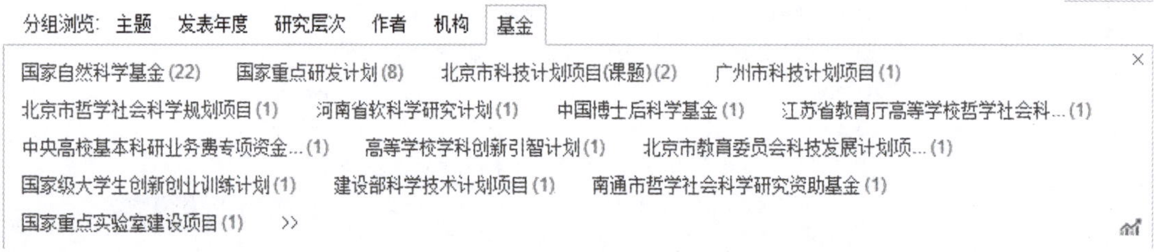

d. 按照基金浏览的结果分析

图2.15　CNKI跨库高级检索之结果分析（续）

> **小提示：检索准备工作**
>
> (1) 弄清楚课题学科属性、专业范围及其相关内容，当课题涉及多学科时，以主要学科为检索重点，次要学科为补充。
> (2) 弄清检索课题的信息类型和时间要求。
> (3) 考虑课题的特殊要求。
> (4) 明确用户自身的信息需求。

2.4　中国知网其他检索

2.4.1　中国知网专业检索

专业检索比高级检索功能更强大，但需要检索人员根据系统的检索语法编制检索式进行检索，适用于熟练掌握CQL(Common Query Language，通用查询语言)检索语言的专业检索人员。一般图书情报专业人员在进行查新、信息分析等工作时，使用专业检索。

专业检索比较复杂，需要用户自己输入检索表达式来检索，并且确保所输入的检索表达式语法正确，这样才能检索到想要的结果。每个库的专业检索都有说明，详细语法可以单击右侧"检索表达式语法"查看详细的语法说明。要掌握专业检索,就要了解专业检索语法的含义,并能正确构造检索式。

知识窗:CQL 检索语言

CQL 是一种正式的检索语言。其可以向检索系统发出检索请求,其检索表达式可以映射到具体的检索系统中去。CQL 是一种非常直观的检索语言,其设计目的是使人易读、易写。

1. 专业检索字段

CNKI的单库检索和跨库检索都支持专业检索模式,单库专业检索执行各自数据库的检索项,跨库专业检索原则上可执行所有跨库数据库的专业检索项,但由于各库设置不同,会导致有些检索项不适用于所有选择的数据库。进行专业检索时,首先要明确检索目标数据库中可用检索项有哪些,分别用什么字母来表示,然后再设计检索式,表2.2为部分检索字段对照表。

表 2.2 部分检索字段对照表

SU	TI	KY	AB	FT	AU	FI	AF	CLC	SN	CN
主题	题名	关键词	摘要	全文	作者	第一责任人	机构	中图分类号	ISSN	统一刊号
JN	RF	CF	FU	IB	YE	RT	PT	HX	EI	SI
刊名	参考文献	被引频次	基金	ISBN	年	更新时间	发表时间	核心期刊	EI 收录刊	SCI 收录刊

2. 检索运算符

1) 索引关系检索

(1) all:当检索词中包含多重分类时,它们分别可以被扩展成布尔运算符and的表达式。例如:论文题名 all "北京 上海 广州",可扩展为:论文题名="北京"and 论文题名="上海"and 论文题名="广州",表示查找论文题名中包括"北京 上海 广州"的记录。

(2) any:当检索词中包含多重分类时,它们分别可以被扩展成布尔运算符or的表达式。例如:论文题名 any "北京 上海 广州"可扩展为:论文题名="北京"or 论文题名="上海"or 论文题名="广州",表示查找论文题名中包括"北京 上海 广州"或其中之一的记录。

(3) within:是指定义一个检索范围,检索范围由检索词描述。例如:dc.日期 within "2020 2021 2022",表示在dc映射集中的日期字段的值落入"2020 2021 2022"范围之内,它的值可以是2020、2021、2022其中之一。

2) prox布尔修饰符

(1) prox:查找相邻近的记录。例如:P prox C,表示查找P和C邻近的记录。prox布尔修饰符之间是用"/"隔开的。

(2) distance:表示两个操作数之间的距离。注意:distance后面跟的是整数,distance

默认值为1。例如：计算机 prox/distance＝4 研究，表示检索结果中包括"计算机"和"研究"，且"计算机"和"研究"之间相隔4个字符，如"计算机辅助设计研究"。

(3) ordered：表示两个操作数必须按照检索表达式里出现的顺序出现。例如：计算机 prox/distance＝3/ordered 基本原理，表示检索结果中"计算机"和"基本原理"相隔3个字符，且"计算机"和"基本原理"要按表达式中出现的顺序出现。

(4) unordered：不排序。例如：物理 prox/distance＝3/unordered 实验，表示"物理"和"实验"可以按任意顺序出现，且两者之间相隔3个字符。

3) 通配符

常用的通配符包括"*""?"和定位符"^"。

(1) ?：表示匹配任意单个字符，例如：第?定律，可以表示查找"第二定律""第三定律"等记录。

(2) *：表示匹配任意0个或多个字符，例如：计算机*研究，表示查找包括"计算机研究""计算机软件研究""计算机辅助设计研究"等的记录。

(3) ^：表示匹配输入字符串的开始或结束位置，例如：^北京，表示查找以"北京"开头的记录；研究^，表示查找以"研究"结尾的记录。

4) 检索运算符示例

专业检索运算符示例如表2.3所示。

表2.3 专业检索运算符示例

运 算 符	功能及含义	举 例
＝ str1*str2	并且包含，包含str1和str2	TI＝转基因 * 水稻
＝ str1＋str2	或者包含，包含str1或者str2	TI＝转基因＋水稻
＝ str1－str2	不包含，包含str1不包含str2	TI＝转基因－水稻
＝ str	包含(精确)，精确匹配词串str	AU＝袁隆平
＝'str /SUB N'	序位包含，第N位包含检索词str	AU＝'刘强 /SUB 1'
%str	包含(模糊)，包含词str或str切分的词	TI%转基因水稻
＝ str	包含，包含检索词str	TI＝转基因水稻
＝'str1 /SEN N str2'	同段，按次序出现，间隔小于N句	FT＝'转基因 /SEN 0 水稻'
＝'str1 /NEAR N str2'	同句，间隔小于N个词	AB＝'转基因 /NEAR 5 水稻'
＝'str1 /PREV N str2'	同句，按词序出现，间隔小于N个词	AB＝'转基因 /PREV 5 水稻'
＝'str1 /AFT N str2'	同句，按词序出现，间隔大于N个词	AB＝'转基因 /AFT 5 水稻'
＝'str1 /PEG N str2'	全文，词间隔小于N段	AB＝'转基因 /PEG 5 水稻'
＝'str $ N'	检索词出现N次	TI＝'转基因 $ 2'

【检索示例2.5】构造专业检索式。

(1) 检索钱伟长在清华大学或上海大学时发表的文献。

检索式：AU＝钱伟长 and (AF＝清华大学 or AF＝上海大学)

(2) 检索钱伟长在清华大学期间发表的题名或摘要中都包含"物理"的文献。

检索式：AU＝钱伟长 and AF＝清华大学 and (TI＝物理 or AB＝物理)

(3) 检索主题是"图像处理"且含有"图像分割"的文献。

检索式：SU＝图像处理 * 图像分割

(4) 检索钱伟长在清华大学以外机构工作期间所发表的题名中包含"流体""力学"的文献。

检索式：TI＝流体 and 力学 and (作者＝钱伟长 not 机构＝清华大学)

【检索示例2.6】利用专业检索方式，检索钱伟长在清华大学期间发表的题名或摘要中都包含"物理"的文献。

检索步骤具体如下所示。

(1) 选择专业检索方式。

(2) 构造检索式：AU＝钱伟长 and AF＝清华大学 and (TI＝物理 or AB＝物理)，见检索示例2.5中的第(2)项。

(3) 在专业检索框中输入检索式，得到命中文献210篇，如图2.16所示。

可见，如果熟悉专业检索语法并掌握相应检索技能，利用专业检索还是比较方便快捷的。

图 2.16　CNKI 专业检索示例结果

2.4.2　中国知网出版物检索

CNKI知识发现网络平台(简称KDN)的特色之一就是统一了出版来源导航检索，包括期刊导航、学术辑刊导航、学位授予单位导航、会议导航、报纸导航、年鉴导航和工具书导航。统一导航页面中有字母导航和分类导航，左侧文献分类目录帮助用户快速定位导航的分类。分类导航检索可以采取鼠标滑动展现的方式实现导航操作，读者可直接按照分类浏览基本信息，按期查找出版物，如图2.17所示。

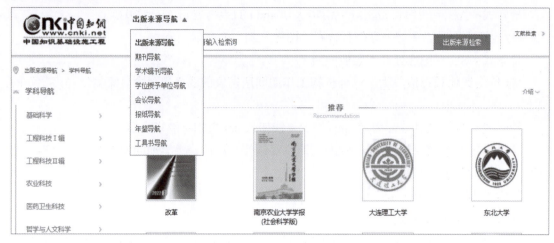

图 2.17　CNKI 出版来源导航检索

在出版物检索中，最常见的是期刊来源检索。期刊导航包括：学科导航、卓越期刊导航、数据库刊源导航、主办单位导航、出版周期导航、出版地导航、核心期刊导航，如图2.18所示。

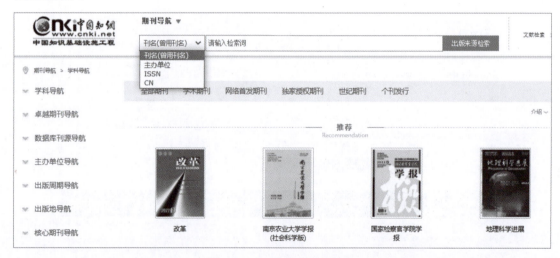

图 2.18　CNKI 期刊导航检索

期刊导航说明如下。

(1) 学科导航：按照期刊知识内容分类，分为10个专辑，178个专题。

(2) 卓越期刊导航：按照中国科技期刊卓越行动计划入选项目分类。

(3) 数据库刊源导航：按照期刊被国内外其他数据库收录情况分类。

(4) 主办单位导航：按照期刊的主办单位分类(出版社、211院校、科研院所、学会)。

(5) 出版周期导航：按照期刊的出版周期分类(年刊、半年刊、季刊、双月刊、月刊、半月刊、旬刊、周刊、周二刊)。

(6) 出版地导航：按照期刊的出版地分类。

(7) 核心期刊导航：按照"中文核心期刊要目总览"收录的期刊分类。

通过导航系统可以按照需求逐步地缩小范围，直至查找到某个特定期刊。另外，用户也可以直接输入检索词查找指定期刊，如图2.19所示。

图 2.19　输入检索词查找指定期刊

2.4.3　中国知网学术不端检测

　　CNKI学术不端文献检测系统(简称AMLC)以"中国学术文献网络出版总库"为全文比对数据库，能够快速辨别抄袭与剽窃、伪造、篡改等学术不端行为。另外，该系统可供用户检测论文，并支持用户自建比对库。AMLC采用CNKI自主研发的自适应多阶指纹(AMLFP)特征检测技术，具有检测速度快，准确率、召回率较高，抗干扰性强等特征。该功能支持篇章、段落、句子各层级检测；支持文献改写、多篇文献组合等各种文献变形检测；支持研究生论文、图书专著等超长文献的学术不端检测。

　　针对任意一篇需要检测的文献，系统首先对其进行分层处理，按照篇章、段落、句子等层级分别创建指纹，而比对资源库中的比对文献，也采取同样的技术创建指纹索引。这样的分层多阶指纹结构，不仅可以满足用户对超长文献的快速检测，而且，因为用户的最小指纹粒度为句子，因此，也满足了系统对检准率和检全率的高要求。原则上，只要检测文献与比对文献存在一个相同的句子，就能被检测系统发现。

1. 用户提供的资源

　　要实现论文的学术不端检测，用户需提供的资源包括以下内容。

　　(1) 论文全文内容。论文全文内容是检测论文是否存在学术不端行为的基础数据。检测系统是对提交的论文全文内容进行分析，在内容分析的基础上，生成各项检测指标。因此，全文数据是系统所需要的必要资源。

(2) 元数据信息。元数据指论文相应的作者、作者单位、发表时间、支持基金项目等信息。元数据是检测系统对学术不端类型进行判断所需的基础数据，为了更准确地帮助系统做出预判，用户可以在提交检测文献的同时，一并提交文献的元数据信息。需要特别提到的是：在进行论文检测的时候，作者信息是非常必要的。输入作者信息，在后续的检测过程中，系统能够自动根据作者信息区分比对资源中的文献是属于该作者已发表的文献，还是他人的文献，为用户快速甄别论文是否存在学术不端行为提供更直观的印象。因为在论文中，引用自己以前发表过的文献是合理的。

小提示：元数据的使用

元数据不是系统必需的数据，用户在使用检测系统的时候，可以选择不填写元数据，但建议最好输入作者信息。

2. 检测结果内容

在对用户提交的检测文献检测之后，系统生成的检测结果包括以下内容。

(1) 重合文字来源文献信息。系统详细列出重合文字来源文献信息，这些文献都是真实存在的，而且应是公开发表或得到发表确认的。

(2) 比对信息。系统列出检测文献和来源文献的详细比对信息，用户可以快速选择重合文字部分查阅。

(3) 总检测指标。该指标体系从多个角度对检测文献中的文字复制情况进行了概括性描述。

(4) 子检测指标。由于论文一般较长，因此，系统一般按章检索，并且为每一章给出子检测指标，该检测指标从多个角度对该章内容的检测情况进行了详细描述。

(5) 诊断类型。系统根据指标参数以及其他元数据相关信息，自动给出一个预判的诊断类型，供审查人员参考。

(6) 检测报告。检测系统自动生成一个检测报告单，详细列出检测文献的学术不端行为检测情况，用户可以对该报告单进行修改，并只对疑似存在学术不端行为的论文生成最终的检测报告。

【检索示例2.7】大学生论文检测。

AMLC主要能够实现对已发表文献检测、论文检测、问题库查询、自建比对库管理等，下面结合大学生论文检测例子进行介绍。该系统目前是不对个人开放的，其只针对高校、研究机构、杂志期刊等开放，只对这些单位提供查重账号，并通过高校相应管理部门提供给本校教师和学生固定账号实现论文检测。

(1) 登录中国知网大学生论文检测系统(https://pmlc.cnki.net/user/)，如图2.20所示。

(2) 输入账号和密码后进入系统，如图2.21所示。

(3) 对论文进行检测，报告样式如图2.22所示。

(4) 用户可以对系统检测报告单进行修改，对文献的检测结果重新选择学术不端类型，并写下自己的审查意见，生成最终的终审报告单。

图 2.20　中国知网大学生论文检测系统登录界面

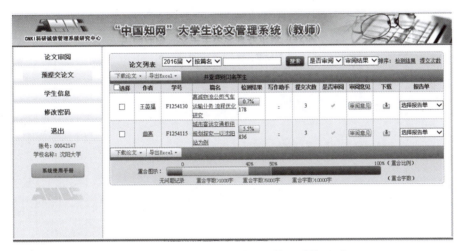

图 2.21　中国知网大学生论文检测系统界面

小提示：如何降低论文查重的重复率

论文查重是毕业生比较关注的问题，在这里分享几点经验。

(1) 不能直接照搬参考文献，降低重复率。

(2) 文献综述是毕业论文中最容易出现重复率高的部分，同学通常在这一部分都会把参考文献的观点(谁在研究中得出了什么样的结果)一一列举，其实也没问题，但这样确实容易造成重复率高。其实可以选择其他的方法，比如把类似的研究结果做个总结分类，或者把各观点做成表格，提取重要信息，既直观又能降低重复率。后面的研究部分毕竟是添加了自己创新点的研究，很难和他人有重复的部分(这条可能对文科同学不那么适用，毕竟文科同学重复率高的部分可能不止文献综述)。

(3) 变换表达方式这种方法有点作用但是麻烦，毕竟论文篇幅很长，不如一开始就用自己的语言来描述。

(4) 很多人对知网的查重系统充满了恐惧，其实知网的查重系统虽然严格但也严谨，不会有"误伤"。

(5) 查重只是毕业论文审核最基础的一项，后面还有盲审答辩，如果想顺利通过所有审核，从选题开始就要做好工作，多阅读文献，与导师交流，确定自己的研究方向是否有创新性、可行性、实用性等，这才是最重要的。

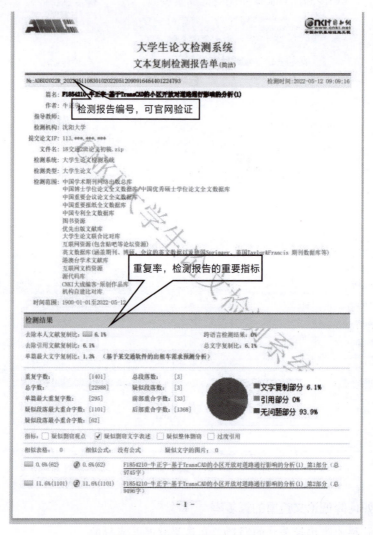

图 2.22　论文检测报告样式

2.5　常用的其他中文数据库检索系统

2.5.1　万方数据

万方数据(http://www.wanfangdata.com.cn/)是由万方数据股份有限公司研究开发的，涵盖期刊、会议纪要、论文、学术成果、学术会议论文的大型网络数据库。万方数据创建于1997年8月，是在互联网领域，集信息资源产品、信息增值服务和信息处理方案为一体的综合信息服务商，也是国内最早的中文信息资源产品与服务提供商之一。

2.5.1.1 万方数据概述

万方数据股份有限公司在积累了大量的信息资源基础之上，打造出全新的产品和服务，推出了万方数据知识服务平台、万方医学网、万方数据中小学数字图书馆、万方视频和万方技术创新知识服务系统等。

1. 万方数据知识服务平台

万方数据知识服务平台(Wanfang Data Knowledge Service Platform)集高品质知识资源、先进的发现技术、人性化设计于一身，是国内一流的高品质知识资源出版、增值服务平台。目前平台出版的资源总量超过两亿条，全面覆盖各学科、各行业。万方数据知识服务平台整合海量学术文献，构建多种服务系统。

2. 万方医学网

万方医学网独家收录中华医学会、中国医师协会等权威机构主办的220余种中外文医学期刊，拥有1000余种中文生物医学期刊、4100余种外文医学期刊，以及930余部医学视频等高品质医学资源。万方医学网全面精准的医学信息资源，整合发现服务、中西医结合一体化临床诊疗知识服务、高效深入的多维度数据统计分析服务。

3. 万方数据中小学数字图书馆

万方基础教育产品包括万方数据中小学数字图书馆、基础教育科研服务平台、万方在线组卷系统、万方少儿数字图书馆、万方学前教育知识库、云屏数字阅读系统。其中，万方数据中小学数字图书馆是一款专门针对中小学教学应用的数字图书馆产品，旨在为全国中小学教师、教研人员和学生提供"一站式"教育教学资源服务，实现了期刊、会议论文、学位论文、视频、试题、教案和教辅图书等异构资源的知识组织。

4. 万方视频

万方视频是以科技、教育、文化为主要内容的学术视频知识服务系统，长期服务于全国各大高校和公共图书馆，现已推出高校课程、学术讲座、学术会议报告、考试辅导、医学实践、管理讲座、科普视频、国外优秀视频、环球高清精选等适合各层次人群使用的精品视频。

5. 万方技术创新知识服务系统

万方技术创新知识服务系统包括标准管理服务系统、行业知识服务系统、内部知识构建系统、学科知识服务系统、科研项目知识管理系统、企业竞争情报解决方案、企业知识管理解决方案。

2.5.1.2 万方数据知识服务平台数据资源

万方数据知识服务平台提供的资源不仅涉及范围广、信息量大，而且更新速度快，为用户实时显示各类资源的总记录数和更新时间。万方数据资源按照资源类型可以分为全文类信息资源，文摘、题录类信息资源及事实型动态信息资源。全文类信息资源包括会议论文全文资源、学位论文全文资源、法律法规全文资源、期刊论文全文资源，其中会议论文全文资源是最具权威性的学术会议全文库。文摘、题录类信息资源及事实型动态信息资源主要包括大量科技文献、政策法规、企业产品等多个数据库，是科研机构进行科学研究，企业单位进行技术创新、产品研发，科技管理机构进行科研决策的信息依据。

1. 期刊论文

中国学术期刊数据库(China Online Journals，COJ)，收录始于1998年，包含8000余种期刊，其中包含北京大学、中国科学技术信息研究所、中国科学院文献情报中心、南京大学、中国社会科学院历年收录的核心期刊3300余种，年增300万篇，每天更新，涵盖自然科学、工程技术、医药卫生、农业科学、哲学政法、社会科学、科教文艺等各个学科。其内容包括以下信息：论文标题，论文作者，来源刊名，论文的年、卷、期，中图分类法的分类号，关键字，所属基金项目，数据库名，摘要等。

2. 学位论文

中国学位论文全文数据库(China Dissertations Database)，收录了国家法定学位论文收藏机构——中国科技信息研究所提供的自1980年以来我国自然科学领域各高等院校、研究生院及研究所的硕士研究生、博士及博士后论文。该数据库涵盖基础科学、理学、工业技术、人文科学、社会科学、医药卫生、农业科学、交通运输、航空航天和环境科学等各学科领域。其内容包括论文题名、作者、专业、授予学位、导师姓名、授予学位单位、馆藏号、分类号、论文页数、出版时间、主题词、文摘等信息。

3. 会议论文

中国学术会议文献数据库(China Conference Proceedings Database)收录由中国科技信息研究所提供的国家级学会、协会、研究会组织召开的各种学术会议的会议论文。会议资源包括中文会议和外文会议：中文会议收录始于1982年，年收集约2000个重要学术会议；外文会议主要来源于NSTL外文文献数据库，收录了1985年以来世界各主要学协会、出版机构出版的学术会议论文共计900万篇全文(部分文献有少量回溯)。其内容包括数据库名、文献题名、文献类型、馆藏信息、馆藏号、分类号、作者、出版地、出版单位、出版日期、会议信息、会议名称、主办单位、会议地点、会议时间、会议届次、母体文献、主题词、文摘、馆藏单位等。

4. 专利技术

中外专利数据库(Wanfang Patent Database，WFPD)涵盖1.3亿余条国内外专利数据。其中，中国专利收录始于1985年，共收录3300万余条专利全文，数据与国家知识产权局保持同步，包含发明专利、外观设计和实用新型三种类型，准确地反映中国最新的专利申请和授权状况，每月新增30万余条。国外专利1亿余条，均提供欧洲专利局网站的专利说明书全文链接。收录范围涉及中国、美国、日本、英国、德国、法国、瑞士、俄罗斯、韩国、加拿大、澳大利亚、世界知识产权组织、欧洲专利局等十一国两组织及两地区数据,每年新增300万余条。

5. 科技报告

中外科技报告数据库包括中文科技报告和外文科技报告。中文科技报告收录始于1966年,源于中华人民共和国科学技术部,共计10万余份。外文科技报告收录始于1958年,涵盖美国政府四大科技报告(AD、DE、NASA、PB),共计110万余份。

6. 科技成果

中国科技成果数据库(China Scientific & Technological Achievements Database)收录了自1978年以来国家和地方主要科技计划、科技奖励成果,以及企业、高等院校和科研院所等单位的科技成果信息,涵盖新技术、新产品、新工艺、新材料、新设计等众多学科领域,共计60多万项。数据库每两月更新一次,年新增数据1万条以上。

7. 中外标准

中外标准数据库(China Standards Database)收录了所有中国国家标准(GB)、中国行业标准(HB),以及中外标准题录摘要数据,共计200余万条记录,其中中国国家标准全文数据内容来源于中国质检出版社,中国行业标准全文数据收录了机械、建材、地震、通信标准以及由中国质检出版社授权的部分行业标准。

8. 法律法规

中国法律法规数据库(China Laws & Regulations Database)涵盖国家法律法规、行政法规、地方法规、国际条约及惯例、司法解释、合同范本等,其内容权威、专业。每月更新,年新增量不低于8万条。其收录自1949年以来全国各种法律法规50余万条。其内容不但包括国家法律法规、行政法规、地方法规,还包括国际条约及惯例、司法解释、案例分析等,关注社会发展热点,更具实用价值,被认为是国内权威、全面、实用的法律法规数据库。

2.5.1.3 万方数据知识服务平台检索服务

万方数据知识服务平台提供的检索文献类型,主要包括学术论文、期刊、学位、会议、外文文献、专利、标准、成果、图书、法规、机构、专家和学者检索。

万方数据知识服务平台为用户提供了更多的功能和服务,可以实现不同文献类型的检索功能,并在原有检索系统基础上加入万方论文检测系统(WFIRC),使检索功能更加强大。万方数据运用先进的分析和咨询方法,为用户提供个性化信息增值服务产品,如知识脉络分析、论文相似性检测、学术统计分析、查新/跨库检索、万方学术圈、科技文献分析、专利工具等,以满足用户对深度信息的分析需求,为用户提供决策支持,如图2.23所示。万方数据的高级检索、专业检索、作者发文检索,提供更精准的检索服务,如图2.24、图2.25、图2.26所示。

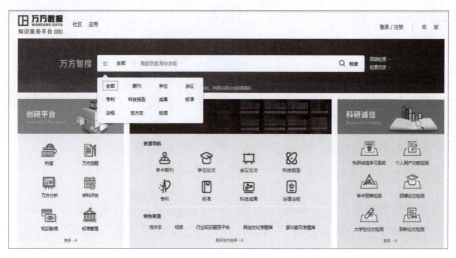

图 2.23　万方数据知识服务平台

图 2.24　万方数据高级检索

图 2.25　万方数据专业检索

图 2.26　万方数据作者发文检索

2.5.2　维普资讯网

维普资讯网(http://www.cqvip.com/)建立于2000年，是由重庆维普资讯公司制作并提供服务的。重庆维普资讯有限公司的前身为中国科技情报研究所重庆分所数据库研究中心，是中国第一家进行中文期刊数据库研究的机构。作为中国数据库产业的开拓者，数据库研究中心于同年自主研发并推出了"中文科技期刊篇名数据库"，这是中国第一个中文期刊文献数据库，也是中国最大的自建中文文献数据库。维普网的首页如图2.27所示。

图 2.27　维普网

2.5.2.1 维普资讯网概述

针对全国高等院校、公共图书馆、情报研究机构、医院、政府机关、大中型企业等各类用户的需求，重庆维普资讯有限公司陆续推出了"中文科技期刊数据库""中文科技期刊数据库(引文版)""中国科学指标数据库CSI""中文科技期刊评价报告""中国科技经济新闻数据库""外文科技期刊数据库""中国基础教育信息服务平台""维普-Google学术搜索平台""维普考试资源系统VERS""图书馆学科服务平台LDSP""文献共享服务平台LSSP"等系列产品。

(1) "中文科技期刊数据库"是中国唯一以正式出版期刊为源本的数据库，保持期刊原文原貌，是科技查新领域使用较频繁的中文期刊全文数据库，是我国数字图书馆建设的核心资源之一。期刊总数12000余种，核心期刊1975种，文献总量3000余万篇，学科范围包括社会科学、自然科学、工程技术、农业科学、医药卫生、经济管理、教育科学和图书情报。数据采用PDF标准格式，将原来的图片全文转换为可文本化的PDF图片，保证了数字化的内容和读者在期刊社订购的原版纸质杂志保持一致，极大地方便了用户。

(2) "中文科技期刊数据库(引文版)"以全文版为基础开发而成，主要检索1989年以来国内5000多种重要期刊(含核心期刊)所发表论文的参考文献，是目前国内检索期刊种类比较全面的引文数据库。该库的文献总量：源文献482万余篇、参考文献1830余万篇。该库可独立实现参考文献与源文献之间的切换检索。用户若同时购买了全文数据库和引文数据库，还可以通过开放接口将引文检索功能整合在全文数据库中，实现引文检索与全文检索的无缝链接操作。引文检索一般用于文献评价、科学家评价、研究机构评价、期刊评价、职称评定等。

(3) "中国科学指标数据库CSI"（China Science Indicators System，CSI)是维普公司于2009年6月正式推出的，是目前国内规模较大的基于引文评价的事实型数据库，是衡量国内科学研究绩效、跟踪国内科学发展趋势的有力工具。CSI涵盖了包括理、工、农、医和社会科学等方面的4000余种中文期刊和百万级中国海外期刊发文数据，数据评价时段从2000年跨度至当前。用户可以通过本产品查看关于学者、机构、地区、期刊的科研水平及影响力评价，并了解当前国内的科研动态、研究热点和前沿。

(4) "中文科技期刊评价报告"以8000余种期刊作为来源期刊进行引文加工，涉及学科领域包括工业技术、医药卫生、农业科学、数理化及生物、天文地球、环境科学、交通运输、航空航天、经济管理、文教体育、图书情报、政治法律、人文社科等。报告包括如下指标的评价分析：总被引频次、影响因子、立即指数、被引半衰期、引用半衰期、期刊他引率、平均引文率。

(5) "中国科技经济新闻数据库"遴选自国内420多种重要报纸和9000多种科技期刊的305余万条新闻资讯，包括了各行各业的新产品、新技术、新动态和新法规的资讯报道。"中国科技经济新闻数据库"是科研机构、企业、政府部门获取行业动态，把握市场走向，建立竞争情报系统的重要信息来源，尤其是科技查新单位进行科技查新时重要的查询数据库之一。

维普资讯网已经成为全球著名的中文专业信息服务网站，以及中国重要的综合性文献服务网站。其陆续与谷歌学术搜索频道、百度文库、百度百科建立了战略合作关系。网站目前在数字出版行业中遥遥领先，数次名列中国出版业网站百强，并在中国图书馆业、情报业网站排名中名列前茅。

2.5.2.2 维普中文期刊服务平台

维普的核心产品有"中文期刊服务平台""维普论文检测系统""维普考试服务平台""智立方·知识资源服务平台""结构知识库""智慧门户"。

中文期刊服务平台是维普公司集合所有期刊资源，从一次文献保障到二次文献分析，再到三次文献情报加工的专业化信息服务整合平台，这个平台还为机构服务功能在搜索引擎的有效拓展提供支持工具。

1. 期刊文献检索

期刊文献检索功能是对原有中刊库检索查新及全文保障功能的有效继承，并在此基础上做了流程梳理和功能优化，同时还新增了文献传递、检索历史、参考文献、基金资助、期刊被知名国内外数据库收录的最新情况查询、查询主题学科选择、在线阅读、全文快照、相似文献展示等功能。

2. 期刊导航检索

"中文科技期刊数据库"收录期刊15289种，现刊9000余种。期刊导航检索可以按照期刊首字母、期刊分类实现对期刊的检索，此外还可以通过刊名、ISSN、CN、主办单位、主编、邮发代号实现期刊的检索。

3. 期刊评价报告

期刊评价指以期刊为对象展开的各种定性和定量的评价活动。维普的期刊评价报告是按照期刊的以下评价指标：ISSN、被引次数、影响因子、发文量、立即指数、被引半衰期、引用半衰期、期刊他引率，给出期刊相应的统计数据。

4. 文献引证追踪

文献引证追踪是维普期刊资源整合服务系统的重要组成部分，是目前国内规模较大的文摘和引文索引型数据库。该产品采用科学计量学中的引文分析方法，对文献之间的引证关系进行深度数据挖掘，除提供基本的引文检索功能外，还提供基于作者、机构、期刊的引用统计分析功能。该功能模块现包含维普所有的中文科技期刊数据，引文数据回溯加工至2000年，除帮助客户实现强大的引文分析功能外，还采用数据链接机制实现到维普资讯系列产品的功能对接，极大地提高了资源利用效率。

5. 科学指标分析

科学指标分析是目前国内规模较大的动态连续分析型事实数据库，是一个提供三次文献情报加工的知识服务功能模块，通过引文数据分析揭示国内近200个细分学科的科学发展趋势、衡量国内科学研究绩效，有助于显著提高用户的学习研究效率。该功能模块是运用科学计量学有关方法,以维普中文科技期刊数据库近10年的千万篇文献为计算基础,对我国近年来科技论文的产出和影响力及其分布情况进行客观描述和统计。

6. 搜索引擎服务

搜索引擎服务主要为机构用户使用,是一个基于谷歌和百度搜索引擎,面向读者提供服务的有效拓展支持工具,能够为广大的终端使用者提供方便。其既是灵活的资源使用模式,也是图书馆服务的有力交互推广渠道。其具有良好的网络访问速度,而且全天候免维护。通过开通该服务可以使图书馆服务推广到读者环境中去——"读者在哪里,图书馆的服务就在哪里",让图书馆服务无处不在。

2.5.2.3 维普"中文科技期刊数据库"检索

"中文科技期刊数据库"是国内首家采用 OpenURL 技术规范的大型数据库产品,其通过"尚唯全文检索系统"实现数据库的检索管理。"中文科技期刊数据库"的检索系统具有丰富的检索方式和独特的检索渠道,其检索方式包括初级检索、高级检索、检索式检索、期刊导航、检索历史。其中,初级检索包括文献搜索、期刊搜索、学者搜索、机构搜索,如图2.28所示。

图 2.28 维普资讯网初级检索页面

高级检索提供更为复杂的检索方式,其页面如图2.29所示。

(1) 同义词检索:以"汉语主题词表"为基础,参考各个学科的主题词表,通过多年的标引实践,编制了规范的关键词用代词表(同义词库),实现高质量的同义词检索,提高查全率。

(2) 复合检索表达方式:例如要检索作者"张三"关于林业方面的文献,只需利用"a

＝张三 *k＝林业"这样一个简单的检索式即可实现。这种通过简单的等式可限定逻辑表达式中每个检索词的检索入口,实现字段之间的组配检索。

(3) 检索字段:可实现对任意字段、题名或关键词、题名、关键词、摘要、作者、第一作者、机构、刊名、分类号、参考文献、作者简介、基金支助、栏目信息14个字段的检索,并可实现各个字段之间的组配检索。

图 2.29 维普资讯网高级检索页面

(4) 检索结果页面直接支持全记录显示,查看信息更方便,并支持字段之间的链接。下载全文只需单击全文下载图标即可,快捷方便。

2.6 检索实例

本检索实例主要是检索关于水污染问题的研究。

1. 检索背景

二十一世纪初,某石化双苯厂发生爆炸,根据环保局监测报告,爆炸后可能造成水体污染。如果耽误了水污染的治理工作,不仅会引起群众的恐慌,甚至会引起一起国际纠纷,关于水污染问题的研究迫在眉睫。

2. 检索方法

以中国知网(http://www.cnki.net)的"中国学术期刊全文数据库"为检索系统。

方法一:全文检索

由于本课题要检索的是事件的处理方法,因此在检索项中不宜选择"主题"或"标题"等,应选择"全文"检索项并输入"水污染治理"检索词进行检索,检索结果为29185篇文献,如图2.30所示(该数据验证日期为2022年8月3日)。

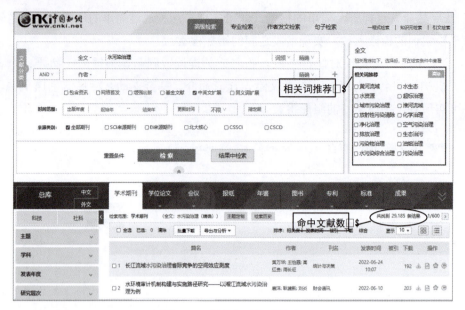

图2.30 学术期刊全文检索

在这29185条命中文献中,要查找到所需要的水污染治理方法,要花费许多时间。如果想缩小范围,准确地找到所需要的信息,就必须进行二次检索。这种检索方式虽然容易掌握,但检索效率很低,并且查全率也不高。

方法二:相关词搜索

使用方法一检索时,虽然检索时间较短,但要想得到所需信息,还得经历大量的信息分析、筛选的过程,而且如果一次检索词选择不当还可能造成大量的漏检现象。CNKI的相关词推荐服务,是一种辅助的检索方式。相似词是由系统数据库中包含的与用户输入的检索词语相近或相似的词语构成,相似词的服务可以为使用者提供更全面、方便的检索服务。用户通过相似词进行再次检索,可以简化检索分析过程,提高查准率。

在CNKI中,对于"水污染治理"提供了若干相关词,如"污染治理""水生态""水污染综合治理""污染物治理"等(见图2.30)。在这些相关词中,根据检索问题进行分析,选择与本检索题目最贴切的一个或多个词进行检索,并在检索结果中进行分析,可以找出所需结论。

由于本问题是要解决爆炸物对水污染的治理问题,因此可以选择比较接近本问题的相似词"水污染综合治理"进行检索,这样就将检索范围大大缩小了,本次检索结果为3297条。

利用检索系统的相关词搜索服务,可以增加检索分析的全面性和准确性,进而提高检索的查全率和查准率。但同样也存在一些问题,不同的检索系统提供的服务不尽相同,而且选择相似词也可能造成检索无结果,这些都是在检索中要注意的。

方法三:组合检索

检索策略的制定,首先要明确检索目的,构造检索词。对于检索词,不能仅凭借检索问句来确定检索词,要详细了解检索的课题属于什么技术领域,该技术领域又包含哪些技术及主要概念,经过充分讨论来确定与检索课题相关的关键词。对于不同的需求,针对检索系统的特点，还可以针对主题词、作者、机构、时间等检索项进行检索，检出相关度较高的文献。

高级检索重点在检索分析，根据本课题的检索需求，提炼出"水污染治理""苯爆炸""苯污染""水污染""硝基苯爆炸""硝基苯""水"和"治理方法"等多个检索词。由于本课题主要是解决治理问题，也就是说，水污染已经成为现实，所以需要解决的是苯爆炸物的水处理方法。在几个检索词中可以选择与问题比较接近的"水污染治理""苯爆炸"及"苯污染"3个关键检索词进行组合检索。

在"高级检索"模式下，将"水污染治理""苯爆炸"及"苯污染"3个检索词通过"并且"关联实施检索，命中结果为1条记录，如图2.31所示。这种方法可以大大提高查准率。

图 2.31　高级检索结果

这里需要注意，为了不遗漏有关"水污染治理"的任何办法，我们选择了"全文"检索；其次，"苯爆炸"和"苯污染"是一个描述性词语，出现在"篇名""关键词"和"摘要"的机会比较小，因此仍选择"全文"检索，增加检索的范围，提高检索文献的相关度。

3．检索方法分析

使用方法一进行检索的往往是初级检索用户，这样检索的结果数量较多，不利于在短时间内找到所需信息，而且由于选择的检索词单一，可能会遗漏许多所需信息。这种方法虽然经过多次检索可以得到所需要的信息，但效率较低，并且要对其检索结果进行大量的文献甄别，因此这不是一个好的检索方式，不提倡使用。

利用方法二和方法三均可以检索到爆炸物引起的水污染治理办法，为问题的解决提供参考策略。方法二中相似词的应用虽然可以辅助检索分析，但并不适用每个检索系统，而且相似词使用不当也会造成检索失败。

要实现科学有效的检索，应尽量采用方法三。现有的检索系统中一般都提供该检索方式，检索者在较短的时间内就可以熟悉操作方法，将分析的多个检索词组合在一起同时进行检索，可以高效率地检索到所需要的信息，提高查全率。

小提示：学位论文检索

学位论文检索是高校大学生在撰写论文时首选的工作之一，一般通过4个步骤完成。

(1) 输入范围控制条件（如发表时间、学位单位、支持基金、优秀论文级别、作者、作者单位、导师等）。

(2) 输入文献内容特征信息（如主题、题名、关键词、摘要、目录、全文、参考文献、中图分类号、学科专业名称等）。

(3) 对检索结果分组排序（如根据文献所属学科、发表时间），筛选文献。

(4) 下载并阅读原文。

本章小结

目前，中文数据库检索工具日益增多，为广大受众提供了丰富的信息检索资源。本章以中国知网(CNKI)检索系统为例，介绍了中文检索系统的资源特点和基本使用方法，并通过检索示例详细介绍了跨库检索、高级检索、专业检索、导航检索、出版物来源检索等多种检索模式的检索特点。同时，本章介绍了如何利用检索结果进行分组分析、排序分析，以提高查找文献的准确度，还简单介绍了万方数据资源系统和维普资讯网的特点。

【关键术语】

中国知网(CNKI)　　　　高级检索　　　　跨库检索　　　　专业检索

综合练习

一、填空题

1. 通配符包括"*""?"和_____。

2. 检索表达式：Ti="机器人"的含义是_____。

3. China National Knowledge Infrastructure的中文全称是_____。

4. 在CNKI检索系统中，需要通过检索项"导师"进行检索时，一般是要检索_____论文。

5. 引文检索也称为_____检索，就是查找论文被收录或引用的情况，可通过被引著者姓名、被引刊名、被引论文题名进行引文检索，获得著者被引、刊物被引、论文被引等数据。

6. CNKI的"中国期刊全文数据库"的全文格式有_____和_____两种。

7. 如果在检索表达式中同时出现AND、OR、NOT检索算符，在没有括号的情况下，优先执行的顺序是_____、_____、_____。

8. 维普资讯网的五大文献检索方式：基本检索、高级检索、_____、_____、检索历史。

9. CNKI的出版物检索是按照出版物的学科分类进行的，包括专辑导航和_____检索。

10. 在CNKI的"学术期刊"数据库中检索时，可选择期刊来源类别：_____、_____、北大核心期刊、CSSCI、CSCD进行检索。

二、判断题

1. 跨库检索是指以同一检索条件同时检索多个库。（   ）

2. 利用CNKI的"中国期刊全文数据库"可以实现学位论文检索。（   ）

3. 利用维普"中文科技期刊数据库"可以检索会议论文。（   ）

4. CNKI中的出版物来源包括期刊获得荣誉、期刊收录源、核心期刊。（   ）

5. 维普"中文科技期刊数据库"的同义词库功能只有在选择了关键词检索入口时才生效。（   ）

6. 检索式：(计算机*研究)，表示可以查找"计算机研究""计算机软件研究""计算机辅助设计研究"等的记录。（   ）

7. "万方数据资源期刊论文数据库"提供了按学科、专业目录、学校所在地导航浏览检索方式。（   ）

8. 中国知网提供Word文档的下载格式。（   ）

9. CNKI支持同义词扩展检索。（   ）

10. CNKI学术不端文献检测系统以"中国学术期刊全文数据库"为比对数据库，能够快速辨别抄袭与剽窃、伪造、篡改等学术不端行为。（   ）

三、选择题（单选或多选）

1. 在出版来源检索中的期刊收录源包括(   )。
   A. SCI科学引文索引(美)　　　　　　B. EI工程索引(美)
   C. SA科学文摘(英)　　　　　　　　D. CA化学文摘(美)

2. 检索学位论文时，下载原文可以选择以下方式：(   )。
   A. 分页下载　　B. 分章下载　　C. 整本下载　　D. 在线阅读

3. 利用"维普中文科技期刊数据库"检索"土豆"的同义词有(   )。
   A. 马铃薯　　　B. 洋芋　　　　C. 洋薯芋　　　D. 红薯

4. 下面可以实现引文检索的文献检索系统是(   )。
   A. 万方数据资源系统　　　　　　　B. CNKI
   C. 维普中文科技期刊数据库　　　　D. 中国知网

5. 万方数据资源按照资源的类型来分，可以分为(   )信息资源。
   A. 全文类　　　B. 文摘题录类　　C. 事实型　　　D. 多媒体类

6. (   )是指通过文献信息资料的主题内容进行检索的途径。
   A. 题名检索途径　　　　　　　　　B. 作者检索途径

C. 分类检索途径　　　　　　　　　　　　D. 主题检索途径

7. 在万方数据知识服务平台中，对科技报告的检索可以按照(　　)实现。

　　A. 来源　　　　　B. 学科　　　　　C. 地域　　　　　D. 类型

8. 检索"唐宋诗歌"的有关信息，以下检索式正确的是(　　)。

　　A. (TI=唐 or TI=宋) and TI=诗歌　　　　B. TI=唐 or TI=宋 and TI=诗歌

　　C. 唐 and 宋 or 诗歌　　　　　　　　　　D. TI=唐 or TI=宋 or TI=诗歌

9. CNKI的出版来源导航检索，包括(　　)。

　　A. 期刊导航　　　B. 学术辑刊导航　　C. 会议导航　　　D. 学位导航

四、简答题

1. 万方数据资源有哪几种类型？
2. 利用万方数据资源系统如何查找企业信息？
3. CNKI的"中国知识资源总库"包括哪几种类型的数据库？
4. 万方数据资源系统的学术论文检索结果有几种排序方式？各有什么特点？
5. 检索系统提供了"相似文献"的链接，查看相似文献的意义是什么？
6. 万方数据资源系统的成果文献资源主要包括哪些内容？
7. 请说明CNKI中的"出版来源检索"的意义。
8. CNKI中的"数据库刊源"都有哪些？
9. 请说明引文检索的意义。
10. 维普"中文科技期刊数据库"检索系统可进行学科类别、同义词、同名作者的限定，其意义何在？

五、检索实训

姓名：　　　　　　　检索时间：

课题2.1：CNKI信息检索。

检索目的：掌握CNKI的基本检索功能及特点。

检索要求：

(1) 检索近3年来在中国期刊上发表的关于"循环经济"的文献。

(2) 在检索结果中，进一步查找哪些是核心期刊论文。

(3) 指出在命中文献中的某一篇引用文献的基本信息。

检索结果：

课题2.2：万方数据资源系统信息检索。

检索目的：掌握万方数据资源系统的基本检索功能及特点。

检索要求：

(1) 查找2020年以来关于"远程医疗"方面的论文。

(2) 在检索结果中，进一步查找被引用次数最多的文献。

检索结果：

课题 2.3：维普"中文科技期刊数据库"信息检索。

检索目的：掌握维普"中文科技期刊数据库"的基本检索功能及特点。

检索要求：

(1) 查找2019年以来有关"我国物联网发展动态"相关文献。

(2) 对检索结果进行统计分析。

检索结果：

课题 2.4：CNKI 信息检索、万方数据资源系统信息检索和维普"中文科技期刊数据库"信息检索的对比。

检索目的：掌握3种检索系统的特点及各自的优势。

检索要求：

(1) 在3种检索系统中分别进行"云课堂"专题检索。

(2) 查找出和自己所学专业相关的文章，写出检索分析过程，并对检索结果进行下载和阅读。

(3) 对检索结果进行对比，指出各自的特点。

检索结果：

第 3 章 搜索引擎应用

学习目标

1. 了解网络资源的特征，了解网络资源的检索方法。
2. 理解网络资源检索工具的原理和分类。
3. 熟悉网络搜索引擎的使用方法。
4. 掌握常用搜索引擎的功能。

当今的互联网(Internet)已成为全球范围内传播和交流科研信息、教育信息、商业和社会信息的主要渠道。要想在这浩瀚无边的信息海洋中发现并查找出有利用价值的信息，并不是一件易事。在以互联网为核心的电子信息环境下，完成准确、有效的信息检索，对于每一个检索者来说都是一项挑战。而要进行有效的网络信息检索，首先就必须对互联网上信息资源的分布、种类和利用价值等有较全面的认识和了解。

3.1 网络信息资源概述

互联网的开放性和信息的可访问性，给人们带来了极大的方便。据《中国互联网络发展状况统计报告》统计显示，截至2022年6月，我国网民规模达10.51亿，互联网普及率为74.4%，网民使用手机上网的比例高达99.6%。

现在Internet已渗透到社会的各个方面，提供各种信息服务，人类生活也随着Internet的发展而改变。Internet作为一个信息源，具有许多不同的特征，给信息检索领域也带来了新的发展机遇和技术挑战。它与传统的信息媒体和信息交流渠道相比有很大的不同，其主要特点可概括为以下几个方面。

(1) 信息资源极为丰富，覆盖面广，涵盖了各学科领域，并且种类繁多。

(2) 超文本、超媒体集成式地提供信息，除文本信息外，还有图表、图形、图像、声音、动画等。

(3) 信息来源分散、无序，没有统一的管理机构，也没有统一的发布标准；而且变化、更迭、新生及消亡等都时有发生，难以控制。

Internet提供了一种全新的交流信息和查找信息的渠道，它具有以下特点。

(1) 方便、成本低。Internet是一种比印刷品便宜的信息提供方式，其不仅提供信息线索和著录信息，还提供有关信息的全文和原稿。

(2) 新颖、深入。Internet提供了获取非出版信息的丰富机会，如网上大量的边缘文献，即在主流出版物渠道之外的文献，包括研究报告、调查采访、研讨会发言、笔记、项目计划报告和政策方针等。它们反映了许多研究成果背后的原始数据或第一手资料。

(3) 广泛、直接交流。Internet扩大了人际交流的范围，提供了更多的直接交流机会，如参加用户网(Usenet)的新闻组(News Group)、讨论组(Discussion Group)、邮件列表(Mailing List)等的讨论。用户还可在许多学者、研究人员、咨询专家的个人网页上，发现其研究心得、教学演讲用的资料、演示、指南性的工具等，这是一种颇具个人特长的知识库，其参考价值应被重视。

(4) 非正式自由发表。Internet提供了在正式的出版和发表渠道之外的、发表个人见解的空间，有较大的自由度，因而为新观点、不成熟的观点、未成定论的理论、假说、概念等提供了发表的园地。

总之，网络信息资源不是传统信息资源的复制，也不能取代传统的信息媒体和交流渠道，它是对传统信息资源和信息交流渠道的补充。

3.1.1 网络信息资源检索的特点

Internet上的信息资源极其丰富，在数以亿计的信息资源里，寻找对自己有用的信息，不是一件简单的事情。网络信息检索是能够体现Internet信息特色的新型检索工具，其主要特点可以归纳为以下几个方面。

(1) 交互式作业方式。所有的网络信息检索工具都具有交互式作业的特点，因此具有良好的信息反馈功能和瞬间响应功能。这两个指标是传输信息检索系统性能的重要指标，在网络环境下也具有同样的意义。

(2) 用户透明度。网络信息检索对用户屏蔽了网络的各种物理差异，使用户在使用这些服务时感受到明显的系统透明度。这里所指的物理差异包括主机的硬件平台和操作系统等软件上的差异、客户程序和服务程序版本上的差异、主机的地理位置和信息的存储方式甚至通信协议的差别(如WWW客户程序可以通过多种协议使用各种不同的信息资源)等。这一特点对网络环境下的信息检索来说是十分关键的。

(3) 信息检索空间的拓宽。网络信息资源检索的检索空间比传统的文献检索的检索空间更宽，它可以检索Internet上的各类资源，而检索者不必预先知道某种资源的具体地址。信息检索范围覆盖了整个Internet这一全球性的网络，为访问和获取广泛分布在世界各地的、成千上万台服务器和主机上的大量信息提供了可能。这一优势是任何其他信息检索方式不具备的。

(4) 友好的用户界面。网络信息检索对用户屏蔽了各局部网络间的物理差异，检索者使用熟悉的检索界面和命令方式，输入查询提问就可实现对各种异构系统数据库的访问与检索。网络信息检索所采用的交互式作业，系统透明，通用的Windows界面和符合大多数用户检索习惯的用户接口等，都使检索变得简单、易行，网络用户一般不需要经过太多的培训就能上手操作。而使用联机检索，则要学习和记忆一系列复杂的检索指令和检索规则，一般用户只能借助专业人员的帮助才能使用。

3.1.2 搜索引擎概念及工作原理

信息检索的研究与Internet的发展在同步进行、互相推进。在Internet诞生初期，并没有搜索引擎。随着互联网上信息的急速增长，网络信息资源的查找如同大海捞针，这时专业搜索引擎便应运而生了。

1. 搜索引擎的起源与发展

早期的搜索引擎和今天使用的搜索引擎有所不同，只是把Internet中的资源服务器的地址收集起来，按其提供的资源类型分成不同的目录，再一层层地进行分类。人们要找自己想要的信息可按其分类一层层进入，最后到达目的地。其搜索引擎系统主要基于字符界面，以免费形式开放，但由于应用不便，难以普及。其代表产品包括Archie、Gopher、Whois、Agora、Knowbot、分布式文本搜索系统Wais等。

1994年初，第一代真正基于WWW的搜索引擎Lycos诞生。到1995年，商业化的搜索引擎开始大规模开发，第一代产品的代表厂商包括Yahoo、Excite、Infoseek、AltaVista等，其从典型的目录式分类结构(如Yahoo)发展到全文搜索引擎(如AltaVista)。目前，搜索引擎的使用，已经成为收发电子邮件之后的第二大互联网应用技术。随着Internet的迅猛发展，信息量与日俱增，查找信息所花的时间就越来越长，也就出现了面向Internet的搜索引擎。它是一种可以从各类网络资源中浏览和检索信息的工具。这些网络资源包括Web、FTP文档、新闻组、Go2pher、E-mail及多媒体信息等。

国内搜索引擎起步比较晚，1996年8月，刚成立的搜狐公司开始制作中文网站分类目录，但是随着互联网网站的急剧增加，这种人工编辑分类目录已经不能适应市场的需要。这可以称为最早的中文搜索引擎，随着网络技术的发展，中文搜索引擎的发展速度非常惊人，当今的中文搜索引擎将计算机网络、人工智能、数据库和数字图书馆等技术有机地结合，成了Internet上重要的中文检索工具之一。

2. 搜索引擎的概念

搜索引擎起源于传统的信息全文检索理论，它由一个被称为蜘蛛的机器人程序，以某种策略自动地在Internet中发现、搜集网页信息；然后由索引器对信息进行理解、提取、组织和处理，建立索引库；再由检索器根据用户输入的查询关键字，在索引库中快速检出文档，通过扫描每一篇文章中的每一个词，建立以词为单位的排序文件。检索程序根据检索词在每一篇文章中出现的频率和每一个检索词在一篇文章中出现的概率，对包含这些检索词的文章进行排序，最后输出排序的结果，同时进行文档与查询的相关度评价，并将查询结果返回给用户，从而起到网络导航的作用。

对于搜索引擎的概念,在本书里指的是一种在Internet上的应用软件系统,它以一定的策略在网络中搜集、发现信息,对信息进行理解、提取、组织和处理,并为用户提供检索服务。从使用者的角度看,这种"软件系统"提供一个网页界面,让人们通过浏览器提交一个词语或者短语,然后很快返回一个可能和用户输入内容相关的信息列表。这个列表中的每一条目代表一篇网页,每个条目至少有3个元素。

(1) 标题。标题是指以某种方式得到的网页内容的标题。最简单的方式就是以从网页的〈TITLE〉〈/TITLE〉标签中提取的内容(尽管在一些情况下并不真正反映网页的内容)作为标题。

(2) URL。URL是指该网页对应的"访问地址",有经验的Internet用户常常可以通过这个元素对网页内容的权威性进行判断。

(3) 摘要。摘要是指以某种方式得到的网页内容的摘要。最简单的一种方式就是将网页内容的前若干字节截取下来作为摘要。

通过浏览这些元素,用户可以对相应的网页是否真正包含其所需要的信息进行判断。比较肯定的话则可以单击上述URL,从而得到该网页的全文。但由于计算机软件在人工智能方面与人脑的思维还有很大差距,在检索的准确性和相关性判断上质量不高,因此,现在的很多搜索引擎都是将人工编制的主题目录和搜索引擎提供的关键词检索结合起来,以充分发挥两者的优势。

3. 搜索引擎的工作原理

关于搜索引擎的工作原理,这里有两个问题需要澄清。第一,当用户提交查询的时候,搜索引擎并不是即刻在Internet上进行"搜索",发现那些相关的网页,形成列表呈现给用户,而是事先已"搜集"了一批网页,以某种方式存放在系统中,此时的搜索只是在系统内部进行而已。第二,当用户感到返回结果列表中的某一项很可能是他需要的,从而单击URL,获得网页全文的时候,他此时访问的则是网页的原始出处。从理论上讲,搜索引擎并不保证用户在返回结果列表上看到的标题和摘要内容与他单击URL所看到的内容一致,甚至不保证那个网页还存在。这也是搜索引擎和传统信息检索系统(如人工检索、光盘检索等)的一个重要区别。搜索引擎的工作原理如图3.1所示。

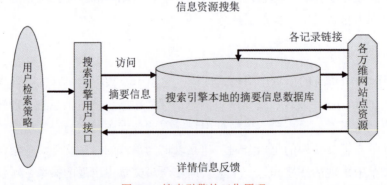

图3.1 搜索引擎的工作原理

3.1.3 搜索引擎检索的分类

搜索引擎不仅数量增长较快,而且种类较多。按资源的搜集、索引方法及检索特点与用途来分,搜索引擎可分为分类目录型、全文检索型和文摘型;按检索方式分,搜索引擎可分为单独型和汇集型;按覆盖范围分,搜索引擎可分为通用搜索引擎和专业搜索引擎;按搜索引擎的功能分,搜索引擎可分为常规搜索引擎和多元搜索引擎,或独立搜索引擎和集成搜索引擎等。

随着技术的发展,新的搜索引擎类型也会不断出现。由于不同类型的搜索引擎对网络资源的描述方法和检索功能不同,对同一个主题进行搜索时,不同的搜索引擎通常会得到不同的结果。因此,要了解各种搜索引擎的特长,选择合适的搜索引擎,并使用与之相配合的检索策略和技巧,就可以花较少的时间获得较为满意的结果。

1. 分类目录型

分类目录型搜索引擎提供了一份按类别编排Internet站点的目录,各类别下面排列了属于这一类别网站的站名和网址链接,这就像一本电话号码簿一样,不同的是有些搜索引擎还提供了各个网站的内容提要。

分类目录型搜索引擎又称为目录服务(Director Service),检索系统将搜索到的Internet资源按主题分成若干大类,每个大类下面又分设二级类目、三级类目等,一些搜索引擎可细分到十几级类目。这类搜索引擎往往还伴有网站查询功能,也称之为网站检索。通过在查询框内输入用户感兴趣的词组或关键词,即可获得与之相关的网站信息。

当分类目录型搜索引擎遇到一个网站时,它并不像全文搜索引擎那样,将网站上的所有内容都收录进去,而是首先将该网站划分到某个分类下,再记录一些摘要信息,对该网站进行概述性的简要介绍。用户提出搜索要求时,搜索引擎只在网站的简介中搜索。

以分类目录为主的搜索引擎的特点是:由系统先将网络资源信息系统地归类,用户可以清晰方便地查找到某一类信息,用户只要遵循该搜索引擎的分类体系,层层深入即可。这与传统的信息分类查找方式十分相似,尤其适合那些希望了解某一主题范围内信息的用户。由于主题检索得到的信息是已精心组织过的,因而主题较准确地描述了所检索的内容。

以分类目录为主的搜索引擎的不足之处是:搜索范围比以全文为主的搜索引擎的范围要小得多,加之这类搜索引擎没有统一的分类体系,用户对类目的判断和选择将直接影响到检索效果,而类目之间的交叉又导致了许多内容的重复。同时,有些类目分得太细,也使得用户无所适从。此外,目录库相对较小,更新较慢,也影响使用效果。目录索引中最具代表性的莫过于大名鼎鼎的Yahoo(雅虎),其他还有SOHU(搜狐)、新浪、网易搜索等。

2. 全文检索型

全文检索型搜索引擎处理的对象是Internet上所有网站中的每个网页。用户得到的检索结果,通常是一个个网页的地址和相关文字,这里面也许没有用户在查询框中输入的词组,但在检索结果所指明的网页中,一定有用户输入的词组或与之相关的内容。

全文检索型搜索引擎通常被称为索引服务(Indexing Service),它们与以分类目录为主的搜索引擎中的网站查询十分相似,但却有着本质的区别。尽管有些全文检索型搜索引擎也提供分类目录,但它是网页的分类目录,而不是网站的分类目录。由于网页数目巨大,用户很难从目录浏览中得到明确的结果。

全文检索型搜索引擎通过使用大型的信息数据库来收集和组织Internet资源,大多具有收集记录、索引记录、搜索索引和提交搜索结果等功能。用户使用所选的单词或词组(称为"关键词")来进行搜索,搜索引擎检索文本数据库以匹配或关联到用户给定的请求,然后返回给用户一个与这些文本相连的列表清单。查询结果与检索服务相关,但都应包括页面标题及其网址,检索结果可能出现的其他内容包括:简短总结、大纲或文摘,页面首段的一部分或全部,表明页面与待查询项相关联的数字或百分率、日期、文本大小等,与所检索词具有类似性的主题链接等。

以全文检索为主搜索引擎的特点是:信息量很大,索引数据库规模大,更新较快。Internet上新的或更新的页面常在短时间内被检索到,而过期链接会及时移去。一般说来,人们总希望利用较大的搜索引擎来查找需要的信息。

以全文检索为主搜索引擎的不足之处是:检索结果反馈的信息往往太多,以至于用户很难直接从中筛选出自己真正感兴趣的内容,要想达到理想的检索效果,通常要借助于必要的语法规则和限制符号,而这一点又是多数用户不熟悉的。此外,对同一个关键词的检索,不同的全文检索型搜索引擎反馈的结果相差很大。尽管反馈的信息数量大,但用户经常遇到检索结果缺乏准确性、包含的可用信息少及评述与文摘实用价值不高等问题。国外具有代表性的有Google、AltaVista、Inktomi、Teoma、WiseNut等,国内著名的有百度等。

3. 多元集成型

多元集成型又称为元搜索引擎。Internet上信息非常丰富,任何一个搜索引擎都无法将其完全覆盖。建立在多个搜索引擎基础之上的多元集成型搜索引擎,在一定程度上满足了用户更多、更快地获得网络信息的要求。

当用户使用多元集成型搜索引擎时,这种搜索引擎可将用户的请求迅速发送给其他独立的搜索引擎,并将它们反馈的结果进行处理后提供给用户,或者让用户选择其中的某几个搜索引擎进行工作。

多元集成型搜索引擎有串行处理和并行处理两种方式。串行处理是将检索要求先发送给某一个搜索引擎,然后将检索结果处理后,传递给下一个搜索引擎,依次进行下去,最终将结果反馈给用户。串行处理方式准确性高,但速度慢。并行处理则是将检索请求同时发给所有要调用的搜索引擎。并行处理方式速度快,但重复内容较多。著名的元搜索引擎有InfoSpace、Dogpile、Vivisimo等,中文元搜索引擎中具代表性的是搜星搜索引擎。

4. 图像搜索型

图像搜索引擎的发展是一个从简单到复杂、从低级到高级的过程。图像搜索引擎面向Internet上的嵌入式图像或被链接的图像,通常要实现以下功能:第一,允许用关键词搜索图像内容、日期和制作人；第二，能通过颜色、形状和其他形式上的属性进行搜索；第三，把图像作为搜索结果的一部分显示。

图像在很多方面不同于文本。搜索引擎在面对文本信息时，所用的检索方法可能不够完美，但至少可以用单个词语来进行搜索。而图像则需要人们按照各自的理解来说明它们所蕴含的意义，图像本身难以分解出可以搜索的部件，需要利用某种可以辨别颜色和形状的机制。从最初的文本信息查询发展到基于内容的图像检索，人们对图像理解、图像识别的研究不断深入，提出了基于图像语义的检索，其充分利用了图像的语义信息，提高了图像检索系统的能力。为了解决语义鸿沟的问题，人们提出了基于反馈的信息检索技术，其利用人机交互行为，改进系统的能力，提高检索结果的准确性。随着人工智能和信息技术的发展，一种智能的基于知识的图像检索系统成为图像检索领域的发展方向，其能实现自动提取语义和图像特征的功能，并且充分考虑到用户特征对检索系统的影响。

3.1.4　搜索引擎的使用技巧

搜索引擎为用户查找信息提供了极大的方便，只需输入几个关键词，任何想要的资料都会从世界各个角落汇集到用户的计算机前。然而如果操作不当，搜索效率也是会大打折扣的。比方说本想查询某方面的资料，可搜索引擎返回的却是大量无关的信息。这种情况下的责任通常不在搜索引擎，而是因为用户没有掌握提高搜索精度的技巧。用户可以通过使用一些搜索引擎的技巧(如多个关键词和布尔搜索技术)来缩小搜索的范围，从而提高信息检索的效率。

1. 搜索之前先思考

在使用搜索引擎搜索之前，首先要思考一下，要查找的内容是否存在，如果存在，利用哪个搜索工具进行搜索，如新浪、搜狐、Google或百度，搜索时使用哪些关键字，搜索的结果可能是什么样子的。也就是说，在搜索之前要分析搜索的需求，比较不同搜索引擎的强项和弱点，然后为这次搜索选择最适合的搜索工具。

2. 学会使用两个关键词搜索

如果一个陌生人突然走近你，向你问道："北京"，你会怎样回答？大多数人会觉得莫名其妙，然后会再问这个人到底想问"北京"哪方面的事情。同样，如果你在搜索引擎中输入一个关键词"北京"，搜索引擎也不知道你要找什么，它也可能返回很多莫名其妙的结果。因此要养成使用多个关键词搜索的习惯，当然，大多数情况下使用两个关键词搜索已经足够了，关键词与关键词之间以空格隔开。

例如，想了解北京旅游方面的信息，则输入"北京　旅游"这样才能获取与北京旅游有关的信息；如果想了解北京居住证方面的信息，可以输入"北京　居住证"进行搜索。

3. 学会使用减号"－"

"－"的作用是为了去除无关的搜索结果，提高搜索结果的相关性。有的时候，在搜索结果中见到一些想要的结果，但也发现很多不相关的搜索结果，这时可以找出那些不相关结果的特征关键词，把它减掉。

例如，要找"申花"的企业信息，输入"申花"却找到一大堆申花队踢足球的新闻，在发现这些新闻的共同特征是"足球"后，输入"申花－足球"来搜索，就不会再有体育新闻了。

4. 单击搜索结果前先思考

一次成功的搜索由两部分组成：正确的搜索关键词，有用的搜索结果。在单击任何一条搜索结果之前，快速地分析搜索结果的标题、网址、摘要，会有助于用户选出更准确的结果。当然，到底哪一个是最需要的内容，取决于使用者在寻找什么，评估网络内容的质量和权威性是搜索的重要步骤。

5. 满意的搜索结果是多次搜索出来的

一次成功的搜索经常是通过多次搜索达成的，如果对自己搜索的内容不熟，就应该先用简单的关键词测试，不要忙着仔细查看各条搜索结果，而是先从搜索结果页面之中寻找更多的信息，再设计一个准确的关键词重新搜索，这样重复多次以后，就能设计出更合适的搜索关键词，也就能搜索到满意的搜索结果了。

6. 善于改正错误

经常会有这样的事情发生：使用者似乎已尽了全力来搜索，但是依然没有找到需要的答案。这个时候，请不要放弃，认真回顾搜索过程，也许没找到答案只是因为一个小差错。一个看上去毫无希望的搜索，很有可能在检讨完自己的搜索策略后获得成功。

下面描述了初学者搜索时容易犯的5个低级错误和解决方法，正是因为经常犯这些错误，所以总是得到无用的、荒谬的或者完全没有意义的搜索结果。

1) 常见错误1：错别字

错别字是经常发生的一种错误。如查找江西省吉安市，有可能输入成"集安市"。查找山西省运城，有可能输入成"郓城"。因此，当搜索不到结果时，应该先检查一下是否有错别字。

2) 常见错误2：关键词太常见

搜索引擎对常见词的搜索存在缺陷，比如，搜索"电话"，有无数网站提供与"电话"有关的信息，从网上黄页到电话零售商、到个人电话号码，都有相关信息。所以当搜索结果太多内容太杂的时候，应该选择更具体的关键词来搜索，比如"公安报警电话"这样的关键词进行搜索，才会得到真正有价值的结果。

3) 常见错误3：多义词

要小心使用多义词，例如搜索"Java"，要找的信息究竟是太平洋上的一个岛，一种著名的咖啡，还是一种计算机语言？搜索引擎是不能理解辨别多义词的。最好的解决办法是，在搜索之前先问自己这个问题，然后用短语、多个关键词或者其他的词语来代替多义词作为搜索关键词，比如用"Java印尼""Java咖啡""Java语言"分别搜索，可以满足不同的需求。

4) 常见错误4：不会输关键词，想要什么输什么

搜索失败的另一个常见原因是类似这样的搜索："笔记本电脑哪个品牌好""到成都咋玩"，用心中想的问题直接去搜索，这样搜索结果往往不尽如人意。应该输入简洁的关键词来搜索，比如："笔记本电脑配置、参数、价格、品牌""成都、旅游、攻略、景点、线路"等进行搜索，才会得到更精准的答案。

5) 常见错误5：在错误的地方搜索

每年高考发榜时，人们习惯直接在各大搜索引擎中去寻找相关信息，但往往搜索的结果不尽人意，还需要对其进行甄别。所以这类信息应该去相关的网站寻找，如：教育考试院、政府服务平台等。

搜索引擎的出现让获取信息的时间变得更短和更加快捷，知识的传播也更加快速。但每个搜索引擎都有自己独特的查询方法，只有熟练掌握，才能运用自如。不同的搜索引擎虽提供的方法不完全相同，但基本的查询方式是相似的。

3.2 搜索引擎的利用

全文型搜索引擎是目前广泛应用的主流搜索引擎。它的工作原理是计算机索引程序通过扫描文章中的每一个词，对每一个词建立一个索引，指明该词在文章中出现的次数和位置，当用户查询时，检索程序就根据事先建立的索引进行查找，并将查找的结果反馈给用户。这个过程类似于通过字典中的检索字表查字的过程。

全文检索是指以文本为检索对象，允许用户以自然语言根据资料内容而不仅是外在特征来实现信息检索的手段。全面、准确和快速是衡量全文检索系统的关键指标。全文检索不仅可以实现对数据资料的外部特征的检索，诸如标题、作者、摘要、附录等，而且还能直接根据数据资料的内容进行检索，实现了多角度、多侧面地综合利用信息资源。全文检索技术是现代信息检索的一项重要技术。下面以百度(Baidu)为例来介绍全文型搜索引擎的利用。

3.2.1 Baidu 及其基本操作

Baidu (百度，http://www.baidu.com)于2000年1月在北京中关村创立，是目前全球最大的中文搜索引擎。百度每天响应来自138个国家超过数亿次的搜索请求，用户可以通过百度主页，瞬间找到相关的搜索结果，这些结果来自于百度超过10亿的中文网页数据库，且这些网页的数量每天正以千万级的速度在增长。其搜索方式以关键词检索为主，同时可结合分类目录限定检索范围，分为基本检索和高级检索两种，支持布尔算符和字段限制符。检索时不区分英文字母的大小写，检索结果按相关度排列。百度的搜索界面如图3.2所示。

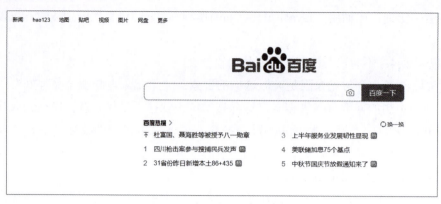

图 3.2　百度首页的搜索界面

1. 检索方法

(1) 关键词检索。用户只需要在搜索框内输入所要检索内容的关键词，单击"百度一下"按钮即可得到检索结果。用户也可根据需要进行不同项目(如新闻、hao123、地图、贴吧、视频、图片、网盘等)的切换，无选择时默认为网页搜索。

(2) 网站导航。如单击"更多"按钮，进入全页面显示，用户可进行任意选择，如图3.3所示。

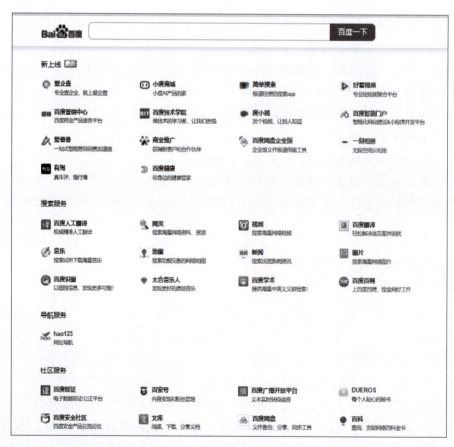

图 3.3　百度导航检索界面

2. 检索技巧

（1）减除无关资料。有时候，排除含有某些词语的资料有利于缩小查询范围。百度支持"－"功能，用于有目的地删除某些无关网页，但减号之前必须留一空格，语法是"A －B"。例如，要搜寻关于"武侠小说"，但不含"古龙"的资料，可使用如下查询式："武侠小说 －古龙"。

（2）并行搜索。使用"A|B"来搜索"或者包含关键词A，或者包含关键词B"的网页。

例如：使用者要查询"图片"或"写真"的相关资料，无须分两次查询，只要输入"图片|写真"搜索即可。百度会提供与"|"前后任何关键词有关的网站和资料。

（3）相关检索。如果无法确定输入什么关键词才能找到满意的资料，百度相关检索可以起到作用。首先输入一个简单词语进行搜索，然后，百度搜索引擎会提供"其他用户搜索过的相关搜索词"作为参考。单击任何一个相关搜索词，都能得到那个相关搜索词的搜索结果。

（4）把搜索范围限定在网页标题中——intitle。网页标题通常是对网页内容提纲挈领式的归纳。把查询内容范围限定在网页标题中，有时能获得良好的效果。使用的方式是把查询内容中特别关键的部分用"intitle:"将两者连接起来。

例如，想找林青霞的写真，可以这样查询："写真intitle:林青霞"。这里需要注意的是，"intitle:"和后面的关键词之间不要有空格。

（5）把搜索范围限定在特定站点中——site。有时候，如果知道某个站点中有自己需要找的东西，就可以把搜索范围限定在这个站点中，从而提高查询效率。使用的方式是在查询内容的后面加上"site:站点域名"。

例如，想要在天空网下载软件，可以这样查询："msnsite:skycn.com"。这里需要注意的是，"site:"后面跟的站点域名不要带"http://"；另外，"site:"和站点名之间不要带空格。

（6）把搜索范围限定在URL链接中——inurl。网页URL中的某些信息，常常有某种有价值的含义。所以，如果对搜索结果的URL做某种限定，就可以获得良好的效果。实现的方式是用"inurl:"，后跟需要在URL中出现的关键词。

例如，想找关于Photoshop的使用技巧，可以这样查询："Photoshopinurl:jiqiao"。这个查询串中的Photoshop，可以出现在网页的任何位置，而jiqiao则必须出现在网页URL中。这里需要注意的是，"inurl:"和后面所跟的关键词之间不要有空格。

（7）精确匹配——双引号和书名号。如果输入的查询词很长，百度在经过分析后给出的搜索结果中的查询词，可能是拆分的。如果对这种情况不满意，可以尝试让百度不拆分查询词。给查询词加上双引号，就可以达到这种效果。

例如，搜索上海科技大学，如果不加双引号，搜索结果被拆分，效果不是很好，但加上双引号后，"上海科技大学"，获得的结果就全是符合要求的了。

书名号是百度独有的一个特殊查询语法。在其他搜索引擎中，书名号会被忽略，而在百度中，中文书名号是可被查询的。加上书名号的查询词，有两层特殊功能：一是书名号会出现在搜索结果中；二是被书名号括起来的内容，不会被拆分。书名号在某些情况下特别有效果，例如，查名字很通俗和常用的那些电影或者小说。比如，查电影"手机"，如果不加书名号，很多情况下出来的是通信工具——手机，而加上书名号后，《手机》结果就都是关于电影方面的了。

(8) 要求搜索结果中不含特定查询词。如果发现搜索结果中，有某一类网页是不希望看见的，而且这些网页都包含特定的关键词，那么用减号语法就可以去除所有这些含有特定关键词的网页。

例如，搜"神雕侠侣"，希望是关于武侠小说方面的内容，却发现很多关于电视剧方面的网页。那么就可以这样查询："神雕侠侣 －电视剧"。

这里需要注意的是，前一个关键词和减号之间必须有空格，否则，减号会被当成连字符处理，而失去减号的语法功能。减号和后一个关键词之间有无空格均可。

3. 检索技巧实例

大家对国内的搜索引擎比较熟悉，尤其是百度。需要搜索同一主题的资料，不同的人所搜出来的结果可能天差地别，主要原因在于如下两点。

(1) 搜索关键词的选择：假如要搜索大数据行业发展的相关资料，如果在百度上直接搜索"大数据"，结果会非常多，无法进行筛选，可以对关键词进行进一步界定，如"大数据行业""大数据市场规模""中国大数据产业""大数据技术""大数据企业"等，需要不停地变换搜索关键词，直到查到满意的搜索结果。在查找的过程中，可以根据查找结果再对关键词进行修正，修正某些名称的专业表达方式，因为最开始搜索时的表达不一定准确。

(2) 搜索技巧：主要是针对百度等搜索引擎的一些高级搜索技巧。常用技巧主要包括如下几个方面。

第一，文件类型搜索：使用filetype，如在百度中输入"filetype:pdf 大数据"搜索出有关大数据内容的pdf文档，而且这些文档基本都是可直接下载的。还可以变换为其他的如"filetype:doc""filetype:ppt""filetype:xls"等，注意其中的冒号为英文的冒号，一定要变换为英文冒号。

第二，定位于哪个网站上搜索：使用site，如在百度中输入"大数据 site:sina.com"，则在sina.com搜索出有关大数据的一些资料信息，这是针对某些信息可能在哪些网站上出现的一个快速搜索方法。

第三，精确匹配搜索：使用双引号(""），如在百度中输入"大数据行业"，表示搜索"大数据行业"(5个字必须连在一起)，如果不加双引号，搜到的为大数据及行业两个词并列显示的结果，不会精确匹配。

第四，限制性的网页搜索：使用intitle，如在百度中输入"intitle:大数据"，限定于搜索标题中含有"大数据"的网页，如果输入"intitle:大数据 市场规模"，限定于搜索标题中含有"大数据"和"市场规模"的网页。

3.2.2 地图搜索

随着Internet上电子地图信息资源网站日益增多，电子地图信息资源正在受到人们的青睐。电子地图是以地图数据库为基础，以数字形式存储于计算机存储器上，能在电子屏幕上实时显示的可视地图，又称屏幕地图或瞬时地图。它具有在屏幕上动态显示、编辑、查询、检索、分析和决策等功能，也是利用成熟的网络技术、通信技术、GIS(地理信息系统)技术实现的一种新的地图服务方式，还是地图制作和应用的一个计算机系统。

电子地图能通过地图数据采集模块实现地图数据(包括目录索引、地图图形、专题属性、符号库和其他附属数据)的采集、编辑和建库，并通过地图信息应用模块，实现地图的表达、浏览、检索、查询、统计和分析，满足GIS、GPS导航及地图服务网站的要求，进而满足用户的应用需要。高精度GIS的电子地图可广泛应用在资源开发、环境保护、城市规划建设、工程测量、土地管理、交通、能源、通信、林业、房地产开发、自然灾害监测与评估、金融、保险、石油与天然气、军事、犯罪分析、运输与导航、110报警系统、公共汽车调度等诸多方面。

电子地图有以下几个特点。

(1) 交互性。电子地图是用户在不断与计算机的对话中动态生成的，用户可指定地图的显示范围、显示图层、查询内容，以及设定地图比例尺等要素。

(2) 无级缩放。一张纸质地图的比例尺一般是固定不变的，而电子地图则可实现在一定范围内的多级或任意无级缩放以满足用户的需求。

(3) 无缝连接。纸质地图受纸张幅面大小的限制，图幅总有一定范围，一个地区可能需要多张图幅才能容纳。而电子地图由于很容易实现"漫游"和"平移"，能一次性容纳一个地区的所有地图内容，不需要地图分幅。

(4) 信息丰富。电子地图反映的信息量大，它除了具备各种地图符号外，还能配合外挂数据库来使用和查询，地图内容不会受太多限制，因此出现了各种类型的专类电子地图信息，如旅游景点、政府机构、学校、医院、酒店、楼盘，以及各种服务性网点的地理信息。

(5) 共享性。由于数字化使信息更容易复制、传播和共享，因此电子地图能大量无损复制，并能通过计算机网络传播。Internet上的大量地图数据库，使用户能迅速方便地查找到世界上很多地区和各种类型的电子地图。

百度地图(http://map.baidu.com)是百度提供的一项网络地图搜索服务。在百度地图里，用户可以查询街道、商场、楼盘的地理位置，也可以找到最近的餐馆、学校、银行、公园等。百度地图除提供普通的电子地图功能外，还新增加了三维地图按钮。百度地图不仅提供了丰富的公交换乘、驾车导航的查询功能，还提供了最适合的路线规划，使用户不仅知道要找的地点在哪儿，还可以知道如何前往。同时，百度地图还提供了完备的地图功能(如搜索提示、视野内检索、全屏、测距等)，便于用户更好地使用地图，便捷地找到所求。

3.2.2.1 百度地图的基本搜索功能

1. 地点搜索

百度地图提供普通搜索、附近搜索,以帮助使用者迅速准确地找到所需要查找的地点。

(1) 普通搜索。百度地图提供地点搜索功能,方便搜索目的地。进入百度地图首页,在搜索框中输入要查询地点的名称或地址(如"张氏帅府博物馆"),单击"搜索"即可得到想要的结果,如图3.4所示。

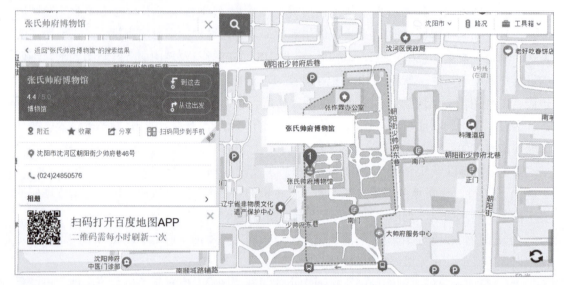

图 3.4　普通搜索功能

(2) 附近搜索。若要想了解选中地点周边的美食、酒店、公交站、景点、电影院、银行等场所,可以选择搜索目的地下方的"附近"链接,然后选择感兴趣的项目即可,如图3.5和图3.6所示。

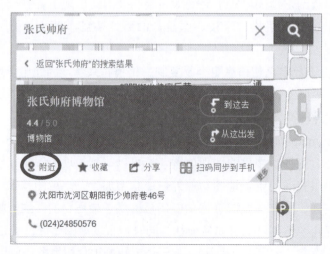

图 3.5　附近搜索功能

图 3.6　附近搜索结果

2. 公交搜索

百度地图提供公交方案查询、公交线路查询和地铁专题图服务,以满足人们日常生活中的公共交通出行需求。下面主要介绍公交出行和驾车出行的搜索方法。

(1) 公交方案查询。百度地图提供公交方案查询,用户直接在"公交"选项卡下的输入框中输入起点和终点,便可查询公交方案。同时,可以选择出发时间、交通工具(是否乘坐地铁)。搜索结果会显示出"推荐线路""时间短""少换乘"和"少步行"4种方案,如图3.7所示。

图 3.7　公交方案的查询

(2) 公交线路查询。百度地图提供公交线路查询,直接输入公交线路的名称,便能看到对应的公交线路。使用者可以查询到所有途经车站、运营时间和票价等信息,如图3.8所示。

图 3.8 公交线路查询

3. 驾车搜索

百度地图提供驾车方案查询(包含跨城市驾车)，并能添加途经点。

(1) 驾车方案查询。百度地图提供了驾车方案查询，选择"驾车"选项卡，然后在输入框中输入起点和终点，便可查询驾车方案。百度地图将精确计算出驾车方案，并提供"推荐路线""最短路程"和"不走高速"3种策略，如图3.9所示。

图 3.9 驾车线路查询

(2) 跨城市驾车查询。百度地图支持全国各城市间的驾车查询，使用者通过它可以轻松走遍神州大地。它对描述进行了优化，将城市内的方案合并为一条，还可将其展开，查看详细的驾车方案。

(3) 添加途经点。百度地图提供添加途经点功能，以方便使用者快速地调整驾车路线，满足个性化需求。

3.2.2.2　百度地图的其他基本功能

(1) 交通流量查询。百度地图提供城市交通流量查询功能，一览全城路况，帮助出行者合理规划出行线路。同时，百度地图还可进入流量预测模式，查看路况预报，提前为出行做好准备，如图3.10所示。

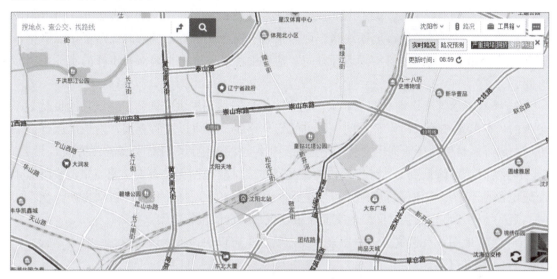

图 3.10　百度地图实时交通流量查询

(2) 全屏功能。百度地图可全屏显示，使用者可以尽情地浏览地图。

(3) 测距功能。百度地图可测得两点之间的实际距离，如图3.11所示。

图 3.11　百度地图测距功能

(4) 标记功能。百度地图可在地图某一位置加上标记。

(5) 获取链接功能。百度地图可将当前地图内容分享给他人。

(6) 默认城市功能。百度地图会根据IP，直接进入用户所在的城市。用户可以在百度地图的首页设置默认城市，或根据切换城市后的提示修改默认城市。

3.2.2.3　百度地图功能分析

(1) 城市公交线路查询。公交车是城市中便捷、环保的交通方式,也是大家出行时较实惠的选择,使用者可通过百度地图直接查询城市公交线路,并根据自己的需要选择"时间短""不坐地铁""少换乘""少步行"等条件,找到最适合自己的乘车线路。

(2) 地铁交通线路查询。现代城市交通越来越发达,城市轨道交通星罗云布,百度地图与时俱进,专门提供了城市地铁线路查询。系统不仅会显示每次换乘的线路及站点名称,还会自动计算出不同路段的实际运行时间,甚至都可以计算出乘客需要步行的实际距离和时间。

(3) 跨省长途驾车查询。随着私家车的增多,电子地图提供查询驾车路线功能也是必不可少的。百度地图不仅可以查询同一城市的驾车路线,还可以跨省查询,为长途旅行提供方便。另外,百度地图允许用户将线路拖动到想经过的途经点,手工修改路线方案。

(4) 实时交通流量查询。外出最怕的就是堵车,纸质地图无法查询交通流量,收听城市交通电台也不是很方便,百度地图可以查询实时交通流量,每隔几分钟自动更新一次。同时,百度地图还可预测某时间段的交通流量,规划合理的出行方案。

(5) 百度地图首页设置了一些搜索分类,从这里可以快速搜索诸如餐饮、景点、银行、公交站、酒店等信息。

3.2.3　图像搜索

图像是互联网上重要的信息资源。同文本文献相比,图像资料直观逼真、形象生动,既与其他类型的信息资源相互补充,又是一种独立的信息载体。随着多媒体数据压缩技术和互联网的迅速发展,信息的形式多种多样,进行高速、可靠的检索可将信息检索技术推向实用化,这也是信息技术发展的主要目标。

人们在工作、学习和研究中经常需要查找和利用图像资料,如学习天文课程需要星球、星座与星云的相关图片资料;研究海洋生物需要各种海洋鱼类的活体与标本图像。图像检索的发展也是一个从简单到复杂、从低级到高级的过程。随着人们对图像理解、图像识别研究的不断深入,提出了图像搜索引擎,只有了解相关搜索引擎的特点和性能,掌握其检索方法和技巧,才能快速、准确地在网上检索出所需要的图像资料。目前,在多媒体网络中,主要有两类图像搜索引擎技术正在研究和应用之中:一种是采用传统的基于关键字的图像检索技术;另一种是采用基于内容特征的图像检索技术。

1. 传统的基于关键字的图像检索技术

使用传统的基于关键字的搜索引擎进行图像搜索,其原理与搜索普通信息一样,差别只是搜索的关键词不同,或者分类类别不同而已。传统的图像专用搜索引擎的工作原理大致由4部分构成:搜索机器人、搜索控制器、图像搜索引擎数据库和用户查询服务界面。搜索机器人Robots是通过HTTP协议的Get、Post、Head读取页面并自动分析页面的超链接,在

WWW上自动进行漫游的程序。搜索机器人在网际漫游具有识别分析文档中图像的功能，并对图像进行分类。搜索控制器是整个搜索引擎的核心，协调各个Robots的工作，自动分析得到的网页，并将分析后的图像数据添加到图像搜索引擎数据库。图像搜索引擎数据库用于存放采集到的网页、抽取的描述信息，以及用于Robots搜索状态记录的临时数据，包括网页的全部内容，或者图像的地址、标题、关键词、摘要等。用户查询服务界面用来接收用户的查询请求，并将检索结果图像按相关度返回给用户。

目前图像搜索引擎大多支持关键词搜索和分类目录浏览两种检索方式，部分可提供可视属性检索，但也很有限。

1) 关键词检索

关键词检索即基于图像外部信息或人工赋予的关键词进行自由词检索。图像的外部信息包括图像的文件名或目录名、路径名、链路、ALT标签以及图像周围的文本信息。基于这部分信息的检索是目前图像搜索引擎采用最多的方法。在找出图像文件后，图像搜索引擎通过查看文件名或路径名确定文件内容，但这取决于文件名或路径名的描述程度。其也可以通过查看图像的标题来匹配检索词，但嵌入式或被链接的图像也可能没有正规标题，即使存在正规标题，可能会缺少让搜索引擎可识别的一致性标志，如带冒号的"photo"一类的词。但HTML的ALT标签可以起到图像标题的作用，它紧跟在IMG SRC标签后面。用户也可以查找网站或页面的标题，但这取决于其是否准确描述了该站点的内容，而这几乎是不可能的，所以只是偶尔起作用。

有些图像搜索引擎采用人工对图像的内容(如物体、背景、构成、颜色等)进行描述并分类，给出标引词，检索时主要在这些标引词中搜索用户的检索词。这种查询方式比较准确，可以获得较好的查准率。但需要人工参与，劳动强度大，因而限制了可处理的图像数量，并且需要一定的规范和标准，其效果取决于人工描述的精确度。

2) 分类目录浏览方式

图像搜索引擎将采集到的图像或通过某种自动机制或采用人工进行分类标引，为用户提供按主题浏览的检索方式。这一方式适用于检索目标不明确或以一般浏览为目的的用户。如WebSEEK提供了含有16个大类、77个小类的极为丰富的类目体系，Yahoo的Image Surfer的类目体系虽只包括几个流行主题，但对类目的划分比较深入，含有6个大类、14个二级类以及更多的三级类，每个类目下的图像从几个到几百个不等。

3) 基于图像可视属性的检索

基于图像可视属性的检索又称为基于图像内容的检索。由图像分析软件自动抽取图像的颜色、形状、纹理等特征，建立特征索引库，用户只需将要查找的图像的大致特征描述出来，就可以找出与之具有相近特征的图像。这是一种基于图像固有属性的机械匹配，特别适用于检索目标明确的查询要求(例如对商标的检索)，产生的结果也比较准确。目前这种较成熟的检索技术主要应用于图像数据库的检索，在基于Web的图像搜索引擎中应用这种检索技术虽还具有一定的困难，但已有部分图像搜索引擎进行了尝试，如Yahoo、WebSEEK就提供了基于图像的形状或颜色直方图的粗陋的可视检索功能。

2. 基于内容特征的图像检索系统

在许多情况下，用户习惯于通过概念来实现图像的查询。这种方式实现了基于文本式的描述，用关键词及关键词的逻辑组合或自然语言来表达查询的概念，这就是语义的匹配。但由于对图像的理解比文本更容易产生歧义，当词语不足以形象和准确地描述视觉感知时，用户就需要利用其所呈现的视觉特性来查询，例如利用颜色、纹理、形状等特征。因此，就出现了基于图像本身固有属性匹配的图像检索技术，即基于内容特征的图像检索。其主要依据以下几个方面的检索技术。

1) 基于颜色特征的检索

颜色特征是图像最直观而明显的特征，一般采用直方图来描述。颜色直方图是表示图像中颜色分布的一种方法，它的横轴表示颜色等级，纵轴表示在某一个颜色等级上具有该颜色的像素在整个图像中所占的比例，直方图颜色空间中的每一个刻度表示了颜色空间中的一种颜色。采用直方图计算图像间的相似性比较简单，但它不能反映图像中对象的空间特征。

2) 基于纹理特征的检索

图像可以看成是不同纹理区域的组合，纹理通常定义为图像的某种局部性质，或是对局部区域中像素之间关系的一种度量。纹理特征可用来对图像中的空间信息进行一定程度的定量描述。根据纹理特征进行检索主要考虑粗糙性、方向性和对比性3种特征。

由于纹理描述比较困难，一般对纹理的检索都采用示例查询(Query By Example)方式。用户给出示例的全部或部分区域特征，从而找到类似图像。

3) 基于形状特征的检索

采用形状特征进行检索时，用户通过勾勒图像的形状或轮廓，从图像库中检出形状类似的图像。基于此特征的检索方法有两种：①分割图像经过边缘提取后，得到目标图像的轮廓线，针对这种轮廓线进行的形状特征检索；②直接针对图形寻找适当的矢量特征用于检索算法，但处理这种结构化检索更为复杂，需做更多的预处理。

目前，Virage、Excalibur和IBM公司开发出了基于图像内容相似性特征的图像库检索引擎，并在网上提供了演示站点。

3. 常见的图像搜索引擎

1) 百度图片

百度图片搜索的热门搜索包括壁纸、头像、手抄报和高清美图，同时还提供人物、建筑、动物、风景旅游、设计素材、绘画、餐饮美食、植物、时尚化妆、家居等精美合辑。百度图片搜索支持JPEG、GIF、PNG和BMP格式的图片。

在搜索图片时，可以根据需求选择"版权""高清""最新""动画""全部尺寸""全部颜色"，如图3.12所示。

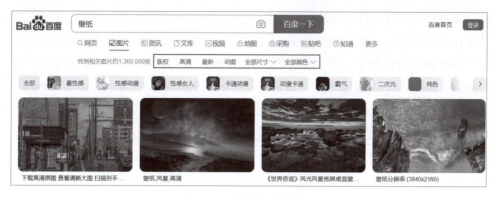

图 3.12 百度图片搜索结果

在搜索结果中单击要查看的图片的缩略图,就会看到原始尺寸的图片,单击图片下方的"查看源网页",可以查看原始图片所在的网页。有时在单击图片后会出现"找不到图片"或"请输入用户名"等情况,百度称这种情况与其搜索引擎无关,而是由于图片所在源网页的问题所导致的。

2) 新浪图片

新浪公司与北京华夏新视科技有限公司合作,引进世界先进的美国VisionNEXT.com,Inc.的eefind核心图像搜索技术,推出图像搜索引擎服务。新浪图片搜索引擎,提供分类目录搜索和关键词搜索两种检索途径。分类目录搜索可在新闻、体育、娱乐、科技、军事、历史、时尚、女性、收藏、财经、星座、健康、教育、育儿、博客、航空等目录中实现。每个目录下面还提供子目录,如新闻目录提供:国内、国际、社会、天气、看见、天下、历史7个子目录。关键词搜索支持使用+、-、&、空格、and等运算符。这些运算符可以是英文(大小写),也可以是中文的符号。

新浪图片网站有"看见""一个都不能少""新青年""政面""新浪爱拍""摄影资讯""拍照吧少年"等专栏,如图3.13所示。

图 3.13 新浪图片

通过对该搜索引擎进行实际检索验证发现，人工编制的浏览式分类目录检出的结果具体、精确且数量较少，"图片检索关键词目录"检出的结果较宽泛且数量大得多。以检索"秋天"为关键词进行检索，可以检索出7030张图片，它们之中大量的是以图片网页说明中有"秋天"二字的无关图像资料，真正符合需要的图片却寥寥无几，而以"秋景"为关键词进行检索，则可检出236张符合检索目的的尽显秋天景色图片。由此可见，所谓"搜索概念词"的外延要比分类目录中类名的外延大得多，"搜索概念词"不能替代关键词，关键词在反映检索内涵上要比"搜索概念词"灵活和精确得多。这些差异是由其各自的搜索原理决定的，用户可以根据自己的检索目的选择不同的检索方法。

3) Veer图库

Veer图库是一家国际化的微图提供商。Veer承袭了iStock的高标准低价格策略，在线提供优质图像资料，素材不仅覆盖了图片、矢量图和插画，而且热点相关内容丰富，可以满足资讯类平台日常配图的绝大部分需求。Veer整合全球优质内容，结合搜索人工智能，为用户带来极致的搜索体验。

Veer不仅提供导航搜索，如照片、插画、模板；还提供了按照类型、格式、构图、种族、人数、年龄、性别、色彩等列表的搜索，如图3.14所示。

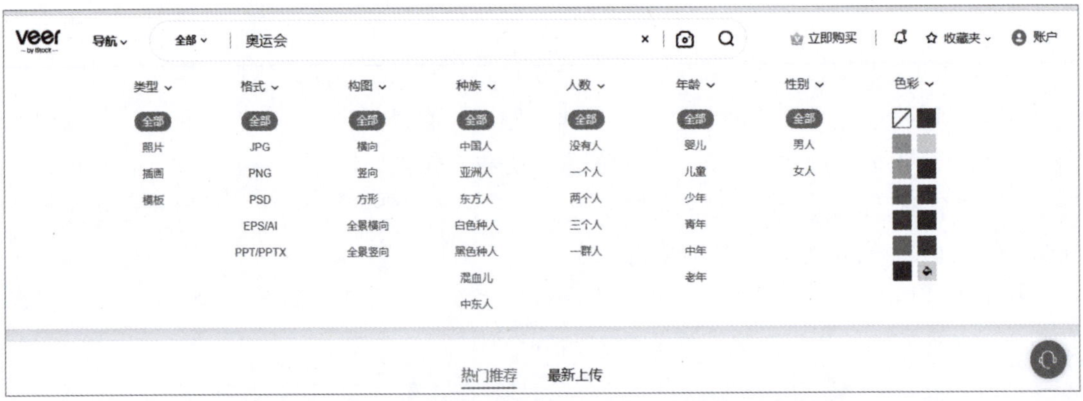

图3.14　Veer图库搜索

4) 国外图片分享网站

(1) Flickr：Flickr是一个图片存储和视频托管网站。在2004年，Ludicorp公司建立了一个Web服务套件和在线社区(Flickr前身)。除了供用户存储个人照片，它还可以把图片分享到博客和社交媒体。

(2) Photobucket：Photobucket是一个图片托管、视频托管、幻灯片制作和照片共享网站。它于2003年由Alex Welch、Darren Crystal和Trinity Ventures创建的。福克斯互动媒体于2007年收购了该网站。

(3) 喀嚓鱼 Snapfish：喀嚓鱼(Snapfish)是一个基于Web的照片共享和打印照片服务平台，该平台由惠普公司所拥有。用户可以免费上传图片并存储。会员可以共享相册、个人照片、动画Snapshows、Group Rooms 或喀嚓鱼产品。用户可以通过电子邮件、链接网址及其他各种网络服务，如Facebook、博客和MySpace来分享图片。

以上几种搜索引擎配合使用，基本上可以满足图像资料检索需求。值得注意的是，图像搜索引擎检索出的所有图片，除注明者外，均受版权保护，如果要将其用于超出"合理使用"之外的其他用途，必须征得所有权人的同意。

3.3 搜索引擎的常见问题与选择

搜索引擎是一些在Web中主动搜索信息并将其自动索引的Web网点，其索引内容存储于可供查询的大型数据库中。搜索引擎建立的索引与目录服务不同，前者搜集页面上的单词，后者则搜集网页作者简短的特定描述内容。许多搜索引擎索引它收到的每个页面的每个单词，而有些搜索引擎则可能只索引页面的前250～500个单词。使用搜索引擎得到的结果比目录服务返回的更多。目前还没有哪种检索工具，能够覆盖整个Internet的信息资源。不同搜索引擎在索引资源、用户界面、功能设置、检索速度、检索数量及准确率等方面各有所长，搜索结果大相径庭，但其与用户所希望的搜索结果还有较大的差距。

3.3.1 搜索引擎的常见问题

搜索引擎的常见问题包括以下几个方面。

(1) 数据库记录的新颖程度如何，是否包含过去几天或者几周新出现的或已经改变的网页。用简单的检索式检索自己常用的搜索引擎，检查某一特定的词汇，注意命中记录的变化，如果命中数量一直保持不变，特别是如果对那些应该有新记录出现的检索条件也是这样的话，数据库可能最近根本没有更新过。这有助于确定在哪一天检索哪一个搜索引擎可以得到较新的信息。

(2) 检索词是否确实在网页上出现了，在哪个地方出现的。采用Find操作(通常是按Ctrl+F键)，在某一特定的页面跟踪检索词，如果未能在页面中找到检索词，可以尝试在HTML源代码中查找，如果仍然找不到，则需要检查一下该页的日期，看看是否与检索结果中给出的日期不同，如果与被索引的日期相同，那么搜索引擎肯定就前后不一致了。在判断数据库准确度的时候，要记住不是所有的词组检索能被同等处理。

(3) 缺省的布尔算符是否改变，某次检索的错误可能是由不正确的布尔逻辑处理过程引起的。在检索框中输入两个词，词与词之间不加任何算符，诸如加号、减号或者词组限定符号，注意命中数量的变化，然后再检索其中的一个词，如果命中数量增加，缺省的算符为AND，如果数量减少，则为OR。

可以试着改变原来的检索策略，或者从显示出来的命中记录的评语中选取一个词加入到检索式中。后者的优势是选取的词在数据库中一定存在。

(4) 搜索引擎是否精确地按照输入的字符串进行检索，或者用所包含的相似词汇进行检索。对那些具有单复数自动识别功能的搜索引擎，分别用某一词的单复数形式进行检索。先试试规则的单复数形式，比如year和years，然后再试试不规则的单复数形式，如child和children。如果命中记录数相同，则该搜索引擎具有单复数自动转换检索的特色。

3.3.2 搜索引擎的选择

搜索引擎为Internet上的一种信息检索工具，其选择标准一般是：信息内容(网络资源包括的项目，信息的类别，更新周期和速度，以及标引深度)、检索方法、用户界面、检索效率、检索结果的显示。Internet上站点数量每天都在增加，当前的问题不仅仅是找到信息，更重要的是要查到准确的信息。目前的Internet搜索引擎还不能解决这一问题，因为它们总是返回一大堆无用的网页信息。为使检索更有效、更适用，需要智能化、专业化的搜索引擎，在选择搜索引擎时应该注意以下几个方面。

(1) 知名度。对于网络初学者来说，在不熟悉搜索引擎的情况下，最好选择知名度高的搜索引擎，如百度、谷歌。

(2) 收录范围。综合性搜索引擎通常以全球的网络资源为目标，而一些中小型的搜索引擎则致力于某一区域或某一专业的资料信息。综合性搜索引擎的搜索范围虽然广泛，但就某一局部、某个专业而言，内容却未必有中小型搜索引擎来得丰富和完备。综合性搜索引擎通常支持多语种，有特殊需要的用户，应该首先选用相应语种的搜索引擎。

(3) 数据库容量。一般数据库容量大的搜索引擎包含的信息量就大，比如百度和谷歌。

(4) 响应速度。速度决定一切，速度快一方面节省时间，另外一方面不招致用户的反感。试想一下，你在百度搜索信息时十秒钟才给你返回结果，你有何感觉？

(5) 用户界面。用户界面要简洁、友好，如果一进入检索界面就看到眼花缭乱的广告和文字，就会大大降低其使用率。

(6) 更新周期。不同的搜索引擎更新周期不同。由于Internet日新月异，如果不及时更新，很可能造成死链等。

(7) 准确性。选择更准确地反映出用户想要查找的内容的搜索引擎。准确性是用户最关注的问题，同时也带有一定的主观性。

现在互联网上大大小小的搜索引擎有几百个之多，而且每个都声称自己是最好的。要是随便抓起来就用，有可能是事倍功半，甚至越搜索越糊涂。所以，花一点时间挑选一两个方便、实用的搜索引擎是十分必要的。使用时要根据自己的行业、专业需要来选择合适的搜索引擎。

目前国内主要的搜索引擎有如下几个：百度、Google、搜网、雅虎、搜狗、必应、有道、中搜等。

3.4 检索实例

本检索实例主要是为了解锁大家的搜索引擎技能。

1. filetype 搜索指令

"filetype:"是一个非常强大而且实用的搜索语法。通过这个语法，用户能搜索一般的网页，还能对某些二进制文件进行检索。

(1) Office文件搜索。微软的Office系列是应用较为广泛的办公软件，因此网上的这类文档资料也是相当丰富的。

举例："filetype:doc简历"

搜索包含"简历"关键词的Office doc文件。

举例："网络营销策划方案 filetype:ppt"

搜索包含"网络营销策划方案"关键词的Office ppt文件。

(2) SWF文件搜索。喜欢看Flash动画的用户通过使用"filetype:"语法，可以搜索到能直接下载的Flash歌曲、MTV，而不必使用专门的搜索下载工具。

举例："周杰伦 filetype:swf"

搜索关于周杰伦的歌曲Flash MTV。注意，要保存搜索到的Flash文件，需使用右键菜单中的"目标另存为"命令保存文件到一个指定位置。

2. site 搜索指令

site其实是一个搜索语法，表示将搜索限定在某个域名下面。要在指定的网站中查找信息，就可以使用高级搜索指令site命令来搜索。

举例："厦门 site:news.sina.com.cn"

在新浪新闻栏目中搜索关于"厦门"的信息。

举例："site:huawei.com 手机"或者"手机 site:huawei.com"

上面两种方式的结果都是在华为官网搜索有关"手机"的信息。

3. 双引号

让百度显示的结果和你的关键词完全匹配，你可以在输入关键词的时候加上双引号，这样出来的结果就是与关键词匹配度较高的结果。

举例："春节"

在百度搜索有关"春节"的相关信息，如"春节"百度百科、"春节"百度图片、"春节"习俗、"春节"的由来等。

4. 百度指数

很多人都通过搜索引擎来关注自己所在城市的楼盘情况。如何查询房价的走势呢？实际上用百度指数就能知道。

举例：打开百度指数(http://index.baidu.com/)，在搜索框中输入"北京房价，上海房价"，就能看到这两个城市的房价趋势曲线图。

百度指数是一个免费的调查工具，通过对比不同关键词在百度中被网民检索的次数以及媒体报道的次数，来分析关键词的网民关注度和媒体关注度情况。你可以试一下搜索"买房，买车"，看看会有什么有趣的结果。

5. 搜索特定关键词

在百度中搜索某些特定关键词，比如搜索"come on"能看到百度词典对英文"come on"的解释，搜索"奥运"能看到奥运的金牌榜及相关信息，搜索"1+1"能看到计算结果为"2"。

总结：搜索引擎对人类的真正最大贡献，实际上是改变了人们的生活，很多人的行为模式发生了悄然改变。比如现在很多人出去逛街前，先要用百度搜索一下要买的东西，了解一下相关信息，然后查查如何坐车、在哪吃饭，等等。反过来讲，用好搜索，我们的生活将变得更惬意。

本章小结

在这浩瀚无边的信息海洋中发现有利用价值的信息，就要用到搜索引擎，它是搜索文件的一项专有工具，可以提高搜索速度。本章主要通过网络资源的特点和搜索引擎的分类及使用规则，特别以百度(Baidu)为例介绍了搜索引擎的使用技巧，让读者能够深刻理解网络资源的检索形式，对信息检索的广泛性有所理解，同时介绍了在成百上千的查询结果中如何找到最切题的文献资料。

【关键术语】

搜索引擎　　　地图搜索　　　图像搜索　　　全文搜索　　　元搜索

综合练习

一、填空题

1. 信息检索的研究与Internet的发展在同步进行、互相推进。在Internet诞生初期，并没出现 ＿＿＿＿＿＿＿＿ 。随着互联网上信息的急速增长，网络信息资源的查找如同大海捞针，这时专业 ＿＿＿＿＿＿＿＿ 便应运而生了。

2. 以 ＿＿＿＿＿＿＿＿ 为主的搜索引擎的特点是由系统先将网络资源信息系统地归类，用户可以清晰方便地查找到某一类信息，用户只要遵循该搜索引擎的分类体系，层层深入即可。

3. Baidu(百度，http://www.baidu.com)是 ＿＿＿＿＿＿ 年1月创立于北京中关村的目前全球最大的中文搜索引擎。

4. 图像搜索引擎将采集到的图像或通过某种 ＿＿＿＿＿＿＿ 或采用 ＿＿＿＿＿＿＿ 标引，为用户提供按主题浏览的检索方式。

5. 按信息源的表现形式分类，可将信息资源分为：文献型信息源、数据型信息源、 ＿＿＿＿＿＿＿ 和多媒体信息源。

6. 在搜索引擎布尔检索中，要求检索结果中只包含所输入的两个关键词中的一个的关系的布尔关系词是 ＿＿＿＿＿＿＿ 。

二、判断题

1. 随着技术的发展，新类型的搜索引擎也会不断出现。　　　　　　　（　）
2. 搜索引擎虽然数量增长不快，但是种类很多。　　　　　　　　　　（　）
3. 全文检索型搜索引擎处理的对象是Internet上所有网站中的每个网页。（　）
4. 多元集成型搜索引擎只有串行处理方式。　　　　　　　　　　　　（　）
5. 百度图片搜索仅支持格式为JPEG、GIF、PNG和BMP格式的图片。　　（　）
6. 当从概念最宽泛的关键词开始搜索时，会使用and组织关键词。　　（　）
7. 多元搜索引擎由检索请求提交、检索结果显示两部分组成。　　　　（　）
8. 关键词是表示文献关键主题内容，经过规范处理的主题词。　　　　（　）
9. 检索系统通常以书本、卡片、表册的集合形式出现，如书目、索引、文摘、年鉴、手册等。　　　　　　　　　　　　　　　　　　　　　　　　　　　　　（　）
10. 利用信息检索，可以节省科技工作者大量宝贵的时间和资金，可以大大提高用于思考的创造性劳动的时间的比例，以创造更多的成果。　　　　　　　（　）
11. 目录检索方式给人们提供某一内容、特征的查找线索，所揭示的内容深入文献所包含的信息单元。　　　　　　　　　　　　　　　　　　　　　　　　（　）

三、选择题（单选或多选）

1. 利用搜索引擎进行信息检索时，如果关键字为"蛇盘岛 and 三门"，则正确表达其意义的选项是：（　）。

　　A. 检索有关三门的相关信息
　　B. 检索蛇盘岛的相关信息
　　C. 检索三门蛇盘岛的相关信息
　　D. 检索除了三门以外的蛇盘岛信息

2. 某同学打算使用搜索引擎在互联网上查找"嫦娥二号"探月卫星发射时使用的燃料信息，为了提高搜索效率，他应使用的最佳关键词是(　)。

　　A. 嫦娥二号　燃料　　　　　　B. 嫦娥
　　C. 嫦娥二号　　　　　　　　　D. 发射　燃料

3. 互联网上的网页数量每天以惊人的速度在增加，如何在互联网上快速地找到有用的信息，是每一个网络应用者必须要解决的问题，正如人们所说"知识的一半是知道到哪里寻找它"，在互联网上检索信息常用的途径有(　)。

　　① 主题目录　　　　　　　　　② 搜索引擎
　　③ 元搜索引擎　　　　　　　　④ Word编辑菜单中的"查找"命令
　　A. ①②③④　　B. ①②③　　C. ②③④　　D. ①②④

4. 在百度搜索引擎中，分别使用加上双引号的 "上海科技大学"与不加双引号的上海科技大学进行搜索，加上双引号的搜索(　)。

　　A. 获得的搜索结果多

B. 获得的搜索结果更准确

C. 搜索的结果更全面

D. 搜索结果中的关键词被拆分了

5. 某同学希望在网上查找一种需要的资料，那么较好的信息搜索流程是(　　)。

　　A. 选择查找方式—确定搜索目标—确定搜索引擎—查找、筛选

　　B. 确定搜索目标—选择查找方式—确定搜索引擎—查找、筛选

　　C. 确定搜索引擎—确定搜索目标—选择查找方式—查找、筛选

　　D. 确定搜索目标—确定搜索引擎—选择查找方式—查找、筛选

6. 下面对搜索引擎结果叙述正确的是(　　)。

　　A. 搜索的关键字越长，搜索的结果越多

　　B. 搜索的关键字越简单，搜索到的内容越少

　　C. 要想快速达到搜索目的，搜索的关键字尽可能具体准确

　　D. 搜索的类型对搜索的结果没有影响

7. 某同学想知道"地球自转的方向"，通过网上搜索得出两种不同的答案，一是顺时针旋转，二是逆时针旋转，其中比较可信的判断方法是(　　)。

　　A. 看查找的是否是专业的、权威的、可信度高的网络科学数据库

　　B. 由查询的结果多少而定，得出相同结论多的就是正确的

　　C. 根据网站界面设计是否美观而定，界面设计好的数据比较准确

　　D. 看查找的速度如何，速度快的网站比较准确

8. 下列信息来源中属于文献型信息源的是(　　)。

　　A. 图书　　　　　　B. 同学　　　　　　C. 老师　　　　　　D. 网络

9. 小红同学在做一份电子报刊时，上网查找了一些资料，这是(　　)过程。

　　A. 信息的存储　　　B. 信息的收集　　　C. 信息的传递　　　D. 信息的处理

四、简答题

1. 什么是搜索引擎，搜索引擎都有哪些类别？

2. 使用不同的搜索引擎查找同一个主题的信息，试比较查找结果的异同。

3. 利用地图搜索工具，查询一条旅游线路。

4. 选择所了解的3~4个搜索引擎，进行横向对比，主要进行容量、更新周期、分类情况、检索方式等方面的对比。

5. 查找人类首次登月成功的时间、国家、宇航员姓名和宇宙飞船的名称。

6. 推荐有关考研英语或四级、六级英语学习方面的主要网站3个，并对其中一个网站做出简明介绍。

7. 查出"世界环境日"的来历及今年的主题是什么？

8. 利用搜索引擎检索本专业某一专题的doc和pdf格式的论文各一篇，或所学课程课件一份。

9. 请在网上检索并下载一幅标有"复旦大学"地名的上海市区地图，注意，图片尺寸不能小于100KB。

10. 将下面一段英文翻译成中文。

DIALOG, a service of The Dialog Corporation, has been serving users since 1972. With over 450 databases from a broad scope of disciplines, it is truly the one-stop service for all of your information needs. Contained in the DIALOG information collection are millions of documents drawn from more sources than any other online service – from scientific and technical literature – from full-text trade journals, newspapers, and newswires. There's more too…details on millions of chemical substances, information on patents issued worldwide, demographic data, and company financial statistics. Compiled from the world's most respected and authoritative information sources, dialog databases can provide you instant answers from just one source.

五、检索实训

姓名：　　　　　　　检索时间：

课题 3.1：我是一位讲授生物工程的新教师，想查找课件制作的方法，如何查找。

检索目的：掌握搜索引擎的使用方法。

检索要求：

(1) 选择搜索引擎，写出搜索词。

(2) 对检索结果进行比对，选择适合我的课件工具。

(3) 在选择的课件基础上查找到该课件的使用方法。

课题 3.2：在下列一段英文文章中，出现了一个缩略词语 FTE，请查出其含义。

Official staff numbers in headcount and FTE for 1999; FTE decreased to 2054 from 2122 in 1997; Employment of casual staff decreased by 7% since 1997; FTE of Faculty of Business was largest, closely followed by Science…

检索目的：借助网络来进行缩略词语的释义。

检索要求：

(1) 选择相应的翻译工具。

(2) 根据上下文的含义，确定该缩略词语的含义。

课题 3.3：作为一个准备考研的学生，如何进行网络信息检索。

检索目的：借助网络来搜索考研相关的内容，包括考研选择、科目、学校、如何复习等方面的内容。

检索要求：

(1) 选择搜索引擎，写出搜索关键词。

(2) 在结果中对比，选择适合自己的考研方向。

(3) 选择考研的学校，并进行学校的招生情况查询。

(4) 查询考研的科目情况及复习资料。

课题 3.4：目前植入式广告在影视作品中已经成为常态，请你通过搜索引擎查找以下内容。

(1) 什么是植入式广告？

(2) 植入式广告有哪些形式？

(3) 植入式广告对电影发行商和制作方的利弊有哪些？

(4) 找出一部你关注的影视作品，并找出其中的3个植入式广告，并列举一些网友的评论。

第 4 章

特种文献检索

学习目标

1. 了解专利、标准、学位论文、科技报告、会议文献、政府出版物等特种文献的基本概念，了解《中国标准化年鉴》《中国国家标准汇编》等手工检索工具。
2. 理解专利文献的特点、专利的种类，以及国内外专利、标准文献检索途径和检索方法；理解标准的分类、标准文献的检索方法、标准文献的商业价值、标准文献的分类方法。
3. 熟悉专利申请必须具备的3个条件、专利文献的情报价值、国际专利分类法、中国专利分类法、国家知识产权局专利网络检索系统、国内标准文献的网站、国际标准文献检索网站等基本内容。
4. 掌握专利检索的主要途径，包括号码途径、名称途径、主题途径、分类途径和优先项途径等。
5. 掌握标准检索的主要途径。
6. 掌握政府出版物的特点和检索途径。

特种文献是指出版形式、出版机构特殊，有别于图书或报刊等常见文献的资料，其内容新颖、类型多样、生产无规律，但具有重要的参考价值。特种文献主要包括科技报告、专利文献、标准文献、会议文献、学位论文、政府出版物、产品样本、其他资料等几种类型。

4.1 专利文献

专利文献是记录有关发明创造信息的文献。广义的专利包括专利申请书、专利说明书、专利公报和专利检索工具，以及与专利有关的一切资料。狭义的专利仅指各国专利局出版的专利说明书。

4.1.1 专利基础知识

1. 专利制度

专利制度是通过专利法来保护鼓励发明创造，现已成为不同社会制度、不同发展程度的国家广泛采用的一种制度。我国于1984年3月12日颁布了《中华人民共和国专利法》，并于1985年4月1日正式实施。专利制度的特征包括以下几个方面。

(1) 法律保护。任何一个国家实施专利制度，都要制定自己的专利法，来保护发明创造。

(2) 科学审查。专利(知识产权)局要组织专家对申请的专利，进行新颖性、创造性、实用性审查，以保证专利质量。

(3) 公开通报。实施专利制度的目的之一，就是公开专利的内容。专利制度要求申请人以说明书的形式公开其发明。

(4) 国际交流。各国专利虽然在本国有效，但随着技术的发展和需要，专利制度已经国际化。特别是加入《保护工业产权巴黎公约》的国家之间更加速了专利信息交流，使专利突破国家限制成为国际商品。

知识窗：知识产权

知识产权是指公民或法人等主体依据法律的规定，对其从事智力创作或创新活动所产生的知识产品所享有的专有权利，又称为"智力成果权""无形财产权"，主要包括由版权、专利和商标以及工业品外观设计等方面组成的工业产权和自然科学、社会科学以及由文学、音乐、戏剧、绘画、雕塑、摄影和电影等方面的作品组成的版权（著作权）部分。知识产权包括工业产权和版权（在我国称为著作权）两部分。工业产权由发明专利、商标以及工业品外观设计等方面组成，著作权分为著作人身权和著作财产权。

2. 专利的种类

专利主要包括以下3种。

(1) 发明专利。根据《中华人民共和国专利法》第二条，专利法所称发明，是指对产品、方法或者其改进所提出的新的技术方案。

世界上的发明可分为两大类型：一类是开拓型发明，这是一种完全开辟了一个全新的技术领域，使之从无到有的发明。例如，我国古代的四大发明，20世纪40年代的计算机、电视机、晶体管的发明均属此类。另一类是改进型发明，是对现有技术或产品进行的改进和发展，世界上绝大部分发明属于这种类型。

(2) 实用新型专利。专利法所称实用新型，是指对产品的形状、构造或者其结合所提出的适于实用的新的技术方案。

实用新型属于水平较低的发明创造，一般是一些小改革、小发明或小专利。例如，早期的铅笔是圆柱体，后来有人将其改为棱柱体，避免放在课桌上滚落，改造成为我们今天用的各种铅笔，这种发明就属于实用新型。

(3) 外观设计专利。专利法所称外观设计，是指对产品的形状、图案或者其结合以及色彩与形状、图案的结合所做出的富有美感并适于工业应用的新设计。例如，新颖的茶具造型及图案设计属于外观设计专利保护的对象，而精湛的牙雕工艺品则不属于外观设计，因为后者不能实现工业化大批量生产。

3. 专利文献的特点

专利文献无论从内容上还是从形式上都有自己的特点。

(1) 格式统一。各国的专利说明书都按统一的著录格式出版，采用统一的识别代码，都按国际专利分类法(International Patent Classification，IPC)分类。即使一些国家长期使用自己的专利分类法，也仍用"国际专利分类法"同时作为标引。专利文献的分类体系完善，便于检索，易于提高查准率、查全率。为便于国际交流，各国的专利说明书一般都采用国际统一的格式出版印刷，说明书中的著录项用统一的识别代码标注，说明书的尺寸基本相同。

(2) 内容新颖可靠。专利报道按申请时间排列。新颖性是专利申请所必须具备的"三性"之一，是比技术杂志报道速度更快的文献形式。每次专利报道都标明专利的状态，如"申请公开""授权""无效"等，使其内容更加可靠。绝大多数国家都实行先申请原则，发明人为了得到专利权，都力争在发明完成后，抢先申请专利，尽早获得公开。世界上许多重大发明创造都是首先出现在专利文献中的。经过实质审查后公布的专利说明书，质量相当可靠。未经实质审查而公布的专利说明书，如实用新型专利说明书，其质量难以保证。

(3) 新旧技术兼有。由于专利申请要求叙述技术背景，并有实施例证或附图加以说明，其详尽程度是一般科技文章难以相比的。专利资料在很大程度上提供了该技术的发展的历史资料和新技术方案。因此，查到专利原文，既可以读到历史资料，又可以查到最新技术。

(4) 披露内容广。专利文献包含了其他文献不能披露的内容，包括所有技术应用领域。同一类目集中了某一技术领域的最先进的技术信息。企业出于竞争的需要，往往会围绕某一产品和工艺方法等提出几十件甚至上百件专利申请，形成一整套专利文献。

(5) 可以选择语言。专利文献由于有同族专利报道，用户可以选择自己熟悉的文字，在专利检索过程中，可减少或消除语言障碍。各国均采用国际专利分类法分类或用IPC作标引，各国专利说明书都采用统一的国际分类号及国别代码，所有这些都为人们管理、存储及检索专利文献提供了很大的方便。对于具有一定专利知识的人来说，即使文字不通，也可以通过各著录项目的识别代码及标准结构，识别出各部分的内容。

一项发明若想在多个国家获得专利权，就必须分别向这些国家提出申请，形成一项发明多国公布，虽然给管理工作带来不便，但用户可以从重复公布的有关同一发明的众多说明书中选择自己熟悉的语种，为克服语言障碍提供方便。

(6) 易于检索发明人。与其他文献不同的是，专利文献上都登有专利申请人、发明人的姓名、详细地址，为与专利发明人、专利权人的联系、技术洽谈提供了方便条件。

(7) 针对性强。为获得专利权，发明人必须对技术问题给予一种解决方案，给出该解决方案的具体实施方法，形成针对性强，对应于某一很窄的技术领域的技术信息。在科研、生产、新产品开发中所遇到的所有具体技术问题，几乎都能在其中找到具体的解决措施或受到其启发。

4. 专利申请的条件

专利申请必须具备3个条件。

(1) 新颖性。新颖性指发明在申请专利前，世界上既没有相同的发明，又无相同的声明，即该发明未在国内外公开出版，未曾公开使用或以其他形式为公众所知。公知公用是能否申请专利的标准。

目前世界上绝大多数国家都采用相对国际新颖性标准，即国际范围的未公知、国家范围的未公用。

(2) 创造性。创造性指发明或设计比现有技术水平先进，有突出的、实质性的创新，对于本技术领域的专业技术人员来说非显而易见或不是很容易设计出来的。

(3) 实用性。实用性指发明具有明显的实用特点，能够在工农业生产和科研上制造使用，并产生积极的社会效果。对于科学发现、智力活动的规则和方法、疾病的诊断和治疗方法、动物和植物品种等，《中华人民共和国专利法》第二十五条规定不授予专利权。

4.1.2 专利文献的情报价值

根据专利文献，可了解以下内容。

(1) 确定技术的新颖性和发明的水平。对本单位现有技术水平进行评价，对打算申请的专利进行评价。

(2) 侵权行为调查。了解相关技术领域哪些专利仍然有效；哪些已经过期，单位可以安排生产而不会侵权。

(3) 对某行业专利技术活跃企业进行调查。估计本单位潜在的危险及竞争对手、竞争技术。

(4) 评价贸易许可的专利技术，确定某一技术问题的解决方案。对现有专利制度的调查，有时能启发技术人员解决相关问题。

(5) 专利状况调查。调查某人的技术在哪个国家获得了专利权，或某人手中是否有某项专利。专利权人要求保护的权利范围；申请人、发明人、专利权人的姓名、地址；专利申请日、专利生效日、优先权日、优先申请国；该项专利是否已过有效期或因其他原因失效；该专利的实施情况等，这些权利情报是处理专利纠纷、专利转让及专利技术引进等法律事务的重要依据。

(6) 节约成本。通过上述调查可使研究单位节约技术成本，避免专利转让中的不必要支出与风险。评估竞争企业的技术水平及发展趋势可以规避市场风险。

(7) 避免重复劳动。专利文献是展示世界现有技术的窗口，充分利用专利文献中的技术情报，可以了解世界技术水平及发展动向。在科研中如果首先从调查专利文献入手，在前人已有技术的基础上再进行新的创新，无疑可以提高科研起点，设计出的成果无可非议地具有世界先进水平。尽管在科技发展日新月异的今天，要想完全不重复别人的劳动不太可能，但通过努力，可以使重复率降至最低限度。

(8) 失效专利，无偿使用。世界上任何获得专利的发明创造，一旦有效期期满，任何人均可无偿使用。在这些失效专利中，有相当一部分发明创造仍具有很高的使用价值，特别是一些基础发明，其使用寿命一般都很长。

(9) 利用专利文献进行市场预测。专利的公开往往比发明的商品化早若干年，有时甚至早一二十年，因此，利用专利文献可以预测未来市场的变化。

(10) 利用专利文献监视竞争对手的动态。专利申请的活跃程度及拥有专利数量的多寡是一个企业技术实力的标志。可以将同一领域的公司、企业或科研机构，作为专利权人定期进行跟踪，随时掌握对方在技术开发方面的发展动态，从而使本企业在激烈的市场竞争中知己知彼，并根据竞争对手的动态随时调整自己的发展战略。

4.1.3 专利文献的结构与编号

1. 专利文献结构

专利说明书记载了发明成果的详细内容，是专利文献的核心部分。20世纪50年代后，各国的专利说明书正逐渐趋向统一化。一份专利文献通常包含三部分：著录部分、说明书正文、附图。

(1) 著录部分。专利说明书的著录部分是一组有关该发明技术及其法律情报的著录项目，通常包括发明名称、发明人姓名、申请人名称、地址、申请日期、申请号、分类号、专利号、文摘等项目。这些著录项目的多少及排列顺序因不同国家而异，但大多印刷在说明书的扉页上，并且在每一个著录项目前面，都注明统一的INID代码(知识产权局用于标记专利著录项目的号码，国际通用)。即使文字不通，使用者也能靠这些识别代码来分辨某一著录项目的内容。INID代码分别用两位阿拉伯数字表示，并用方括号或圆括号括起来。常用著录事项所代表的内容见表4.1。

表 4.1　INID 代码（部分）

INID 代码	著录项	INID 代码	著录项
(10)	文件标志	(51)	国际专利分类或工业品外观设计国际分类
(11)	文献号 [授权公告号]	(52)	内部分类或国家分类
(12)	专利文献类型	(53)	国际十进分类号
(19)	国家代码或公布专利文献机构的其他标识	(54)	发明名称
(20)	专利申请或补充保护证书数据	(55)	关键词
(21)	申请号	(57)	文摘或权利要求

(续表)

INID 代码	著录项	INID 代码	著录项
(22)	申请日期	(58)	检索领域
(23)	其他日期（如提交临时说明书后的正规说明书提出日期、展览优先权日期）	(71)	申请人
(30)	国际优先项	(72)	发明人
(31)	优先权申请号	(73)	专利权人[专利所有者]
(32)	优先权申请日期	(74)	代理机构或代理人
(33)	优先权申请国家或组织代码	(75)	发明人兼申请人
(40)	文献的公知日期	(76)	申请人同是保护文件获得人和发明人
(48)	经过修正的专利文献公布日期	(86)	PCT 国际申请的申请数据
(50)	技术项	(87)	PCT 国际申请的公布数据

知识窗：PCT

PCT 是专利合作条约 (Patent Cooperation Treat) 的简称，是在专利领域进行合作的国际性条约。其目的是为解决就同一发明创造向多个国家申请专利时，减少申请人和各个专利局的重复劳动。《专利合作条约》于 1970 年 6 月在华盛顿签订，1978 年 1 月生效，同年 6 月实施。我国于 1994 年 1 月 1 日加入 PCT，成为 PCT 的正式成员国。同时中国专利局也成为 PCT 国际受理局、国际检索局、国际初审局。

(2) 说明书正文。说明书正文部分是关于发明内容的详细介绍，一般包括序言、发明细节叙述及权利要求三部分。序言通常是关于发明技术水平及产生背景的报告，其后是对发明的详细描述，并结合实例进行说明。权利要求一般放在正文的最后一部分，但也有放在正文开始部分的。

(3) 附图。附图一般用于解释或说明发明内容或原理，一般放在说明书的最后。

2. 专利文献编号

专利文献编号是指国家知识产权局按照法定程序，在专利申请公布、专利申请审定公告(在1993年1月1日前)和专利授权公告时给予的文献标识号码。中国专利文献编号体系主要包括4种专利文献号，即申请号、专利号、公开号、授权公告号。

(1) 申请号。申请号是国家知识产权局在受理一件专利申请时给予该专利申请的一个标识号码。专利申请人向国家知识产权局提出专利申请，国家知识产权局给予专利申请受理通知书，并给予专利的申请号。专利申请号由12位阿拉伯数字和1个圆点"."以及1个校验位组成，包括申请年号、申请种类号和申请流水号三部分。按照由左向右的次序，专利申请号中的第1～4位数字表示受理专利申请的年号，第5位数字表示专利申请的种类(1表示发明专利申请；2表示实用新型专利申请；3表示外观设计专利申请；8表示进入中国国家阶段的PCT发明专利申请；9表示进入中国国家阶段的PCT实用新型专利申请)，第6～12位数字(共7位)为申请流水号，表示受理专利申请的相对顺序。专利申请号中使用的每一位阿拉伯数字均为十进制。

例如：专利申请号：200310100002.X(小数点后为计算机校验位)

(2) 专利号。专利号是在授予专利权时给予该专利的一个标识号码。专利申请人获得专利权后，国家知识产权局颁发的专利证书上专利号为：ZL(专利的首字母)＋申请号，例如：ZL200310100002。若一个专利在申请中，但是却在申请号前加上ZL字母(使消费者误以为是授权专利)，属于假冒专利行为，工商行政部门会依法给予查处。

(3) 公开号。公开号是在发明专利申请公开时给予出版的发明专利申请文献的一个标识号码，又称审定/公告号或专利文献号。公开号由国别代码(两位字母，中国为CN，美国为US)＋顺序号(7位数字)＋法律状态码(1位字母)组成。公开号法律状态码标识如表4.2所示。

表 4.2　公开号法律状态码标识

类别	标识代码	代码含义
发明专利文献种类标识代码	A	发明专利申请公布说明书
	A8	发明专利申请公布说明书(扉页再版)
	A9	发明专利申请公布说明书(全文再版)
	B	发明专利说明书
	B8	发明专利说明书(扉页再版)
	B9	发明专利说明书(全文再版)
	C1-C7	发明专利权部分无效宣告的公告
实用新型专利文献种类标识代码	U	实用新型专利说明书
	U8	实用新型专利说明书(扉页再版)
	U9	实用新型专利说明书(全文再版)
	Y1-Y7	实用新型专利权部分无效宣告的公告
外观设计专利文献种类标识代码	S	外观设计专利授权公告
	S1-S7	外观设计专利权部分无效宣告的公告
	S8	预留给外观设计专利授权公告单行本的扉页再版
	S9	外观设计专利授权公告(全部再版)

例如：美国专利公开号US5489846A；中国专利公开号CN1030001A。

(4) 授权公告号。授权公告号是指在发明专利授权时给予出版的发明专利文献的一个标识号码。专利编号体系如表4.3所示。

表 4.3　专利编号体系(2004 年 7 月 1 日以后)

专利申请类型	申请号	公开号	授权公告号	专利号
发明	200310102344.5	CN100378905A	CN100378905B	ZL200310102344.5
指定中国的发明专利的国际申请	200380100001.3	CN100378906A	CN100378906B	ZL200380100001.3
实用新型	200320100001.1	—	CN200364512U	ZL200320100001.1
指定中国的实用新型专利的国际申请	200390100001.9	—	CN200364513U	ZL200390100001.9
外观设计	200330100001.6	—	CN300123456S	ZL200330100001.6

知识窗：世界五大专利局

世界五大专利局包括：中国国家知识产权局(CNIPA)、欧洲专利局(EPO)、日本特许厅(JPO)、韩国特许厅(KIPO)和美国专利商标局(USPTO)。

4.1.4 专利文献的分类方法及检索途径

1. 国际专利分类法 (IPC)

国际专利分类(International Patent Classification，IPC)是根据1971年签订的《国际专利分类斯特拉斯堡协定》编制的，是目前唯一国际通用的专利文献分类和检索工具。世界知识产权组织(WIPO)是管理国际分类法的唯一机构，IPC专利文献按分类方式进行标引，其分类方法是按照部、大类、小类、主组和分组，组成一个5级分类系统。IPC共分8个部、20个分部、118个大类、620个小类，类目总数达6.4万个。

(1) 部。IPC部的类号用大写的字母A~H表示，分部只有部名无类号，部和分部是IPC的第一级类目。IPC 8个部中除H部未设分部外，其他部下均设有不同的分部，见表4.4。

表4.4 IPC 的部与分部

部	内容	分部
A	人类生活必需	农业 个人和家庭用品保健 娱乐
B	作业；运输	分离；混合 成形 印刷 交通运输 微观结构技术；超微技术
C	化学；冶金	化学 冶金
D	纺织；造纸	纺织或未列入其他类的柔性材料 造纸
E	固定建筑物	建筑 钻进；采矿
F	机械工程；照明；加热；武器；爆破	发动机或泵 一般工程 照明；加热 武器；爆破
G	物理	仪器 核子学
H	电学	—

(2) 大类。大类是IPC的第二级类目，是对部的进一步细分。大类类号用一个两位数进行标记，其完整的表示形式为：部号＋类号。例如，图4.1中的A01，其中01是大类，包括

"农业；林业；畜牧业；狩猎；诱捕；捕鱼"6项。

(3) 小类。小类是IPC的第三级类目，是对大类的进一步细分。小类类号用一个大写字母进行标记。例如，图4.1中的A01B，B是小类，包括"农业或林业的整地；一般农业机械或农具的部件、零件或附件"两项。

(4) 主组。主组是IPC的第四级类目，是对小类的进一步细分。类号用1～3位数加/00表示，其完整的表示形式为：部号＋大类号＋小类号＋主组类号。例如，图4.1中，3/00是主组，类名是"装有固定式犁铧的犁"。

(5) 分组。分组是IPC的第五级类目，是在主组的基础上进一步细分出来的类目。其类号标记是将主组类号中"/"后的00改为其他数字。例如，图4.1中，3/02是分组，类名是"人力犁"。

```
                A部——人类生活需要
                    分部：农业
A01   农业；林业；畜牧业；狩猎；诱捕；捕鱼
   A01B   农业或林业的整地；一般农业机械或农具的部件、零件或附件
      3/00  装有固定式犁铧的犁
      3/02  ·人力犁
      3/04  ·畜力牵引犁
      3/06  ··不能双向使用的，即在回程时不能翻耕邻行的
      3/08  ···摆杆步犁
   A01C   种植；播种；施肥
   A01D   收获；割草
   A01F   收获产品的加工，干草或禾秆的压捆机械；农业或园艺产品的储藏装置
   A01G   园艺；蔬菜、花卉、稻、果树、葡萄、啤酒花或海菜的栽培；林业；浇水
   A01H   新植物或获得新植物的方法；通过组织培养技术的植物再生
   A01J   乳制品的加工
   A01K   畜牧业；禽类、鱼类、昆虫的管理；捕鱼；饲养或养殖其他类不包括的动物；动物的新品种
```

图4.1　IPC的A部部分内容

知识窗：

国际外观设计分类体系，又称洛迦诺分类体系，是当前外观设计领域唯一通行的国际性分类体系。《国际外观设计分类表》第12版(又称《洛迦诺分类表》)由世界知识产权组织于2018年6月正式公布，并于2019年1月1日正式使用，用于外观设计专利的分类和检索，它由32个大类，237个小类组成，依字母编序的外观设计产品项列表包含5219个英文条目。

国际外观分类号由"LOC""(旧版本)""Cl.""大类号—小类号"组合而成，例如，LOC(3)Cl.01—04。若同一外观设计有多个分类号，各分类号之间用分号分隔，例如，LOC(3)Cl.01—04；08—02。

2. 检索途径

查找专利的途径主要有号码途径、名称途径、主题途径、分类途径和优先项途径。

(1) 号码途径。号码途径是指通过申请号、专利号等号码，检索特定的专利以及特定专利的同族专利或相同专利。另外，查到某一特定专利后，还可从中进一步得到分类号、优先权项等信息，据此进一步扩大检索范围。

(2) 名称途径。名称途径是指通过发明人、专利权人的名称查找特定的专利。这种方式可随时掌握某公司、企业或科研机构在技术开发方面的发展动态，对其技术开发的动态进行跟踪。

(3) 主题途径。主题途径是指通过选取主题词查找相关技术主题的专利。这种方式可以定期对某一技术领域进行跟踪检索，及时了解和发现新的竞争对手，掌握该领域技术发展动态及发展趋势。

(4) 分类途径。按分类途径检索专利文献，首先要确定所查技术主题的分类号。因为相同主题的文献都有相同的分类号，所以分类途径比其他途径具有更高的查全率，特别适合专利查新检索。

目前世界上绝大多数实施专利制度的国家都采用统一的国际专利分类法，有些国家，如美国、加拿大等，虽然仍沿用本国的专利分类法，但作为对照同时给出相应的国际专利分类号。这为通过分类途径，系统、全面、方便地检索世界范围的专利文献提供了方便。

(5) 优先项途径。优先项是指同一专利在不同国家进行专利申请时，首次申请专利的申请号、申请国别和申请日期。用户通过优先项，能方便、快捷地检索出同一发明的全部相同专利或同族专利。

4.2 中文专利检索

中文专利检索一般可以通过国家知识产权局专利网络检索系统来完成，其检索界面简单，检索方法便利，而且是国家级专利申报审批的权威机构，专利信息准确性高。

4.2.1 国家知识产权局专利网络检索系统

1. 国家知识产权局简介

国家知识产权局负责受理专利申请、接收专利申请的中间文件及其他各类请求文件；负责发明专利申请初步审查，组织发明、实用新型专利申请的分类及研究工作；负责专利文献的收集和国际交换等与专利具体业务相关的工作。通过国家知识产权局下设的网站，可以检索中文专利，该网站还提供了国外专利数据库的链接。

2. 国家知识产权局数据库检索

利用国家知识产权局网站(http://www.cnipa.gov.cn/)可以实现专利检索，如图4.2所示。

图 4.2　国家知识产权局专利检索

该系统提供5种专利检索途径：常规检索、高级检索、命令行检索、药物检索和导航检索；8种专利检索分析：维护分析文献库、申请人分析、发明人分析、区域分析、技术领域分析、中国专项分析、高级分析和日志报告；8个热门工具：同族查询、引证/被引证查询、法律状态查询、国家/地区/组织代码查询、关联词查询、双语词典、分类号关联查询和申请人别名查询，如图4.3所示。

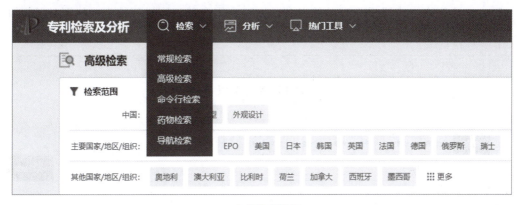

a. 专利检索途径

b. 专利检索分析

c. 热门工具

图 4.3　国家知识产权局专利检索及分析

下面主要对常规检索、高级检索和导航检索展开说明。

1) 常规检索

常规检索适合初级用户，提供按照自动识别、检索要素、申请号、公开号、申请人、发明人和发明名称的7个途径进行检索。如果用户对要检索的专利信息只有大概了解，可以在检索框中直接输入检索词，系统可以自动识别其类型并进行检索。

例如，要查询"袁隆平"有关的专利，则可利用自动识别进行检索。如图4.4和图4.5所示。

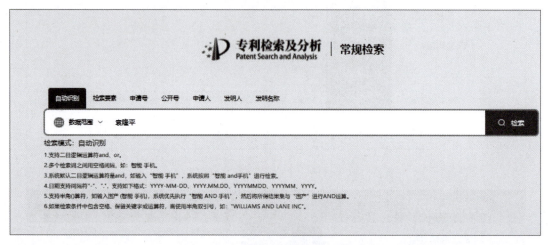

图 4.4　国家知识产权局专利常规检索界面

图 4.5　常规检索——自动识别检索"袁隆平"

2) 高级检索

高级检索包括申请号、申请日、公开(公告)号、公开(公告)日、申请(专利权)人、申请人所在省、发明人、发明名称、摘要、说明书、代理人、IPC分类号、CPC分类号和外观设计洛迦诺分类号(洛迦诺分类是一种工业品外观设计注册用国际分类，通常缩写为LOC)14个检索途径。

【检索示例4.1】利用国家知识产权局专利网络检索系统，检索有关"电子锁"的外观设计专利。

检索步骤如下。

在高级检索界面中的"发明名称"框内输入"电子锁"，如图4.6所示。检索范围选择"外观设计"，单击"检索"按钮，结果(图文显示)如图4.7所示。

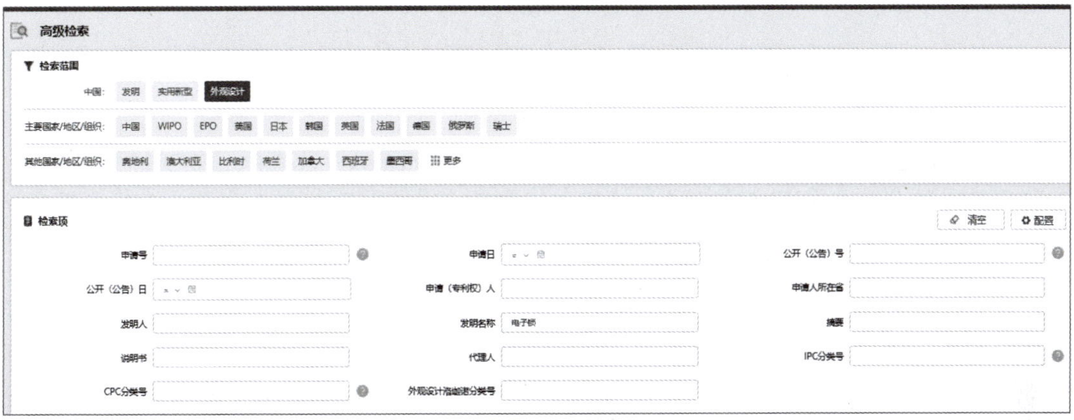

图 4.6　高级检索——外观设计专利"电子锁"

图 4.7　专利名称为"电子锁"的外观设计型专利检索结果

3) 导航检索

如果要检索的领域是全新的或者陌生的，用户仅知道检索的内容，既不知该领域有哪些人在研究，也不知该技术的发明名称、摘要、申请日等信息，则可以通过导航检索途径进行检索。导航检索包括IPC导航、CPC导航和国民经济分类导航，如图4.8所示。

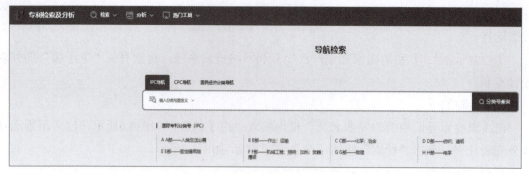

图 4.8　国家知识产权局导航检索

知识窗：CPC

CPC 是联合专利分类体系（Cooperative Patent Classification）的简称。在 2010 年 10 月，美欧按照国际分类体系 IPC 的标准和结构合作开发，以欧洲专利分类号 ECLA 作为整个分类体系的基础，并结合美国专利分类 USPC 的成功实践经验，由欧洲专利局和美国专利商标局共同管理和维护。2013 年 1 月 1 日在欧洲专利局和美国专利商标局正式使用，我国知识产权局于 2013 年 6 月 4 日与 EPO 签署谅解备忘录：自 2014 年 1 月起，我国知识产权局将使用 CPC 对某些技术领域的专利文献进行分类，自 2016 年 1 月起我国知识产权局将对所有技术领域的专利文献使用 CPC 分类。

【检索示例4.2】按IPC分类进行检索。

IPC分类检索可依次选择检索课题所在的部、大类、小类，加上主题词便可找到检索内容，检索步骤如下。

(1) 在"IPC导航"单击"A部——人类生活必需"。

(2) 单击"A01农业；林业；畜牧业；狩猎；诱捕；捕鱼"进入下一级分类菜单，单击"A01K畜牧业；养鸟业；养蜂业；养鱼业；捕鱼业；饲养或养殖其他类不包括的动物；动物的新品种"小类，如图4.9所示。

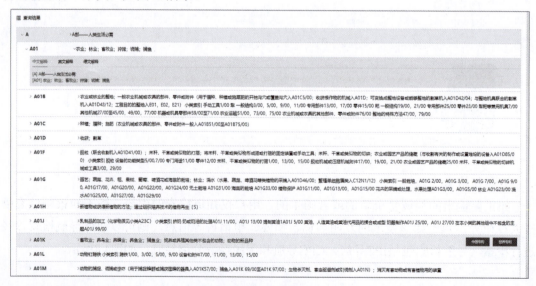

图 4.9　IPC 导航检索

(3) 单击"中国专利"按钮，得到A01K小类下的中国专利检索结果，如图4.10所示。

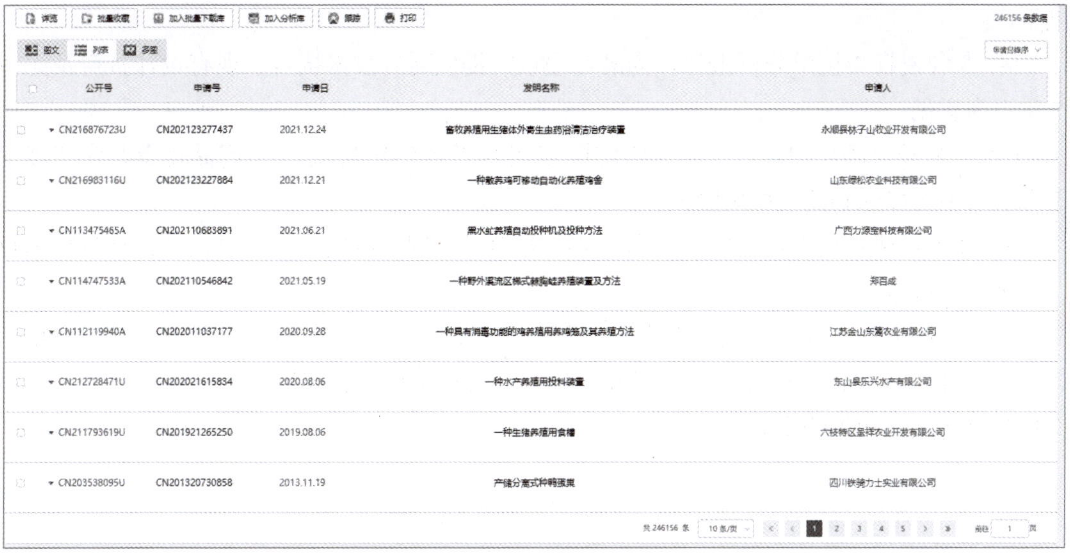

图 4.10　IPC 导航检索结果

4.2.2　中国专利信息网

中国专利信息网(http://www.patent.com.cn)是国家知识产权局专利检索咨询中心的网络平台，建立于1997年10月，是国内较早提供专利信息服务的网站。国家知识产权局专利检索咨询中心成立于1993年，是面向社会公众提供专利信息检索、分析及咨询、文献翻译服务的专业机构，是国家知识产权局和世界知识产权组织认定的技术与创新支持中心。

国家知识产权局专利检索咨询中心提供的检索服务包括以下内容。

1. 基础检索服务

(1) 查新检索报告，针对申请文本检索专利及非专利文献，对其专利性进行分析及评价。

(2) 授权专利检索报告，对已授权的专利进行检索，分析评价其专利性，为该专利的实施、许可、转让和抵押等提供参考依据，以及专利无效、诉讼等提供证据。

(3) 专题检索，针对特定申请人或特定技术进行指定国家/地区范围的专利检索，使客户掌握其专利状况，为洞悉竞争对手、调整研发方向提供参考。

(4) 香港短期专利检索，对香港短期专利的申请文件进行检索，评价其新颖性和创造性，作为申请香港短期专利的必要法律文件。

2. 高级检索服务

(1) 专利申请评估报告，针对技术交底书提供申请方向建议；针对专利申请文本评价申请文本质量，提供申请建议，判断其授权前景。

(2) 专利稳定性分析报告，对已授权专利的稳定性进行全维度分析。

(3) 专利侵权咨询报告，对特定技术或产品是否可能侵犯专利权进行分析，判断其侵权风险。

(4) 专利侵权与抗辩分析报告，为潜在侵权方提供现有技术抗辩、现有设计抗辩及无效抗辩咨询意见。

(5) 专利侵权风险调查报告，在指定国家/地区范围针对特定技术/产品排查其在实施或国际贸易中可能遇到的侵权风险。

(6) 技术秘密咨询报告，检索专利及非专利信息，判断特定技术信息是否在指定时间点以前被公开披露。

检索咨询中心还提供专利和非专利等科技情报信息分析、专利侵权预警、知识产权法律咨询、知识产权管理和战略咨询等服务；提供专利申请文献翻译、科技文献翻译、分类文件翻译和数据加工等服务。

4.3 标准文献

标准文献是标准化组织或有关行政机构对产品及服务的质量、规格、生产过程及检验方法等所做出的技术规定，是以文件形式固定下来的生产和服务机构应共同遵守的规范性文献。

4.3.1 标准文献基础知识

1. 标准的定义

国家标准《标准化工作指南 第1部分：标准化和相关活动的通用术语》(GB/T 20000.1—2014)中对标准描述为：通过标准化活动，按照规定的程序经协商一致制定，为各种活动或其结果提供规则、指南或特性，供共同使用和重复使用的一种文件。

国际标准化组织(International Organization for Standardization，ISO)的标准化原理委员会(STACO)给出标准的定义是：标准是由一个公认的机构制定和批准的文件。它对活动或活动的结果规定了规则、导则或特殊值，供共同和反复使用，以实现在预定领域内最佳秩序的效果。

标准是对重复性事物和概念所做的统一规定，它以科学、技术和实践经验的综合为基础，经过有关方面协商一致，由主管机构批准，以特定的形式发布，作为共同遵守的准则和依据。标准作为科技、生产活动共同遵守的准则和依据，其本质特征是统一，其目的是获得最佳秩序和社会效益。在人们的科技、生产活动中，标准工作及标准文献都发挥着极其重要的作用。

2. 标准的特点

标准具有权威性、时效性、强制性、法律性和适用性特点。

(1) 权威性。由于标准是由主管机构批准，以特定形式发布，要求社会相关行业共同遵守的规定,因此它具有权威性。中华人民共和国国家标准化管理委员会是国务院授权履行行政管理职能、统一管理全国标准化工作的主管机构。国际上著名的标准化机构有:国际标准化组织(ISO)、国际电工委员会(IEC)、国际电信联盟(ITU)。

(2) 时效性。标准是以科学、技术和先进经验的综合成果为基础而编制的,标准文献中记录的数据,只能是经过严格的科学验证取得的。随着经济发展和科学技术水平的提高,标准不断地进行修订、补充、替代或废止。标准的有效期(又称标龄)是自标准实施之日,至标准复审修订或废止的时间。各国标准的有效期不同。ISO标准每5年复审一次,平均标龄为4.92年。我国规定国家标准有效期一般为5年。

(3) 强制性。标准要求相关行业共同遵守。强制性标准是国家通过法律的形式,明确要求对于一些标准所规定的技术内容和要求必须执行,不允许以任何理由或方式加以违反、变更。

(4) 法律性。标准作为衡量产品和生产活动的尺度和依据,在一定条件下具有某种法律效力,有一定的约束力。依据我国《标准化法》规定,强制性标准就是技术法规。对违反强制性标准的,国家将依法追究当事人法律责任。

(5) 适用性。标准文献是供国民经济多部门使用的技术文件。制定任何一项标准,必须明确规定其适用范围、用途及有效期限;且不同种类和级别的标准在不同范围内贯彻执行。

3. 标准文献检索

广义的标准文献是指由技术标准、生产组织标准、管理标准及其他标准性质的类似文件所组成的文献体系,以及标准化的书刊、目录和手册以及与标准化工作有关的文献等。标准文献的标准号(标准文献编号)或标准名称是提取标准文献原文的主要依据。

在进行标准文献检索时,首先要根据检索课题的要求,确定标准文献的检索年代、范围和类属关系,也就是要依据检索目的,确定与检索提问相关的检索标识。通过对课题的深入了解,可进一步确定检索哪年、哪方面、哪个机构制定的标准或颁布的标准文献等,有助于提高检索的查全率和查准率。在实际检索中常用的检索标识是:中国标准文献分类号、国际标准分类号、标准的分类名称(中文及英文)、关键词(中文及英文)、发布日期、实施日期等。

标准文献的结构一般包括以下内容。

① 标准级别。

② 分类号。通常是《国际十进分类法》(UDC)类号和各国自编的标准文献分类法的类号。

③ 标准号。一般由标准代号、序号、年代号组成。如DIN-11911-79,其中DIN为联邦德国标准代号,11911为序号,79为年代号;GB1-73,其中GB是中国国家标准代号,1为序码,73为年代号。

④ 标准名称。

⑤ 标准提出单位。

⑥ 审批单位。

⑦ 批准年月。
⑧ 实施日期。
⑨ 具体内容项目。

4. 标准文献的作用

(1) 了解各国经济政策、技术政策、生产水平、资源情况和标准水平。

(2) 在科研、工程设计、工业生产、企业管理、技术转让、商品流通中，采用标准化的术语、符号、公式、量值、制图、文件格式等，消除技术语言障碍，加速了科学技术的合作与交流。

(3) 国内外先进的标准可作为改进新产品、提高新工艺和技术水平依据，同时加速了新技术、新成果的应用和推广。

(4) 标准文献是鉴定工程质量、校验产品、控制指标和统一实验方法的技术依据。

(5) 可以简化设计、缩短时间、节省人力、减少不必要的实验和计算、能够保证质量，减少成本。

(6) 有利于企业或生产机构经营活动的统一化、制度化、科学化和文明化。

4.3.2 标准文献的分类

标准的分类可以从各种不同的角度划分。

1. 按照制定的主体分类

按照制定的主体分类，标准可分为国际标准、区域标准、国家标准、行业标准、地方标准、团体标准、企业标准。

(1) 国际标准是指由国际标准化组织通过的标准，也包括参与标准化活动的国际团体通过的标准，如：ISO标准、IEC标准、ITU标准。

例如：ISO 19117—2012，国际标准化组织制定的国际标准"地理信息.描绘"。

IEC 60974-5-2013，国际电工委员会制定的国际标准"电弧焊设备.第5部分:焊丝进料装置"。

(2) 区域标准是世界某一区域标准化团体通过的标准，也包括参与标准化活动的区域团体通过的标准，如：欧洲标准(CN)、非洲地区标准(ARS)、泛美标准(PAS)、阿拉伯地区标准(ASMO)等。

例如：EN ISO 15065—2005，欧洲标准学会标准"头部外形合乎ISO 7721标准的沉头螺钉的埋头孔"。

(3) 国家标准是由国家标准化主管机构批准颁布的标准。如：中国国家标准(GB)、美国国家标准(ANSI)、英国国家标准(BSI)、德国国家标准(DIN)、法国国家标准(NFNOR)、澳大利亚标准学会(SA)、新西兰标准学会(NZSO)等。

例如：GB/T 24359—2021，中国国家标准"第三方物流服务质量及测评"。

DIN 820-15-2010，德国标准"标准化工作. 第15部分: 国际文件ISO和IEC的执行. 文件描述"。

(4) 行业标准是对没有国家标准而又需要在全国某个行业范围内统一的技术要求所制定的标准。当相应的国家标准实施后，该行业标准应自行废止。行业标准由行业标准归口部门编制计划、审批、编号、发布、管理。行业标准均为推荐性标准。

例如：QC/T 924—2011，中国汽车行业标准"重型商用车辆燃料消耗量限值(第一阶段)"。

(5) 地方标准是指在省、自治区、直辖市范围内制定标准。地方标准的制定范围有：工业产品的安全、卫生要求；药品、兽药、食品卫生、环境保护、节约能源、种子等法律、法规的要求；其他法律、法规规定的要求。地方标准由省、自治区、直辖市标准化行政主管部门统一编制计划、组织制定、审批、编号、发布。

例如：DB21/T 1876—2022，辽宁省市场监督管理局制定的地方标准"君子兰栽培技术规程"。

(6) 团体标准是依法成立的社会团体为满足市场和创新需要，协调相关市场主体共同制定的标准。团体标准编号由团体标准代号、团体代号、团体标准顺序号和年代号组成。团体标准代号是固定的，为"T/"；团体代号由各团体自主拟定，全部使用大写拉丁字母或大写拉丁字母与阿拉伯数字的组合，不宜以阿拉伯数字结尾。

例如：T/CPIA 0037—2022，中国光伏行业协会制定的团体标准"光伏晶体硅片规范"。

(7) 企业标准是对企业范围内需要协调、统一的技术要求、管理要求和工作要求所制定的标准。企业产品标准的要求不得低于相应的国家标准或行业标准的要求。企业标准由企业制定，由企业法人代表或法人代表授权的主管领导批准、发布。企业执行自行制定的企业标准的，还应当公开产品、服务的功能指标和产品的性能指标。

例如：Q/HTJ 0003—2022，大庆市特佳石油科技有限公司的企业标准"聚合物解堵剂"。

2. 按照法律约束性分类

按照法律约束性分类，标准可以分为强制性标准、推荐性标准、指导性技术文件。

(1) 强制性标准。强制性标准是保障人体健康、人身、财产安全的标准和法律及行政法规规定强制执行的国家标准。强制性标准是国家通过法律的形式，明确要求对于一些标准所规定的技术内容和要求必须执行，不允许以任何理由或方式加以违反、变更，包括强制性国家标准、行业标准和地方标准。强制性国家标准的代号为"GB"。

例如：GB 19239—2022，"燃气汽车燃气系统安装规范"。

(2) 推荐性标准。推荐性标准是指不强制厂商和用户采用，而是通过经济手段或市场调节促使他们自愿采用的国家标准或行业标准。推荐性标准称为非强制性标准或自愿性标准，是指在生产、交换、使用等方面，通过经济手段或市场调节而自愿采用的一类标准。推荐性标准一经接受并采用，或各方商定同意纳入经济合同中，就成为各方必须共同遵守的技术依据，具有法律上的约束性。推荐性国家标准的代号为"GB/T"。

例如：GB/T 41554—2022，"地理空间观测平台及传感器资源元数据"。

(3) 指导性技术文件。指导性技术文件是为仍处于技术发展过程中(如变化快的技术领域)的标准化工作提供指南或信息，供科研、设计、生产、使用和管理等有关人员参考使用而制定的标准文件。指导性技术文件的代号为"GB/Z"。

例如：GB/Z 41599—2022，"车辆总质量监测"。

3. 按照标准化对象特征分类

按照标准化对象特征分类，标准可分为技术标准、管理标准和工作标准。

(1) 技术标准是指对标准化领域中需要协调统一的技术事项所制定的标准。技术标准包括基础标准、方法标准、产品标准、安全卫生标准等，是对产品和工程建设质量、规格、技术要求、生产过程、工艺规范、检验和计量方法所做的技术规定，是组织现代生产、进行科学管理的重要技术文献。

(2) 管理标准是指对标准化领域中需要协调统一的管理事项所制定的标准。管理标准包括管理基础标准、技术管理标准、经济管理标准、行政管理标准、生产经营管理标准、质量管理标准、安全卫生以及环境保护管理标准等。

(3) 工作标准是指对工作的责任、权利、范围、质量要求、程序、效果、检查方法、考核办法所制定的标准。工作标准一般有部门工作标准和岗位(个人)工作标准，包括基础工作标准、工作质量标准、工作程序标准、工作方法标准等。

4. 中国标准文献分类法

《中国标准文献分类法》(简称中标分类)的类目设置以专业划分为主，适当结合科学分类。根据《中国标准文献分类法》规定，标准分为综合、农业、林业、医药、卫生、劳保等共24大类，其具体类目如下。

A综合	J机械	S铁路
B农业、林业	K电工	T车辆
C医药、卫生、劳动保护	L电子元器件与信息技术	U船舶
D矿业	M通信、广播	V航空、航天
E石油	N仪器、仪表	W纺织
F能源、核技术	P工程建设	X食品
G化工	Q建材	Y轻工、文化与生活
H冶金	R公路、水路运输	Z环境保护

一级类目"综合"下的二级类目如下。

A00/09标准化	A40/49基础科学	A75/79测绘
A10/19经济	A50/64计量	A80/89标志
A20/39基础标准	A65/74标准物质	A90/94社会公共安全

这样按分类方式逐级查找便可找到用户需要的相关标准文献。具体检索地点是各省标准局或信息中心。

知识窗：中国国家标准标号

中国国家标准标号由国家标准代号、标准发布顺序号、标准发布年代号组成，格式为"国家标准代号 标准发布顺序号—标准发布年代号"。其中，GB 为强制性国家标准代号，GB/T 为推荐性国家标准代号，GB/Z 为国家标准化指导性技术文件代号。此外，还有军用、卫生等的专门标准代号。如 GSB 国家实物标准、GBW 国家标准物质、GJB 国际军用标准、GBJ 国家建筑工程标准、GBn 国家内部标准、GBZ 国家职业安全卫生标准等。

4.3.3 ISO 标准

ISO 标准是国际标准化组织颁布的标准。ISO 成立于 1947 年 10 月 14 日，是世界上最大的非政府性国际标准化机构，目前已有成员国 100 多个，任务是制定国际标准，协调世界范围内的标准化工作，促进标准的开发及有关活动，在全球实现交流和合作。该组织负责除电工领域外的一切国际标准化工作。ISO 的所有标准每隔 5 年将重新审定一次，使用时应注意利用最新版本。自成立以来，ISO 已经制定了 1 万多项国际标准，其中大多数是技术标准，也有管理性标准。

国际标准化组织制定的正式标准和标准草案如下所示。

1. 正式标准

(1) 国际标准。国际标准的代号为 ISO＋序号＋制(修)订年份。凡 1972 年以后发布的国际标准，均以 ISO 作为代号。如 ISO9001：2005 质量管理体系。

(2) 技术报告。技术报告的代号为 ISO/TR＋序号＋制订年份，指该组织制定某项标准的进展情况，其代号为 ISO/TR、ISO/TR10006。

(3) 技术数据。技术数据的代号为 ISO/DATA＋序号＋制定年份。这类标准很少，现已全部被 ISO/TR 替代。

2. 标准草案

建议草案的代号为 ISO/DP＋序号＋制定年份，指有关技术委员会制定并供自身内部讨论研究的建议草案；标准草案的代号为 ISO/DIS＋序号＋制定年份，指经中央秘书处登记后发至各个成员国进行酝酿，最后付诸表决的标准草案。

3. 其他代号

CD 代表委员会草案；WD 代表工作草案；FDIS 代表最终国际标准草案；AWI 代表已批准工作项目，但尚未形成工作草案；DTR 代表技术报告草案；AMD 代表修正案。

4. 国际标准代号

国际标准是指国际标准化组织(ISO)、国际电工委员会(IEC)和国际电信联盟(ITU)制定的标准，以及国际标准化组织确认并公布的其他国际组织制定的标准。国际标准在世界范围内统一使用。常用国际标准代号见表 4.5。

表 4.5 国际标准代号（部分）

序号	代号	含义	负责机构
1	BISFA	国际人造纤维标准化局标准	国际人造纤维标准化局 (BISFA)
2	CAC	食品法典委员会标准	食品法典委员会 (CAC)
3	CCC	关税合作理事会标准	关税合作理事会 (CCC)
4	CIE	国际照明委员会标准	国际照明委员会 (CIE)
5	CISPR	国际无线电干扰特别委员会标准	国际无线电干扰特别委员会 (CISPR)
6	IAEA	国际原子能机构标准	国际原子能机构 (IAEA)
7	IATA	国际航空运输协会标准	国际航空运输协会 (IATA)
8	ICAO	国际民航组织标准	国际民航组织 (ICAO)
9	ICRP	国际辐射防护委员会标准	国际辐射防护委员会 (ICRP)
10	ICRU	国际辐射单位和测量委员会标准	国际辐射单位和测量委员会 (ICRU)
11	IDF	国际乳制品联合会标准	国际乳制品联合会 (IDF)
12	IEC	国际电工委员会标准	国际电工委员会 (IEC)
13	IFLA	国际签书馆协会和学会联合会标准	国际签书馆协会和学会联合会 (IFLA)
14	IIR	国际制冷学会标准	国际制冷学会 (IIR)
15	ILO	国际劳工组织标准	国际劳工组织 (ILO)
16	IMO	国际海事组织标准	国际海事组织 (IMO)
17	IOOC	国际橄榄油理事会标准	国际橄榄油理事会 (IOOC)
18	ISO	国际标准化组织标准	国际标准化组织 (ISO)
19	ITU	国际电信联盟标准	国际电信联盟 (ITU)
20	OIE	国际兽疫局标准	国际兽疫局 (OIE)
21	OIML	国际法制计量组织标准	国际法制计量组织 (OIML)
22	OIV	国际葡萄与葡萄酒局标准	国际葡萄与葡萄酒局 (OIV)
23	UIC	国际铁路联盟标准	国际铁路联盟 (UIC)
24	UNESCO	联合国教科文组织标准	联合国教科文组织 (UNESCO)
25	WHO	世界卫生组织标准	世界卫生组织 (WHO)
26	WIPO	世界知识产权组织标准	世界知识产权组织 (WIPO)

4.4 标准文献检索

一般根据需要了解的标准的范围,标准文献检索分为国内标准文献检索和国际标准文献检索,下面将对其进行介绍。

4.4.1 国内标准文献检索工具

1. 国内标准文献检索工具

中国各类标准文献的手工检索工具主要有以下几种:《中国标准化年鉴》《中国国家标准汇编》《国家标准和行业标准目录》《中国轻工业标准汇编》《中国食品工业标准汇编 食品安全基础标准卷》《中华人民共和国国家标准目录》等。

2. 国内标准文献的网站

(1) 国家标准化管理委员会网站(http://www.sac.gov.cn/),由中国国家标准化管理委员会和ISO/IEC中国国家委员会秘书处主办,设有中国标准化管理、中国标准化机构、国内外标准化法律和法规、国内外标准介绍、标准目录、制定标准公告、国标修改通知、采用国际标准、标准化工作动态、标准出版信息、标准化论坛、工作建议等30多个大栏目。

(2) 全国标准信息公共服务平台(https://std.samr.gov.cn/),由国家市场监督管理总局国际标准技术评审中心主办,由国家标准委标准信息中心承担建设的公益类标准信息公共服务平台。该平台于2017年12月28日上线试运行,2018年11月16日,与中国标准信息服务网同步升级,提供国家标准、行业标准、地方标准、企业标准、团体标准、国际标准、国外标准等。常用的查询有:国家标准计划查询、国家标准目录查询、国家标准外文版查询、国家标准样品查询、国家标准实施反馈。

(3) 中国标准出版社(http://www.bzcbs.com/),成立于1963年10月,是国家市场监督管理总局直属中央一级专业出版社,依法享有我国国家标准、部分行业标准的专有出版权。其主要出版范围包括国家标准、行业标准、国际标准和国外先进标准、重要标准的宣贯图书、各类标准汇编、标准化理论著作、教材、普及读物、质量技术监督法规、质量管理类图书、标准手册、词典、目录,以及音像制品、国家标准光盘及其他多媒体电子出版物等。

【检索示例4.3】检索中国有关"自行车"标准的内容。

检索步骤如下。

(1) 进入全国标准信息公共服务平台 https://std.samr.gov.cn/。

(2) 选择"国家标准目录查询",单击"高级检索",进入标准查询界面,如图4.11所示。

(3) 在"中文标准名称"框中输入"自行车",单击"提交"按钮后出现如图4.12所示的检索结果。

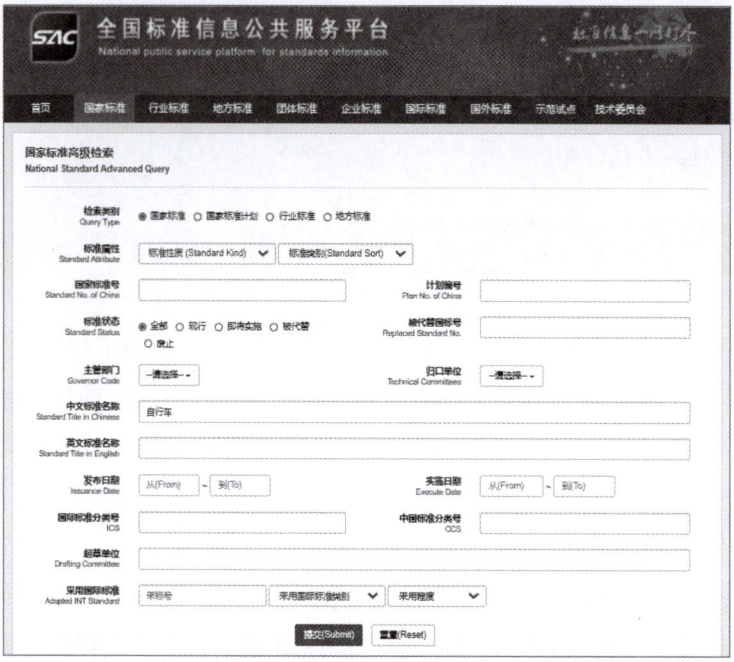

图 4.11　全国标准信息公共服务平台高级检索界面

#	标准号	标准中文名称	发布日期	实施日期	标准状态
1	GB/T 23264-2020	电动自行车用制动衬片总成	2020-11-19	2021-10-01	现行
2	GB/T 31887.3-2019	自行车 照明和回复反射装置 第3部分：照明和回复反射装置的安装和使用	2019-10-18	2020-08-01	现行
3	GB/T 31887.2-2019	自行车 照明和回复反射装置 第2部分：回复反射装置	2019-10-18	2020-05-01	现行
4	GB/T 31887.1-2019	自行车 照明和回复反射装置 第1部分：照明和光信号装置	2019-10-18	2020-05-01	现行
5	GB/T 37645-2019	电动自行车用电池盒尺寸系列及安全要求	2019-06-04	2020-01-01	现行
6	GB/T 36972-2018	电动自行车用锂离子蓄电池	2018-12-28	2019-07-01	现行
7	GB/T 36945-2018	电动自行车用锂离子蓄电池词汇	2018-12-28	2019-07-01	现行
8	GB/T 36944-2018	电动自行车用充电器技术要求	2018-12-28	2019-07-01	现行
9	GB/T 36943-2018	电动自行车用锂离子蓄电池型号命名与标志要求	2018-12-28	2019-07-01	现行
10	GB 17761-2018	电动自行车安全技术规范	2018-05-15	2019-04-15	现行
11	GB/T 32842-2016	城市公共自行车交通服务规范	2016-08-29	2017-03-01	现行
12	GB/T 31549-2015	电动自行车轮胎性能试验方法	2015-05-15	2016-02-01	现行
13	GB/T 31547-2015	电动自行车内胎	2015-05-15	2016-02-01	现行
14	GB/T 31580-2015	电动自行车轮辋系列	2015-05-15	2016-02-01	现行
15	GB/T 31548-2015	电动自行车轮胎系列	2015-05-15	2016-02-01	现行

显示第 1 到第 15 条记录，总共 44 条记录 每页显示 15 条记录　‹ 1 2 3 ›

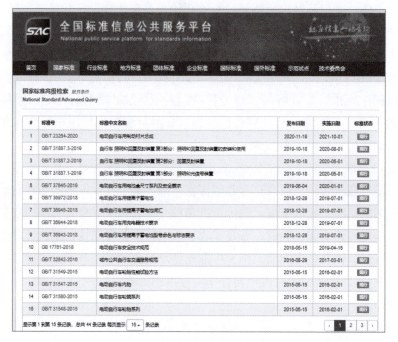

图 4.12　有关“自行车”标准的检索结果目录

(4) 通过标准号或中文标准名称可获取标准原文。在该检索结果目录中单击某一项具体标准，例如：单击“GB/T 23264-2020”可看到该“电动自行车用制动衬片总成”标准的详细内容，如图4.13所示。

图 4.13　标准 GB/T 23264-2020 的内容

4.4.2　中国标准服务网检索

1. 中国标准服务网简介

中国标准服务网(http://www.cssn.net.cn/)简称CSSN，创建于1998年，是中国标准化研究院主办的国家级标准信息服务网站，中国标准服务网由中国标准化研究院标准信息研究所负责运营。

中国标准化研究院隶属于国家市场监督管理总局，是开展基础性、通用性、综合性标准化科研和服务的社会公益类科研机构。中国标准化研究院标准馆收藏有60多个国家、70多个国际和区域性标准化组织、450多个专业学(协)会的标准，以及全部中国国家标准和行业标准共计约60多万件。此外，还收集了160多种国内外标准化期刊和7000多册标准化专著，与30多个国家及国际标准化机构建立了长期、稳固的标准资料交换关系。

中国标准化研究院承担标准信息管理与服务研究，围绕标准信息的资源采集和加工，开展标准信息管理与服务理论、服务模式和服务方法研究，面向政府决策、行业管理、企业战略、科技创新、对外贸易，提供高质量的标准信息咨询服务；承担标准数据分析技术与应用研究，开展标准信息资源的深度开发和利用研究，负责标准化信息数据整合、集成、应用研究与推广，承担标准信息服务网络平台、标准信息数据库及服务系统建设任务；承担技术性贸易措施研究，受托承担市场监管总局技术性贸易措施研究工作，跟踪WTO成员技术性贸易措施通报、评议、咨询和特别贸易关注信息，开展相关技贸措施体制机制研究，开展WTO成员国家贸易政策审议研究；承担国内外标准信息跟踪研究，承担国内外标准原版及授权研究及服务，跟踪国内外政府部门、标准化组织的标准信息及其版权政策，建立健全标准销售渠道，开展国内外业务合作及标准信息服务。

2. 中国标准服务网标准检索

中国标准服务网提供了4种国内标准检索途径：国家标准、行业标准、地方标准和团体标准,以及4种国际国外标准检索途径:ISO标准、IEC标准、ASTM标准和韩国标准。用户还可以利用中国标准服务网的高级检索途径,按照标准状态、关键词、国家/发布机构、国际标准分类、中国标准分类、起草单位、起草人和发布年进行标准检索。

【检索示例4.4】通过高级检索实现标准分类查询:检索国家标准中有关"天然食品添加剂"相关的标准文献。

检索步骤如下。

(1) 在中国标准服务网首页选择"高级检索"。

(2) 在中国标准分类(CCS)下拉列表框中选择"X食品-X40/49食品添加剂与实用香料-X41天然食品添加剂",如图4.14所示。

图4.14　中国标准服务网高级检索——分类检索

(3) "发布年代"选择2021,然后单击"检索"按钮。检索结果如图4.15所示。

图4.15　中国标准服务网高级检索——分类检索结果

【检索示例4.5】通过国家标准检索现行标准:查询2022年"现行"的"儿童桌椅"相关的国家标准。

(1) 在中国标准服务网首页选择"国家标准"。
(2) 进入检索界面后,在"搜索"框中输入"儿童桌椅"。
(3) "发布年代"选择2022。
(4) "标准状态"选择"现行"。
(5) 单击"搜索"按钮,检索结果如图4.16所示。

图 4.16　中国标准服务网国家标准检索

【检索示例4.6】通过标准号检索ISO国际标准:如果要查询ISO9000标准的情况,在中国标准服务网首页选择"ISO标准",进入检索界面后,在"搜索"框中输入9000,然后单击"搜索"按钮。检索结果将是所有标准号包含ISO9000的全部标准,如图4.17所示。

图 4.17　中国标准服务网 ISO 标准检索

4.4.3 ISO标准的网络信息检索

国际标准化组织(International Organization for Standardization，ISO)，是由各国标准化团体(ISO成员团体)组成的世界性的联合会。ISO是世界上最大的国际标准化机构，负责制定和批准除电工与电子技术领域以外的各种国际技术标准。利用ISO网站(http://www.iso.org/)进行检索，可在其主页的检索(Search)框内直接输入检索词，选择检索范围，如标准(Standards)，单击Search按钮进行检索，如图4.18所示。检索结果提供相关标准的标准名称、标准号、版次、页数、编制机构、订购全文的价格等信息。如果需要订购全文，请单击相应的图标，并填入相关的个人资料、付款方式以及全文的传递方法。

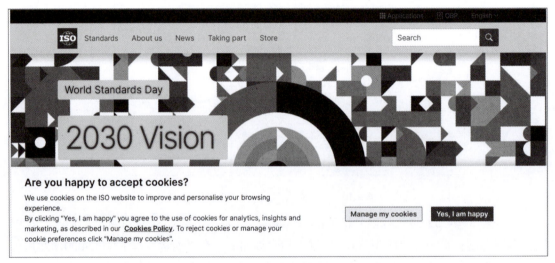

图 4.18 ISO标准检索的主界面

在标准文献信息检索中，标准号和标准名称是提取标准文献原文的主要依据。因此利用各种线索，查找或确定所需标准的标准号和标准名称是标准文献信息检索的重点。

在通过网络找到所需标准的有关信息后，除可从ISO网上直接购买所需标准文献外，也可利用检索到的相关文献的标准号和标准名称，到当地的技术监督情报研究所调取和查看国际标准文献的具体内容。以图书形式公开出版的国际标准文献汇编在图书馆也有部分收藏。

【检索示例4.7】检索有关茶的灰分测定方面的国际标准。

由题目可确定，此问题的检索关键词语为tea and ash test(茶and灰分检测)。登录国际标准检索站点(http://www.iso.org/)，输入检索关键词语，在标准全文中进行检索，单击Search检索按钮后，结果如图4.19所示。

从图4.19中可看出检索策略tea and ash test(茶and灰分检测)命中的标准文献。

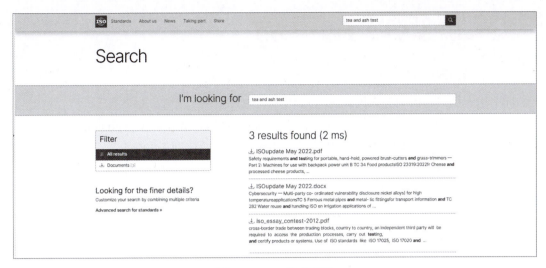

图 4.19 ISO 检索结果

4.5 政府出版物

政府出版物是由政府机关负责编辑印制的，通过各种渠道发送或出售的文字、图片，以及磁带、软件等，是政府用以发布政令和体现其思想、意志、行为的物质载体，同时也是政府的思想、意志、行为产生社会效应的主要传播媒介。

4.5.1 政府出版物基础知识

1. 政府出版物的种类

政府出版物文献信息按性质一般可分为两大类型。

(1) 行政类政府出版物(包括立法、司法出版物)。这类文献主要有国家人民代表大会、议会或国会的会议公报、议案和决议、听证和辩词记录、法律和法令、解密的法院文档、司法文件、规章制度、各项政策、条例规定、调查和统计资料等。这类政府出版物往往涉及政治、经济和法律等方面，如各级政府工作报告、各级财政部门的国民经济预算和决算等。

(2) 科学技术类政府出版物。这类文献主要包括政府出版的有关科技发展的政策文件、科技研究报告、专利文献、标准文献、地质水文和航空航海线图以及解密的科技档案等。

2. 政府出版物的特点

政府出版物的内容可靠，借助于政府出版物，可以了解某一国家的科技政策、经济政策等，而且对于了解其科技活动、科技成果等有一定的参考作用。

政府出版物有两个基本特征。

(1) 政府出版物代表政府立场，因此具有权威性。

(2) 政府出版物是国家财政支撑下形成的，是一种公共物品，理应由公民共同享有。

4.5.2 政府出版物检索

1. 政府门户网站

1) 中华人民共和国中央人民政府网站

中华人民共和国中央人民政府网站(简称中国政府网,http://www.gov.cn/)是由国务院办公厅主办,中国政府网运行中心负责运行维护。中国政府网于2006年1月1日正式开通,是中华人民共和国国务院和国务院各部委,以及各省、自治区、直辖市人民政府在国际互联网上发布政府信息和提供在线服务的综合平台,现开通国务院、总理、新闻、政策、互动、服务、数据、国情、国家政务服务平台等栏目,面向社会提供政务信息和与政府业务相关的服务,逐步实现政府与企业、公民的互动交流。国家政务服务平台如图4.20所示。

图4.20 国家政务服务平台

2) 地方政府网站

中央人民政府网站主要是向全社会甚至是全世界宣传和展示中国政府形象,让人们能够对中央政府的基本情况有个切实的理解和认识;向公众提供全面、系统、权威、翔实的法律、法规、部门规章以及规范性政府文件及其准确的解读和分析等。地方政府网站的主要功能是直接面向本地社会公众,处理与人们密切相关的那些事务,为提高政府行政效率、改善地方经济社会发展环境搭建的虚拟平台,图4.21所示为中国政府网提供的各地方政府网站的链接。

图4.21 地方人民政府网站链接

2. 其他主要政府文献检索网站

1) 中国网

中国网(http://www.china.com.cn/)是国务院新闻办领导,中国外文出版发行事业局管的国家重点新闻网站,是多语种全媒体报道解读新时代中国的国家权威网络传播平台。

中国网是国家重大事件、国务院新闻办公室和各大部委新闻发布会、"两会"新闻中心指定网络报道和直播的媒体。中国网坚持以新闻为主导,以国情为基础,通过精心整合的即时新闻、详实的背景资料和网上独家的深度报道,以多语种、多媒体的形式,向世界及时全面介绍中国。从2000年成立以来,中国网陆续实现了用中、英、法、西、德、日、俄、阿、韩、世界语10个语种11个文版对外权威发布中国主题信息。访问者遍及全球200多个国家和地区,该网站成为中国进行国际传播、信息交流的重要窗口。

2) 国家统计局网站

国家统计局(http://www.stats.gov.cn/)是国务院直属机构。其主要职责是:承担组织领导和协调全国统计工作,确保统计数据真实、准确、及时,制定统计政策、规划、全国基本统计制度和国家统计标准,起草统计法律法规草案,制定部门规章,指导全国统计工作。国家统计局网又名中国统计信息网,是国家统计局的官方网站,是国家统计局对外发布信息、服务社会公众的唯一网络窗口。

3) 中国普法网

中国普法网(http://www.legalinfo.gov.cn/)于2001年6月27日在京建立,由全国普法办公室主办。以提高全民法律素质和社会法治化管理水平,促进依法治国,建设社会主义法治国家进程为宗旨,宣传我国社会主义民主法制建设的成就,展示普法依法治理成果,普及法律知识,弘扬社会主义法治精神为宗旨。

中国普法网联系法律界各类优秀人才,博采众长。有专家学者之法理点评,有实际工作者之实例辨析,可供法学理论深造者探访,也可供寻求一般法律知识者点击。中国普法网关注法律问题,贴近群众生活,为法律言,为公正言,为公民提供方便、快捷的法律咨询和法律服务,必将成为法律工作者和广大公民的良师益友。

【检索示例4.8】检索北京市2022年政府工作报告。

(1) 进入北京市人民政府网站(http://www.beijing.gov.cn/),在该主页中单击"政务公开",进入政务信息页面,如图4.22所示。

图4.22 政务信息页面

(2) 在该页面中单击"政府工作报告",进入工作报告查询页面,如图4.23所示。

图 4.23　工作报告查询页面

(3) 单击目标选项"2022年政府工作报告"即可得到检索结果。

4.6　检索实例

专利检索是企业技术创新的前提，用户通过对国内外现有技术的检索，可以及时掌握企业内部所属领域产品的技术发展趋势。专利检索是企业进行内部产品开发、科学研究的决策依据。企业内部产品开发、科研立项之前应进行专利检索，若发现已有类似的专利技术成果，则无须进行重复研究，避免浪费。此外，专利检索是申请专利之前的必经步骤，了解所要申报的专利是否已有类似专利，防止侵犯他人专利权，同时专利检索也是撰写专利权利要求书的基础。而专利检索因为其价值性和高度准确性，要求检索人员必须在权威机构提供的检索系统中完成检索。

检索实例：检索有关"苹果表面清洗设备"的相关专利信息。

1. 分析检索课题

本课题是针对"苹果表面清洗设备"进行的专利检索，目的是从专利申请角度揭示苹果表面清洗设备及其相关技术，以便相关人员了解该领域内的专利技术发展情况。

2. 检索策略

检索工具：国家知识产权局的专利检索系统(https://pss-system.cponline.cnipa.gov.cn/)

检索词：苹果、表面、清洗。

检索项：发明名称。

检索表达式：发明名称＝苹果and表面and清洗。

实施检索，检索系统界面如图4.24所示，检索结果如图4.25所示。

图 4.24　国家知识产权局专利检索系统

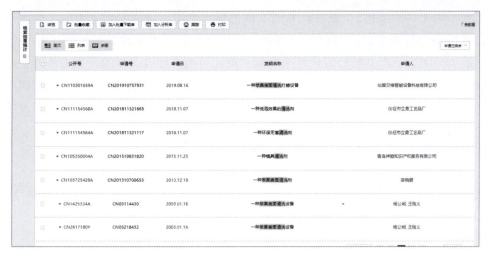

图 4.25　检索结果

3. 检索结果分析

从检索结果中得出以下结论，符合本课题"苹果表面清洗设备"的专利有7项，其中一项"CN1425334A一种苹果表面清洗设备"的专利详情信息如图4.26所示。

图 4.26　专利详细信息

4. 扩展分析

如果所要进行的专利检索不是具体某项成果，而是一个较宽泛的范围内的信息，可以尝试使用IPC分类号进行检索，或者使用OR等较宽松的逻辑表达关系进行检索，这样可以提高检索结果的查全率。

本章小结

随着科学技术在中国的迅速发展，专利和标准对科研与生产起着越来越重要的作用。本章详细介绍了专利文献的特点，专利的种类，国内外专利、标准文献检索途径和检索方法，专利申请必须具备的3个条件，专利文献的情报价值，国际专利分类法，中国专利分类法，中国各类标准文献的《中国标准化年鉴》《中国国家标准汇编》手工检索主要工具，标准的分类，标准文献检索，标准文献的商业价值，标准文献的分类方法，并通过检索示例介绍了专利文献和标准文献的检索方法。经济和社会正在快速发展，检索政府文献有利于掌握社会和经济发展的动态，更好地监督政府工作，促进整个社会文明程度的不断提高。

【关键术语】

专利　　　专利检索　　　标准　　　标准检索　　　知识产权　　　政府出版物

综合练习

一、填空题

1. 世界上的发明可分为两大类：一类是_____；一类是_____。

2. _____是指对产品的形状、构造或者其结合所提出的适于实用的新的技术方案。

3. 专利申请必须具备3个条件：_____、_____和_____。

4. 世界上最大的国际标准化机构ISO的网址是_____。

5. 中国标准分为_____、_____、_____和_____四级。

6. 为获得专利权，发明人必须对技术问题给予一种解决方案，给出该解决方案具体实施方法，形成针对性强，对应于某一很窄的技术领域的技术信息是指专利_____的特点。

7. 专利的_____指发明或设计比现有技术水平先进，有突出的、实质性的创新。

8. _____是提取标准文献原文的主要依据。

9. 政府出版物是政府用以发布政令和体现其_____、_____、_____的物质载体。

二、判断题

1. 新颖的茶具造型及图案设计属于外观设计专利保护的对象。　　　　　　　　（　）

2. 国际专利分类(IPC)一共分为8个部，其中D部的内容是人类生活所需。　　（　）

3. 专利号即为专利申请号。　　　　　　　　　　　　　　　　　　　　　　　（　）

4. 按照标准化对象划分，标准可分为技术标准、管理标准和工作标准三大类。　（　）

5. ISO是世界上最大的国际标准化机构，负责制定和批准所有各种国际技术标准。

　　　　　　　　　　　　　　　　　　　　　　　　　　　　　　　　　　　（　）

6. 国家知识产权局专利检索系统可以进行专利文献的全文检索。　　　　　　　（　）

7. 标准文献是按分类途径进行标引的，共24大类。　　　　　　　　　　　　　（　）

8. 在中国，标准检索的国内分类与国际分类一致。　　　　　　　　　　　　　（　）

9. 政府出版物是国家财政支撑下形成的，是一种公共物品，理应由公民共同享有。

　　　　　　　　　　　　　　　　　　　　　　　　　　　　　　　　　　　（　）

三、选择题（单选或多选）

1. 铅笔的外形由圆柱体改变成六棱柱体的发明属于(   )。
   A. 实用新型专利　　　　　　　　　　B. 外观设计型专利
   C. 开拓型专利　　　　　　　　　　　D. 发明型专利
2. 下列不属于专利制度的特征是(   )。
   A. 科学审查　　　　　　　　　　　　B. 公开通报
   C. 国际交流　　　　　　　　　　　　D. 实用有效
3. 专利申请号共用(   )位表示。
   A. 12　　　　　B. 14　　　　　C. 13　　　　　D. 15
4. 中国国家标准编号中，(   )指强制性国家标准代号。
   A. GN　　　　　B. CN　　　　　C. GB　　　　　D. GBJ
5. 国家知识产权局数据库检索系统提供3种途径对专利数据进行检索，不能进行的检索是(   )。
   A. 已知途径检索　　　　　　　　　　B. 关键词检索
   C. 分类检索　　　　　　　　　　　　D. 主题检索
6. 专利申请号的第5位数字表示专利申请的种类，其中(   )表示发明专利申请。
   A. 0　　　　　B. 1　　　　　C. 2　　　　　D. 3

四、简答题

1. 举例说明什么是特种文献。
2. 专利的种类有哪些？专利文献的特点是什么？专利申请必须具备哪3个条件？专利制度的特征是什么？
3. 国际专利分类法与中文专利分类法各有什么用途？
4. 中文专利有哪些检索途径？中文专利有哪些检索网址？
5. 什么是标准？中国标准分为哪4级？GB的含义是什么？
6. 什么是ISO标准？国际标准中，代号ISO/TR与ISO/DIS各代表什么？
7. 《中国标准文献分类法》规定，标准分为综合、农业、林业、医药、卫生、劳保等共多少大类？
8. 国内标准文献网络检索的网址有哪些？
9. 什么是政府出版物？政府出版物的特点有哪些？

五、检索实训

姓名：　　　　　　检索时间：

课题4.1：中国专利信息网 (http://www.patent.com.cn) 专利信息检索。

检索目的：掌握中国专利信息网检索方法。

检索要求：

(1) 查出发明人(按你自己姓名进行检索)的发明专利、实用新型专利和外观设计专利；

查出申请人(按你自己姓名进行检索)的发明专利、实用新型专利和外观设计专利，比较两者的不同(如果你自己姓名没有检出，请用"张强"检索)。

(2) 查出清华大学2021年度的所有发明专利。

(3) 查找申请日期是2021年1月1日的专利。

检索结果：

课题 4.2：利用国际标准化组织 (ISO) 网站进行检索。

检索目的：掌握国际标准化组织(ISO)网站检索功能及特点。

检索要求：

(1) 检索有关"溢油事故应对时，采用消油剂的生态考虑"的标准。

(2) 检索室内二氧化碳浓缩物评定室内空气质量和通风的标准。

检索结果：

课题 4.3：利用国家知识产权局的检索系统中的 IPC 检索，查询国际专利分类号"A47D1/02 折叠椅"的相关专利。

检索目的：掌握中国专利信息网检索方法。

检索要求：

(1) 利用分类号途径检索"A47D1/02"。

(2) 利用名称途径检索"折叠椅"。

(3) 比较两种检索结果的区别。

检索结果：

课题 4.4：选择不同的检索平台检索"速溶豆粉和豆奶粉"的相关标准。

检索目的：掌握标准检索方法。

检索要求：

(1) 利用"中国标准在线服务网"检索，在名称中输入"豆奶粉"，查询相关标准。

(2) 选择搜索引擎(如百度)，通过"速溶豆粉和豆奶粉的标准"关键字查找相关标准的标准号。

(3) 利用(2)中找到的标准号在"中国标准在线服务网"中进行搜索，找到相关标准。

检索结果：

第 5 章 国外科技信息资源检索

学习目标

1. 了解美国《工程索引》、美国《科学引文索引》、英国《科学文摘》等国外检索工具的发展历程。
2. 熟悉国外检索工具的著录结构、检索途径、检索方法的差异。
3. 掌握常用国外检索工具的检索方法。
4. 掌握国外免费学术信息资源的获取方法。

国外科技信息资源是重要的信息资源,有着独特的优势和良好的发展前景。国外信息检索方法与中文信息检索方法基本类似,只是使用的工具不同而已。面对网上丰富的信息资源,本章介绍了一些有特色的国外科技信息资源。

5.1 美国《工程索引》

美国《工程索引》(The Engineering Index,EI)是历史悠久的一部大型综合性检索工具,它在全球的学术界、工程界、信息界中享有盛誉,是科技界共同认可的重要检索工具。

5.1.1 《工程索引》概述

《工程索引》创刊于1884年,是美国工程信息公司(Engineering information Inc.)出版的著名工程技术类综合性检索工具。收录文献几乎涉及工程技术的各个领域,如动力、电工、电子、自动控制、矿冶、金属工艺、机械制造、土建、水利等。

EI报道的文献资料是经过有关专家、教授精选的,具有较高的参考价值,是世界各国工程技术人员、研究人员、科技情报人员经常使用的检索工具之一。EI名为"索引",实际上是一种文摘刊物。文摘比较简短,一般是一两百字的指示性文摘,指明文章的目的、方法、结果和应用等方面,不涉及具体的技术资料。EI收录的文摘主要摘自世界各国的科技期刊和会议文献,少量摘自图书、科技报告、学位论文和政府出版物。EI的出版形式包括印刷版期刊、光盘版及联机数据库，现在还发行了互联网上的Web版数据库。EI印刷版期刊收录世界上48个国家、15种文字、3500多种期刊和1000多种世界范围内的会议录、论文集、科技报告、图书、年鉴等，但不收录专利文献。从20世纪70年代初开始，EI采用了计算机激光照排系统，因而加快了出版速度，缩短了报道时差。根据用户需要，每年出版发行5种不同形式的版本。

（1）《工程索引月刊》(The Engineering Index Monthly)：1962年创刊，每月出版一次，报道时差为6～8周。

（2）《工程索引年刊》(The Engineering Index Annual)：1906年创刊，每年出版一卷，年刊出版周期比较长，但检索方便。

（3）《工程索引》卡片。

（4）《工程索引》缩微胶卷。

（5）《工程索引》磁带。

20世纪90年代出现了《工程索引》光盘版和网络版，EI的网络版收录5400种期刊，收录年限从1970年至今。EI光盘版只收录其网络版中的2600种期刊。在网络版的EI Village中凡标记有EX的记录，则表示该记录被印刷成EI月刊，EI光盘版收录。

5.1.2 《工程索引》印刷版

《工程索引》印刷版分为年刊和月刊两种版本，同年的月刊与年刊内容相同，编排格式与检索方法也相同，但各条记录的编排顺序不同。月刊报道比较及时；年刊则于每年底或次年初出版，是一年信息的累积。下面以月刊为例，介绍《工程索引》印刷版的著录格式。

1. 文摘正文

《工程索引》印刷版的主体是按主题词字顺排列的文摘记录。《工程索引》有一套自己的主题词表(Subject Heading for Engineering，SHE)，有专门的专家队伍，定期修订该主题词表。EI信息公司将其收集的各种信息记录，按其内容归到某一主题下。

每条记录有一个唯一确定的文摘号，该文摘号为当年文献记录的流水号，即每年第一期的第一条记录的文摘号为000001，第二条记录为000002，依次往下排列，全年文摘号不重复，文摘号是每一条记录的唯一标识。

需要注意的是，年刊是将全年的信息打乱，重新按主题编排，也给每条记录一个唯一的文摘号，因此，年刊的文摘号与月刊的文摘号各成体系，不可混用。在《工程索引年刊》的辅助索引中，会将一条记录的两个文摘号都给出，前面冠以A的为年刊文摘号，冠以M的为月刊文摘号。下面这个案例是文摘正文的著录格式与说明。

COMPUTER SYSTEM①

059595② Hardware and network configuration.③ CUSTOM is a giant system, and one of the few online systems in the world to link multivendor computers. Between 25,000 and 30,000 terminals are connected to this network. Since it is a system that deals directly with customers, any trouble with its computers or communications facilities could be greatly inconvenient to those customers. This article outlines the configuration of the hardware and network that could be called CUSTOM's nervous system.(Author abstract)④ 5Ref.⑤

Haga, Mitsuo(NTT, Tokyo, Jpn)⑥; South, Isamu⑦. NTT Rev 6 Nov 1994 NTT, Tokyo, Jpn, P73-76⑧

059596 Integrated approach to predictive…

说明：

① 主题词，黑体大写。

② 文摘号，黑体。通过文摘号可以向EI编辑部索要原文。

③ 文献题名，用黑体印刷。

④ 该文献的文摘，并指明是否是作者自撰的文摘。

⑤ 该篇文献原来引用的参考文献数，如果没有此项，则表明该原文没有引用参考文献。

⑥ 第一作者，括号里是该作者的单位或地址。

⑦ 第二作者、第三作者等，各作者间以分号相隔，该例中只有两位作者。

⑧ 原文出处。其包括原文所刊登的期刊名、会议录名等，以及相应的年卷期页号；或者会议召开的时间、地点，以及主办单位的信息。出处均用斜体缩写印刷(该例较为特殊，出处是日本NTT公司的信息快报，故还给出了该公司的信息)。

2. 辅助索引

(1) 作者索引(Author Index)。在EI年刊与月刊中均有作者索引。根据作者姓氏的英文字顺排列，姓在前，名缩写在后。而且，不论第一或第二、第三作者，所有作者姓名均会排在该索引中，然后给出相应的文摘号。

(2) 主题索引(Subject Index)。从1987年开始，EI的月刊和年刊都新设了主题索引，按主题词的字顺排列，并给出相应的文摘号。在主题索引中由于一篇文献可出现在若干个主题词下(可以是主题词，也可以是自由词)，所以检出相关文献的机会就要高得多。另外，不一定非得用规范化的主题词来查检，这就大大减少了选词的时间和复杂性。使用自由词，可紧跟当代科学技术的发展，较快地反映最新的科技文献，有效地避免了漏检和误检。EI月刊和年刊的主题索引在著录格式上有些不同，月刊的主题索引仅著录主题词、文摘号，而年刊不仅给出文摘号，还给出了文献的题名、月刊号和年刊号。

(3) 出版物目录(Publication List)。在《工程索引年刊》的后面还列出了当年收录的期刊、图书、报告、会议系列等全部出版物目录。特别是在该目录中给出了出版物缩写与全称的对照，以及相应的代码和ISSN号、ISBN号，利用它可以查出出版物的全称，以便索取原文。

5.1.3 《工程索引》光盘数据库

20世纪90年代之后，《工程索引》发行了光盘版，美国《工程索引》光盘数据库(EI光盘)是美国工程信息公司的系列产品之一。EI的光盘版数据库EI Compendex收录1987年以来的EI文献，其收录的学科范围和文献类型均同印刷版，但覆盖面稍宽，每年收录期刊达到了4500余种，会议收录达到了2000余种。其中以英文文献为主，其他语种仅占10%。

《工程索引》的CD-ROM光盘版EI Compendex对应于美国Dialog联机数据库文档和书本式《工程索引》，揭示了当年《工程索引》印刷版刊载的全部文献内容，数据季度更新。由于光盘数据库允许脱机检索，不受时间和场地限制，设备简单，检索成本低，并且检索方法易学，使用方便，故而拥有一定数量的用户。

EI Compendex光盘及Dialog联机数据库的光盘产品均采用同一检索软件。该软件提供简易菜单检索和Dialog指令检索两种检索模式。菜单检索方式无须记忆检索命令，简单易用。指令检索方式较菜单检索方式复杂，用户需要熟悉检索指令、逻辑运算符、位置运算符、数据库记录字段代码，并运用这些指令和运算符编制检索式，适用于检索要求较高、检索策略相对较为复杂的课题。

EI的光盘版具有如下特点：安装简单，使用方便；菜单界面醒目，检索入口典型；检索方式丰富，检索速度快捷；著录事项清楚，编排结构统一；提供多种显示方式，字体颜色搭配合理；文献复制和打印的格式多样化等。

5.1.4 《工程索引》Web版

随着Internet的发展与普及，特别是Web技术的发展，美国工程信息公司在原机读数据库的基础上，开发出了基于Web方式的Engineering Information Village，简称EI Village，其中也包括EI Compendex * Plus数据库和EI One Page数据库，简称EI CPX Web。另外，EI Village站点上还包括一些衍生数据库。1998年4月美国工程信息公司在清华大学图书馆建立了镜像服务器，国内Internet用户可以直接连到清华大学图书馆，访问EI Information Village(主要是自1980年以来的EI数据)。

EI Compendex Web也是《工程索引》的网络版，它包括EI Compendex 数据库和PageOne数据库两部分。EI Compendex 数据库即为通常所说的EI光盘数据库，EI PageOne数据库是EI Compendex数据库的扩展，在EI Compendex Web中，EI PageOne部分只有题录而无文摘。因此，EI Compendex Web网络版比《工程索引》光盘版和印刷版收录的文献范围更广。该数据库每年新增50万条工程类文献。其数据来自工程期刊、会议文集和技术报告，其中约一半文献有文摘(EI Compendex部分)。

5.1.5 EI Compendex Web检索方法

EI Compendex Web数据库提供了Quick Search(快速检索)、Expert Search(专业检索)、

Thesaurus Search(词库检索)、Author Search(作者检索)、Affiliation Search(机构检索)和 Engineering Research Profile(工程研究概况)检索方式，如图5.1所示。下面重点介绍快速检索和专业检索。

图 5.1　EI 检索方式

1. Quick Search(快速检索)

Quick Search(快速检索)可供没有专业检索知识或对检索系统不熟悉的用户使用，如图5.2所示。

图 5.2　EI 快速检索

Quick Search(快速检索)以检索字段和关键词搭配完成检索，检索字段包括：All fields(所有字段)、Subject/Title/Abstract(主题/标题/摘要)、Abstract(摘要)、Author(作者)、First author(第一作者)、Author affiliation(作者机构)、Title(标题)、Standard ID(标准ID)、Classification code(分类代码)、CODEN(刊名代码)、Conference information(会议信息)、Conference code(会议代码)、ISSN(国际标准连续出版物号)、Main heading(主要标题)、Publisher(出版商)、Source title(来源刊名)、Controlled term(受控词)、Country of origin(原籍

国)、Funding number(资金编号)、Funding acronym(资金首字母缩写词)、Funding sponsor(资金赞助者)、Funding information(资金信息)等。

Quick Search(快速检索)的限制条件包括：Databases(数据库)、Date(日期)、Language(语言)、Document type(文献类型)、Sort by(排序)、Browse indexes(浏览索引)、Autostemming(自动取词根)、Treatment(处理类型)。

Quick Search(快速检索)的Browse Indexes(浏览索引)包括：Author(作者)、Author affiliation(作者机构)、Classification code(分类代码)、Controlled term(受控词)、Publisher(出版商)和Source title(来源刊名)选项，用户可根据课题需求任选其中的一个进行检索。

Quick Search(快速检索)中的Date(日期)包括：Published to(发表的起始时间)和Updates(更新次数)。

Quick Search(快速检索)中的Sort by(排序)包括：Relevance(相关性)和Date Newest(最新日期)。

Quick Search(快速检索)的Databases(数据库)包括：Compendex、Inspec、NTIS、US Patents、EP Patents、PaperChem、Chimics、CBNB、GEOBASE、Knovel、GeoRef、EnCompassLIT、EnCompassPAT等。

2. Expert Search（专业检索）

Expert Search(专业检索)结合布尔逻辑给用户提供更多的优于快速检索的检索选项，如图5.3所示。专业检索在快速检索的基础上做了一些调整。

Expert Search(专业检索)的限制条件包括：Databases(数据库)、Date(日期)、Sort by(排序)、Autostemming(自动取词根)、Search codex(检索代码)、Browse indexes(浏览索引)。

Expert Search(专业检索)中的Browse Indexes(浏览索引)包括：Assignee(受让人)、Author(作者)、Author affiliation(作者机构)、Classification code(分类代码)、Controlled term(受控词)、Document type(文献类型)、Inventor(发明家)、Language(文种)、Publisher(出版商)、Source title(来源刊名)、Treatment (处理类型)。

Expert Search(专业检索)的检索表达式是将检索者的检索意图通过检索字段、检索词、逻辑运算符、通配符等表达，检索字段用Search codex (检索代码)代替。

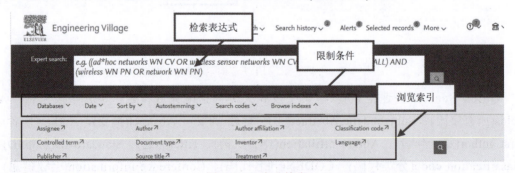

图5.3　EI专业检索

Expert Search(专业检索)中的Search codex (检索代码)主要包括AB(英文文摘)、AU(作者)、AF(作者单位)、CV(受控词)、LA(语种)、ST(论文所在期刊名称)、TI(论文标题)等。

对于不同的数据库，所提供的检索代码有所不同。Compendex(工程数据库)的检索代码如表5.1所示。

表 5.1 Compendex(工程数据库)数据库的检索代码

Code = Field		
AB= Abstract (c)	DOI= DOI (c)	PI= Patent issue date (c)
ACT= Open Access type (c)	DT= Document type (c)	PM= Patent number (c)
AN= Accession number (c)	MH= Main heading (c)	YR= Publication year (c)
AF= Affiliation/Assignee (c)	GFA= Funding acronym (c)	PN= Publisher (c)
ALL= All fields (c)	GFI= Funding information (c)	ST= Source title (c)
AU= Author/Inventor (c)	GFN= Funding number (c)	STDID= Standard ID (c)
FIRSTAU= First author (c)	GAG= Funding sponsor (c)	KY= Subject/Title/Abstract (c)
CL= Classification code (c)	BN= ISBN (c)	TI= Title (c)
CN= CODEN (c)	SN= ISSN (c)	TR= Treatment type (c)
CC= Conference code (c)	SU= Issue (c)	FL= Uncontrolled term (c)
CF= Conference information (c)	LA= Language (c)	VO= Volume (c)
CV= Controlled term/Subject Area (c)	NU= see Numerical Data Codes (c)	
CO= Country of origin (c)	PA= Patent application date (c)	

Expert Search(专业检索)的其他项与Quick Search(快速检索)相同。对那些比较熟悉《工程索引》著录格式的人(专家)来说，专业检索提供了更灵活的检索方法，可以快速达到所要检索的深度和广度。对那些不熟悉《工程索引》著录格式的人来说，快速检索更方便。

3. EI Compendex Web 检索结果

EI Compendex Web检索结果信息包含以下几个方面，如图5.4所示。

(1) Suggested terms(推荐字段)：推荐与所选择的检索词相近的字段。

(2) Sory for(排序)：文献检索的结果可以选择其Relevance(相关性)、Date(日期)、Author(作者)、Source (来源)或Publisher (出版社)排序。

(3) By category(按类别)：将检索结果按照相应的类别显示，比如Open Access(开放存取)、Document type(文献类型)、Author(作者)、Author affiliation(作者机构)、Controlled vocabulary(受控词汇表)、Classification code(分类代码)、Country/Region(国家/地区)、Language(语言)、Year(年)、Source title(来源刊名)、Publisher(出版商)、Funding sponsor(资助人)、Status(状态)等。

(4) By physical property(按自然属性)：将检索结果按照相应的属性(可设置约束条件)显示。

(5) 结果显示方式：有Show preview(预览)、Full text(全文)、Full text links(全文链接)3种方式。

(6) 文献保存：检索出来的文献可以通过打印机、下载等方式进行保存。

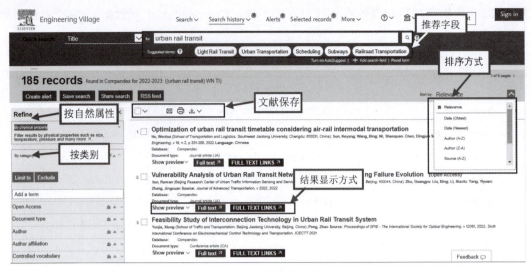

图 5.4　EI 检索结果

5.2　美国《科学引文索引》

美国《科学引文索引》(Science Citation Index，SCI)，是美国科学情报所(ISI)编辑出版的一种综合性科技引文检索刊物，随着SCI不断发展，已经成为当代世界最为重要的大型检索数据库，被列为国际著名检索系统之一。

5.2.1　美国科学信息研究所 (ISI)

美国科学信息研究所(Institute for Scientific Information，ISI)，现称汤姆森ISI公司(Thomson ISI)，为全球研究员和学者提供高质量、精华的信息，ISI 开发的新产品和服务现已为众多研究人员广泛了解和使用。ISI 主要编辑出版各学科引文数据库，有《科学引文索引》(SCI)、《科技会议录索引》(Index to Scientific & Technical Proceedings，ISTP)、《工程索引》(EI)、《社会科学引文索引》(Social Sciences Citation Index，SSCI)和《艺术与人文科学引文索引》(Arts and Humanities Citation Index，A&HSC)等，其中的SSCI、A&HSC与SCI同为重要检索工具，ISI的《科学评论索引》(Index to Scientific Reviews，ISR)很受用户青睐。

ISI的科技文献数据库是Web of Science，主要由引文索引和来源索引两大部分组成。其中引文索引中又将专利文献类型的引文条目单独列出，形成专利引文索引；而来源索引中则还包括了检索来源索引的工具"团体索引"和"轮排主题索引"。目前在其6个分册中，A、B、C分册为引文索引，D、E、F分册为来源索引。

知识窗：三大检索工具

SCI、EI、ISTP是世界著名的三大科技文献检索系统，是国际公认的进行科学统计与科学评价的主要检索工具，其中以 SCI 最为重要。

5.2.2 《科学引文索引》概述

美国《科学引文索引》(SCI)由美国科学情报所(ISI)于1963年创刊，编辑出版那些公开发表，后又被他人引用的文献。SCI通过对论文的被影响因子、引用频次等的统计，对学术期刊和科研成果进行多方位的评价研究，从而评判一个国家或地区、科研单位、个人的科研产出绩效，来反映其在国际上的学术水平。

SCI是当今世界上最著名的检索性刊物之一，也是文献计量学和科学计量学的重要工具。通过引文检索功能可查找相关研究课题早期、当时和最近的学术文献，同时获取论文摘要；可以看到所引用参考文献的记录、被引用情况及相关文献的记录。如何评价基础研究成果也就常常简化为如何评价论文所承载的内容对科学知识进展的影响。

SCI目前分为印刷版，光盘版和带文摘的光盘、磁带版，联机数据库版，通过Web站点访问等几种编排出版方式。主要收录自然科学、工程技术领域最具影响力的重要期刊3600多种。

5.2.3 《科学引文索引》印刷版

《科学引文索引》印刷版目前为双月刊，每年年底出版年度累积索引，其内容编排格式与其他检索刊物有所不同，不是以分类法或主题词排列，而主要是以引用文献作者和被引用作者的姓名字顺排列，主要有以下4种索引。

1. 引文索引 (Citation Index)

引文索引是按被引用文献作者姓名的字顺排序，一般姓排在前，名排在后面并缩写。根据一个已知作者的姓名，通过引文索引，可以查找到有哪些文献引用了该作者的论文。这样，可以通过一篇发表年代较旧的文献查找到与其密切相关的更新的文献。

2. 来源索引 (Source Index)

来源索引按引用别人文献的作者姓名字顺排序。通过来源索引可以查到某一作者在某一时间内发表的文献。

3. 轮排主题索引 (Permuterm Subject Index)

轮排主题索引按文献题名中所有关键词的字顺轮流排列。即从每篇文献的题名中选出若干个关键词分别作为要素词(Primary Term)和组配词(Co-Term)轮排一遍，以此增加检索入口。在不确切地知道作者姓名时，可以通过轮排主题索引检索到某一主题方面的文献。轮排主题索引与一般的检索刊物的主题索引类似。

4. 团体作者索引 (Corporate Index)

团体作者索引按文献发表的团体作者或作者单位的字顺排列。

5.2.4 《科学引文索引》Web 版

SCI的网络版，即SCIE (Science Citation Index Expanded)也称科学引文索引扩展版，由美国汤姆森科技信息集团(Thomson Scientific)开发。SCIE 收录了自然学科领域中最具权威性和影响力的 9500 多种学术期刊，涉及 178 个核心学科，内容涵盖了自然科学、工程技术、生物医学等诸多领域，可回溯至百年以上的文献资源以及超过十亿的引文网络，为全球用户提供世界一流的学术成果，是全球著名的自然科学领域引文索引数据库。SCIE 是 Web of Science (简称WOS)检索平台的一个子库。

Web of Science是获取全球学术信息的重要数据库平台，以"Web of Science核心合集"为基础核心内容，可以直接访问三大引文数据库Science Citation Index Expanded(SCI)、Social Sciences Citation Index(SSCI)、Arts&Humanities Citation Index(A&HCI)；两大国际会议录引文索引Conference Proceedings Citation Index-Science(CPCI-S)、Conference Proceedings Citation Index-Social Sciences & Humanities(CPCP-SSH)；展示重要新兴研究成果的Emerging Sources Citation Index (ESCI)以及图书引文索引Book Citation Index；两大化学信息数据库Index Chemicus(检索新化合物)和Current Chemical Reactions(检索新化学反应)。

Web of Science核心合集数据收录了256个学科、18000多种世界权威的、高影响力的学术期刊，内容涵盖自然科学、工程技术、生物医学、社会科学、艺术与人文等领域，最早回溯至1900年。Web of Science核心合集还收录了会议论文引文索引和图书引文索引。

Web of Science平台具备强大的知识发现功能。通过对检索结果的分析和提炼，以及对分析工具的运用，可以发现课题发展趋势，确定某领域的高产出研究人员、研究机构，发现相关的学术期刊。

> **知识窗：** 引文索引
>
> 通过独特的引文检索，您可以用一篇文章、一篇会议文献、一个专利号，或者一本著作的名字作为检索词，从数百万条引文中查询到某篇科技文献被引用的详细情况，了解引用这些文献的论文所做的研究工作。您还可以轻松地回溯某一研究文献的起源与历史，或者追踪其最新的进展，及其对交叉学科和新学科的发展研究的重要参考价值，既可以越查越经典，也可以越查越新，越查越深入。

5.2.5 《科学引文索引》检索方法

登录WOS检索平台进行文献检索时，首先要选择数据库(默认是所有数据库)。数据库有Web of Science 核心合集、KCI-Korean Journal Database、MEDLINE和SciELO Citation Index。

(1) Web of Science 核心合集：检索自然科学、社会科学、艺术和人文领域世界一流的学术期刊、书籍和会议录，并浏览完整的引文网络。可实现"文献""被引参考文献"和"化学结构"检索。

(2) KCI-Korean Journal Database：KCI韩国期刊数据库，收录在韩国出版的学术文献的题录信息，以朝鲜语或英语检索。可实现"文献"检索。

(3) MEDLINE：它是美国国家医学图书馆(National Library of Medicine，NLM)最重要的书目数据库，全面覆盖了生物医学和生命科学、生物工程、公共卫生、临床护理和动植物科学等领域的期刊、报纸、杂志和简报的记录。可实现"文献"检索。

(4) SciELO Citation Index：Scientific Electronic Library Online(SciELO，科技电子在线图书馆)，提供拉丁美洲、葡萄牙、西班牙及南非在自然科学、社会科学、艺术和人文领域主要开放获取期刊中发表的学术文献。以西班牙语、葡萄牙语或英语检索。可实现"文献""被引参考文献"检索。

Web of Science数据库的基本检索方式有"文献""研究人员""高级检索"。当选择Web of Science核心合集数据库后，还提供"被引参考文献"和"化学结构"检索方式。如图5.5所示。

图 5.5　Web of Science 核心合集检索界面

1. 文献检索

文献检索可以执行单字段检索，也可以按照主题、标题、作者、出版物标题、出版年等进行多字段组合检索，系统默认多个检索途径之间为逻辑"与"的关系。在同一检索字段内，各检索词之间可使用逻辑算符、通配符。

(1) 主题检索：检索标题、摘要、作者关键词和 Keywords Plus。输入描述文献主题的单词或词组，只能进行英文检索。

(2) 标题检索：检索期刊文献、会议录论文、书籍或书籍章节、软件数据集的标题。若要检索期刊标题，请选择"出版物标题"字段。

(3) 作者检索：检索作者和团体作者。对于作者，请先输入姓氏，后跟空格和作者名字首字母。用论文作者或被引作者检索时，检索词形式为姓氏的全拼、空格、名(包括中间名)的首字母缩写。

(4) 出版物标题检索：检索期刊标题、书籍标题、会议录标题等，也称为"来源出版物名称"。检索时要求使用出版物的全称或缩写，此时可结合其他字段进行组配检索，如：输入economic *，查找与经济有关的所有出版物。

(5) 出版年检索：检索出版年字段。这将同时检索出版和在线发表日期字段。可检索某一年，也可检索某个范围内的多个年份。

不同数据库中的文献检索字段不完全相同，在Web of Science 核心合集数据库中的文献检索，还可以按照所属机构、基金资助机构、出版商、出版日期、摘要、入藏号、地址、作者标识符、作者关键词、会议、文献类型、DOI、编者、授权号、团体作者、Keyword

Plus、语种、PubMed ID、Web of Science 类别等字段进行检索，如图5.6所示。

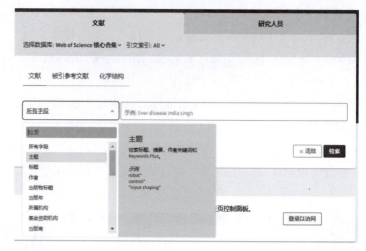

图 5.6　Web of Science 核心合集文献检索界面

2．研究人员检索

研究人员检索可以帮助查找同一作者姓名的不同拼写形式，或根据研究领域和/或地址来区分作者，包括姓名检索、作者标识符、组织检索3种模式，如图5.7所示。

(1) 姓名检索：通过检索作者的姓氏和名字来查找作者记录。姓氏可以包含连字号、空格或撇号。

(2) 作者标识符：使用作者的 Web of Science ResearcherID 或 ORCID ID 查找作者记录。

(3) 组织：根据文献的关联全记录中的地址字段，通过检索作者所属的组织来查找作者记录。使用单选按钮选择将哪些出版物加入检索。

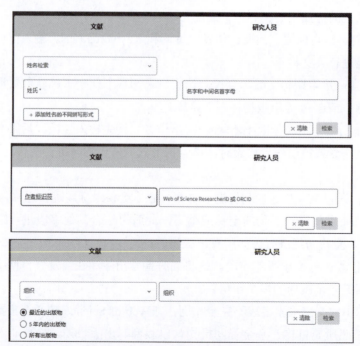

图 5.7　Web of Science 研究人员检索

3. 被引参考文献检索

Web of Science收录了论文中所引用的参考文献，并按照被引作者、被引著作和被引年份编成独特的引文索引。"被引参考文献检索"是将文章中的参考文献作为检索词，它揭示的是一种作者自己建立起来的文献之间的关系链接，如图5.8所示。引文检索具有独一无二的功能，即从旧的、已知的信息中发现新的、未知的信息。该方式通过被引作者、被引著作、被引DOI、被引年份、被引卷、被引期、被引页、被引标题8种途径检索论文被引用情况。注意：同一字段内各检索词之间只能用逻辑算符OR进行组配。

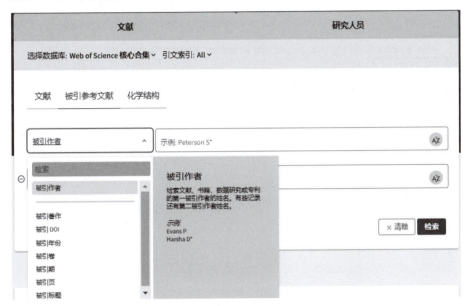

图 5.8　Web of Science 被引参考文献检索

(1) 被引作者字段(Cited Author)。在该字段中输入某篇论文的第一作者的姓名。如果该论文是被Web of Science 数据库收录成为一条源记录，则可以输入该论文中的任何一位作者姓名。输入检索词时，作者的"姓"放在最前，然后，空一格，输入"名"的首字母。注意：由于有时数据库录入错误或作者提供的姓名写法不同，会检索不到结果。因此，在输入名时应考虑采用通配符*，避免造成漏检。

(2) 被引著作字段(Cited Work)。在该字段中，可输入被引用的著作的刊名、书名和专利号。输入被引论文的刊名时采用缩略式，为了提高查全率，要考虑被引刊名的不同写法，如果不知道准确的缩写，可以单击该字段下方的"期刊缩写列表"链接，查看期刊缩略表；输入被引书名时，应考虑词的不同拼法采用通配。如果要查专利，可以直接输入专利号。

(3) 被引年份字段(Cited Year)。如果要检索某人在某个特定年份发表论文的被引情况，可以在该字段输入文献发表的年份(4位数字表示)，如果要检索几年，可以用OR组配，如"2018 OR 2019 OR 2020"，或输入时间段。

在检索后的引文文献列表中，可以看到"被引作者""被引著作""施引文献""施引文献数量"等信息。

4. 化学结构检索

在Web of Science中，可以通过输入化学结构绘图或任何所需的数据，检索与创建的化学结构检索式匹配的化合物和化学反应；检索与化合物和化学反应相关联的数据；检索化合物或化学反应数据而不进行化学结构检索。"化学结构检索"如图5.9所示。

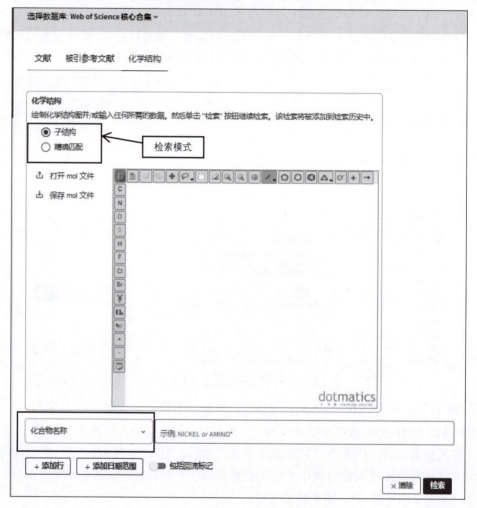

图 5.9 Web of Science 化学结构检索

在进行化学结构绘图前，请确保已下载和安装化学结构绘图插件。在化学结构绘图框中，单击化学结构绘图选项，创建化学结构，化学结构绘图将显示在"检索式"框中。

(1) 选择化学结构：子结构(用于查找包含检索式框中内容的化合物或化学反应)，精确匹配(用于查找与检索式框中内容匹配的化合物或化学反应)。精确匹配不能用于检索 Current Chemical Reactions 中的化合物。它只适用于 Current Chemical Reactions 中的化学反应检索。

(2) 化合物名称检索：包括化合物数据部分和化学反应数据部分。化合物数据包括：化合物名称、化合物生物活性、分子量、特征描述。化学反应数据包括：气体环境、反应环境、反应检索词、大气压、时间、温度、产率、反应关键词、化学反应备注。

(3) 打开/保存 mol 文件：打开现有的分子结构mol 文件进行检索，或者把当前检索的分子结构保存为mol 文件。

5. 高级检索

单击图5.5中的"高级检索"按钮，进入高级检索界面，如图5.10所示。

图 5.10　Web of Science 高级检索

高级检索是根据检索内容的需求，用户可在检索文本框中输入一个由字段代码和检索词组成的检索式表达式，在检索表达式中可以使用逻辑运算符、括号、截词符等。检索字段代码如表5.2所示，检索字段的内容与选择的数据库有关。

表 5.2　检索字段代码（部分）

字段代码	中文译名	字段代码	中文译名	字段代码	中文译名
TS	主题	AB	摘要	PY	出版年
TI	标题	AK	作者关键词	AD	地址
AU	作者	KP	Keyword Plus	SU	研究方向
AI	作者标识符	SO	出版物/来源出版物名称	IS	ISSN/ISBN
GP	团体作者	DO	DOI	PMID	PubMed ID
ED	编者	DOP	出版日期		

6. 检索结果

通过Web of Science数据库的如下功能，用户可以获得更准确的检索结果。

(1) 排序方式：可以选择相关性、日期(降序)、日期(升序)、被引频次(最高优先)、被引频次(最低优先)、会议标题(升序)、会议标题(降序)、第一作者姓名(升序)、第一作者姓名(降序)、出版物标题(升序)、出版物标题(降序)等方式对检索结果进行排序。

(2) 文献信息：检索结果中可显示标题、作者、来源出版物、卷、页、DOI、出版年、被引频次、摘要等基本信息，基本信息下方有一个"显示更多"链接，单击该链接后，可以展开该文献的摘要内容。

(3) 全文下载：单击"出版商处的免费全文"可获得PDF版的文献全文。如图5.11所示。

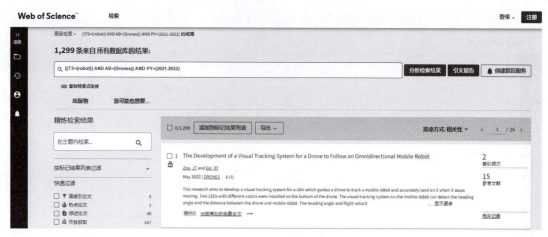

图 5.11　Web of Science 检索结果显示

(4) 导出：可将Web of Science论文的题录信息导出。在检索结果页面的论文列表前面选中复选框以选择要导出的论文，再选择导出的文献方式：EndNote Desktop、EndNote Online、纯文本文件、RIS(其他参考文献软件)、Excel、可打印的HTML文件、电子邮件等。如图5.12所示。

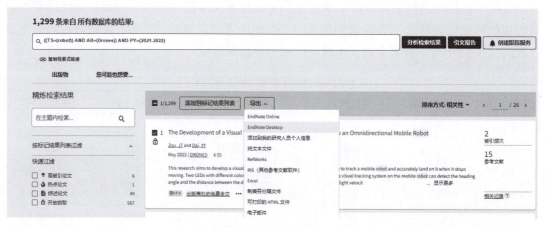

图 5.12　导出检索结果

(5) 分析检索结果：分析检索结果可以通过可视化的树状图和柱状图显示或下载(JPG格式)，也可通过数据列表的形式显示或下载(TXT格式)。通过分析检索结果可以获得隐含的研究模式。

(6) 引文报告：通过引文报告用户可以看到检索结果的出版物分布、被引频次、施引文献等信息。也可以导出完整引文报告(EXCEL/TEXT格式)。

知识窗：EndNote

EndNote是美国汤姆森科技信息集团的官方软件，支持国际期刊的参考文献格式有3776种，写作模板几百种，涵盖各个领域的杂志。用户可以方便地使用这些格式和模板，如果准备写SCI稿件，更有必要采用此软件。

5.3 英国《科学文摘》

英国《科学文摘》是全球著名的科技文摘数据库之一，是理工学科最重要、使用最为频繁的数据库之一，是物理学、电子工程、电子学、计算机科学及信息技术领域的权威性文摘索引数据库。

5.3.1 《科学文摘》概述

《科学文摘》(Science Abstracts，SA)是英国电气工程师学会(The Institute of Electrical & Electronics Engineers，IEE)出版的检索性情报期刊，创刊于1898年。

《科学文摘》是科学技术方面的综合文摘，该检索系统收录50多个国家的期刊，占总量的82%左右，还收录了世界范围内的会议录、科技图书、科技报告、学位论文等，原文语种为非英语的文献占16%左右，是关于物理学、电气与电子学、计算机与控制方面的综合性检索工具。每年新增大约38万条数据，数据每周更新。

《科学文摘》(Science Abstracts)原名为《科学文摘:物理与电工》(简称 PEE)。1903年起改用现名。分《物理文摘》(简称PA)、《电气与电子学文摘》(简称EEA)、《计算机与控制文摘》(简称CCA)和《情报技术》(简称IT)4辑。

《科学文摘》的出版发行机构是英国物理与工程学界信息服务部(INSPEC)，INSPEC是全球在物理和工程领域中最全面、最有影响力的文摘数据库之一，其专业面覆盖物理、数学、电子与电机工程、计算机与控制工程、信息技术、生产和制造工程等领域，还收录材料科学、海洋学、核工程、天文地理、生物医学工程、生物物理学等领域的内容。自2005年开始，INSPEC推出了INSPEC Archive，可以将文献信息的年代回溯到1898年。

5.3.2 《科学文摘》印刷版

《科学文摘》印刷版每辑设有类目索引、主题指南、文摘正文、著者索引，以及小篇幅的其他索引(图书索引、会议索引、单位索引等)，另外还出版主题索引和著者索引的累积。文摘正文的款目是按《科学文摘》定义的分类法则顺序编排的。

1. 《科学文摘》的分类目次表和主题指南

在《科学文摘》的3个分辑上，每期正文前都有一个分类目次表(Classification and Contents)，仅列出本辑报道的类目。其含有类号、类目和页码3栏。

    8000   POWER SYSTEMS AND APPLICATIONS 5497
    8100   POWER NETWORKS AND SYSTEMS 5497
    8110   POWER SYSTEMS 5497
    8110B   Power system management, operation and economics 5500
    8110D   Power system planning and layout 5507

8000表示一级类目号，用黑体大写字母表示；8100表示二级类号，用一般体大写字母表示；8110为三级类号，类名首字母大写；8110B为四级类号，类名用斜体字。

主题指南按主题词的字母顺序编排，主题词后列出相应分类号。对于只知道主题内容、不清楚分类的课题，可以先查"主题指南"。其作用是能迅速准确地确定《科学文摘》中分类目次表中的类目，通过它可以从某一特定的概念直接查出分类目次表中的相应类目，所以，它是使用分类目次表的辅助工具。

例如：

Radar[①] 63

Radar antennas 5270，6320[②]

Radar receivers 6320

Radar signal processing6140 6310

①主题词；②分类号。

2．文摘正文的著录格式

《科学文摘》3个分辑中每条文摘款目的著录格式大致相同。

例如：

42.70[①] INTEGRATED OPTOELECTRONICS[②]

59026[③] A compact integrated InP－based single phasar optical crossconnet[④] C.G.P.Herben, C.G.M.Vreeburg, D.H.P.Maat, X.J.M.Leijtens, Y.S.Oei, F.H.Groen[⑤] (Fac. of Inf. Technol. & Syst., Delft Univ. of Technol., Netherlands),[⑥] J.W.Pedersen, P.Demeester, M.K.Smit. IEEE Photonics Technol. Lett.[⑦] (USA), vol.10, no.5, p.678-80(May 1998).[⑧]

The first integrated InP based polarization independent optical crossconnect is reported. The device can crossconnect signals at four wavelengths independently from two input fibers to two output fibers. Total on-chip loss is less then 16dB. Device size is 7×9 mm2。[⑨](10refs.)[⑩]

①类号；②类名；③文摘号；④论文题名；⑤著者；⑥著者所在单位；⑦发表的期刊刊名缩写；⑧期刊的卷号、期号、论文所在页码及出版日期；⑨文摘内容；⑩参考文献数。

3．辅助索引

1) 著者索引(Author Index)

著者索引按著者姓名的字顺排列，姓在前，名在后，中间用逗号隔开。若是合著者，在第一著者姓名后加"＋"，在其他著者姓名前加"＋"。

2) 参考文献目录索引(Bibliography Index)

参考文献目录索引按文献的简化题名排列，其后是参考文献量和文摘号。该索引汇集的是附有数十篇参考文献或稀有课题和新课题的文献。根据该索引提供的文献线索，索取到原始文献后，便可一次获得大批有价值的相关的文献信息。

3) 图书索引(Book Index)

图书索引按书名或简化书名的字母顺序排列，书名后著录著者或编者姓名，方括号内列出出版地、出版单位、出版年，最后给出文摘号。

4) 会议索引(Conference Index)

会议索引将收录的会议文献汇编起来，按简化的会议名称的字母顺序排列，其后有召开会议的地址、会期，圆括号内列出主办单位，方括号内列出出版事项(包括出版地、出版单位和出版年)，最后给出文摘号。

5) 团体著者索引(Corporate Author Index)

团体著者索引报道以团体名义发表的论文，按著者名称及其地址的字母顺序排列，在其下面是著者发表的论文的篇名，提供论文的报告号及文摘号。

6) 引用期刊增补目录(Supplementary List of Journals)

期刊增补目录报道当期新增摘引的期刊名称和变更的期刊情况，按刊名全称的字顺排列，在其下面是简称、出版国、出版单位及地址。

7) 半年度累积主题索引(Semi Annual Cumulative Subject Index)

主题索引是根据INSPEC主题词表来编排的，它按主题词字顺排序，每个正式主题词下列出了表征每篇文献内容的说明语及其文摘号。非正式主题词用"见"(See)指向正式主题词。有些主题词下还有"参见"(See Also)，用来指出与该主题词有一定联系，可供参考的其他主题词，以此扩大检索范围。

8) 半年度累积著者索引(Semi Annual Cumulative Author Index)

半年度累积著者索引比每一期的著者索引在著录格式上要详细一些。在著者姓名之后还给出了论文题名，对于非第一著者用"See"指向第一著者姓名，然后给出文摘号。

5.3.3 INSPEC(科学文摘，Science Abstract 网络版)

INSPEC(《科学文摘》Web版)由美国OVID信息公司提供，是基于Web方式检索的文摘索引数据库，内容由英国电气工程师学会编辑。

INSPEC覆盖了物理及工程领域中的众多学科。目前在网上可以检索到自1969年以来全球100多个国家出版的4500多种科技期刊、3000多种会议论文集以及大量的著作、报告和论文，数据每周更新。INSPEC数据库目前收录近1950万条的文献，并以每周近2万条文献的速度增加。它涉及的主要学科领域包括物理、电子与电气工程、计算与控制工程以及生产与制造工程，它为物理学家、工程师、信息专家等提供了不可或缺的信息服务。

INSPEC的每一条记录均包含英文文献标题与摘要以及完整的题录信息，包括期刊名或会议名、作者姓名与作者机构、原文的语种等。每一条记录也包含INSPEC提供的控制词、非控制词、学科分类代码、处理代码等，可实现化学检索、数值检索、天体物理标识符检索、国际专利分类号检索等，保证查全查准，并将论文和未来专利发展进行关联。

5.3.4 《科学文摘》检索方法

1. Engineering Village 平台检索

迄今为止，《科学文摘》Web版的检索平台有ISI Web of Knowledge、Engineering Village、OVID等。在Engineering Village上，可以在Databases(数据库)选择"INSPEC"实现检索，如图5.2所示。利用Engineering Village平台检索时，其检索结果与EI检索结果是基本一致的，此处不再赘述。

2. 高校平台检索

清华大学、北京大学与美国OVID信息公司合作，分别在清华大学图书馆与北京大学图书馆设立了镜像服务器，提供基于Web方式的《科学文摘》数据库(INSPEC)的检索服务。通过该镜像服务可以检索到《科学文摘》数据库(https://www.theiet.org/)。

1) 基本检索

(1) 主题途径检索、分类途径检索和著者途径检索。《科学文摘》的这几种检索方式与其他检索工具相同。

(2) 浏览小索引。《科学文摘》还包括《引用文献目录索引》《图书索引》及《会议文献索引》，可选择任意一种进行浏览及检索。

(3) 直接检索。直接检索就是在检索词输入窗口中直接输入检索词进行检索的检索方式。直接检索的格式：索引字段代码＋(检索词)，例如，DE(Computer)。若检索词前不带索引字段代码，系统则默认为基本检索，系统将限制在记录的基本索引(Basic Index)字段中检索。INSPEC数据库基本索引字段包括题目、文摘、叙词和自由词字段。基本检索是常用的检索方法。

2) 字段选择检索

在检索主页面下，按F6键，系统弹出字段选择界面。用户可根据需要选择合适的检索途径，输入检索词或从字段索引窗口选择检索词。多个检索词之间可通过逻辑关系符进行组配连接。

3) 叙词浏览检索

在检索主页面下，按F8键，进入叙词索引条目浏览窗口(Thesaurus Term Index)。

在用户输入所需的特定叙词后，系统进入叙词显示窗口，显示所选叙述的相关词、广义词、狭义词、代用词及分类号等信息。

若确定了该叙词，可按空格键或F9作标记，系统设定最多标记25条叙词。

目前，INSPEC数据库主要是借助许多大型的商业数据库系统或专门数据库系统来提供网络服务。其中，一些主要的提供INSPEC数据库服务的系统包括：Bell & Howell Information and Learning、GEDOCAR、CISTI、Compuserve、DataStar、Dialog、EINS、FIZ-Technik、IOPP、OCLC First Search、Ovid、Questel-Orbit、ScienceDirect、Engineering Index、STIC和STN。这些网络服务系统对INSPEC数据的更新周期为每周进行，只有少数单位为双周更新或月更新。大多数系统对INSPEC的数据回溯至1969年，有少数数据库的回溯年代靠近一些，如GEDOCAR为1972年至今，CISTI为1995年至今，STN为1984年至今。

INSPEC的检索结果可通过结果分析工具、检索结果处理、创建E-mail专题服务、获取全文等方式来完成。

5.4 国外全文数据库

全文数据库集文献检索与全文提供于一体，是近年来发展较快和前景较好的一类数据库。它收录的文献类型以期刊、政府出版物、会议论文、统计报告、法律条文和案例、商业信息等为主。检索方式除一般检索途径外，增加了全文检索功能。文件格式为PDF、文本文件、图形等。

全文数据库的优点如下：

(1) 免去了检索书目/文摘数据库后还得费力去获取原文的麻烦。

(2) 多数全文数据库提供全文字段检索，这有助于文献的查全。

1. SpringerLink 全文数据库

德国施普林格(Springer-Verlag)是世界上著名的科技出版集团，通过SpringerLink系统提供学术期刊及电子图书的在线服务。SpringerLink是全球最大的在线科学、技术和医学(STM)领域学术资源平台。凭借弹性的订阅模式、可靠的网络基础，以及便捷的管理系统，SpringerLink已成为各家图书馆最受欢迎的产品。该数据库所涉及的学科主要有：行为科学、生物医学和生命科学、商业和经济、化学和材料科学、计算机科学、地球科学、环境科学、工程学、人文社会科学和法律、数学和统计学、医学、物理和天文学。

SpringerLink的数字资源有：全文电子期刊1500余种；图书和科技丛书(包括Lecture Notes in Computer Science——LNCS)13000种以上；超过200万条期刊文章的回溯记录。

SpringerLink全文数据库中可以通过刊名浏览、分类浏览、综合浏览等方式进行检索，如图5.13所示。同时还提供了高级检索模式，如图5.14所示。

图 5.13　SpringerLink 全文数据库首页

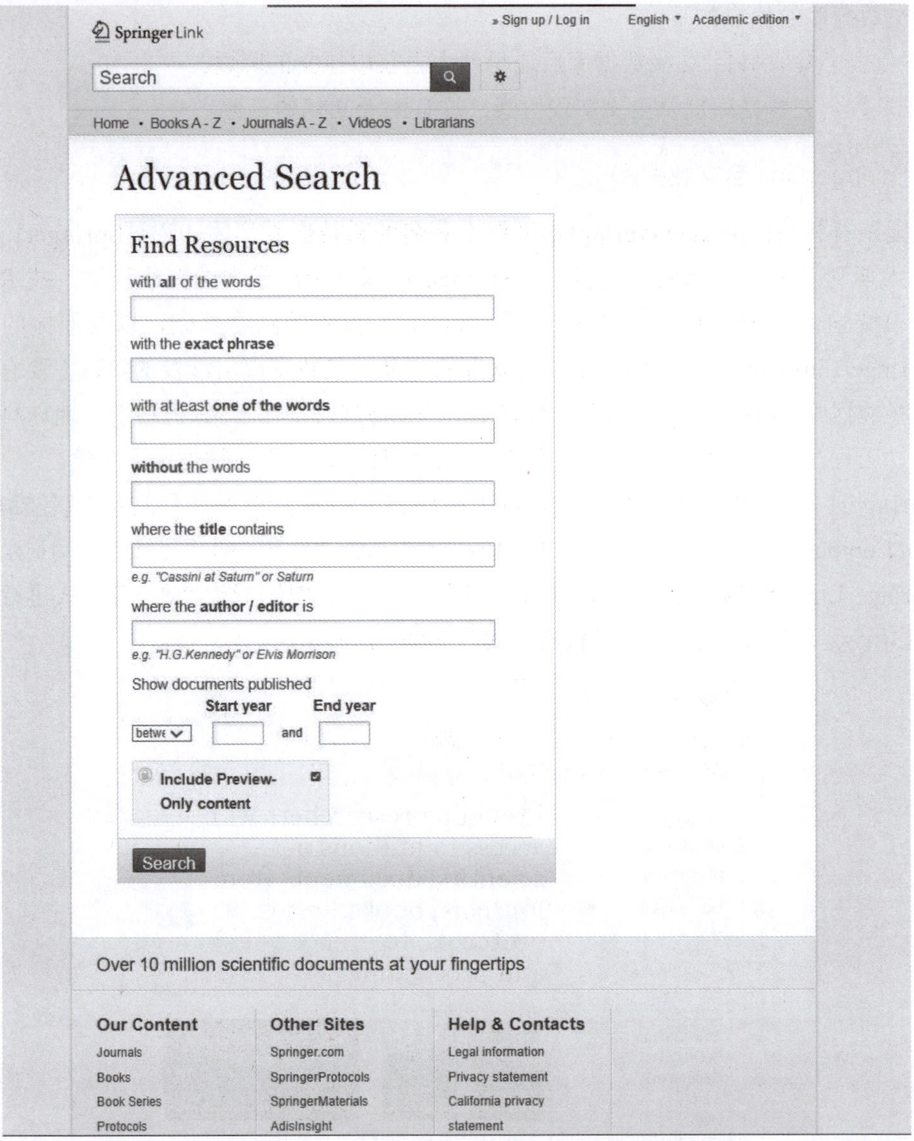

图5.14 SpringerLink 高级检索

2. ASCE 全文数据库

美国土木工程师协会ASCE(the American Society of Civil Engineers)成立于1852年，是历史悠久的国家专业工程师学会。ASCE也是全球最大的土木工程信息知识的出版机构，每年有5万多页的出版物。出版物包括专业期刊(回溯至1993年)和会议录(回溯至2003年)，以及各种图书、委员会报告、实践手册、标准和专论等，是全球规模较大的土木工程全文文献资料库。ASCE期刊和会议录覆盖了土木工程专业的所有学科领域，ASCE出版的期刊大部分被SCI、EI收录。

ASCE全文数据库，可以通过浏览方式对文献进行浏览，如图5.15所示。也可以通过简单检索和高级检索等方式输入检索词进行检索，如图5.16和图5.17所示。

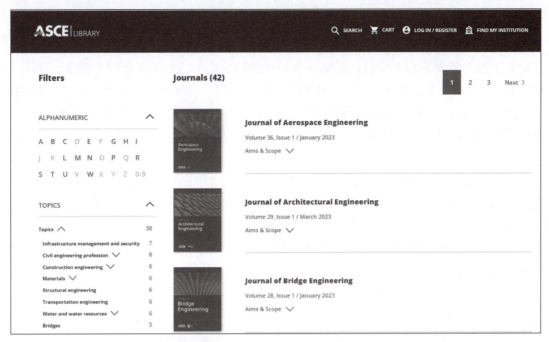

图 5.15　ASCE 全文数据库浏览和检索方式

图 5.16　ASCE 全文数据库简单检索

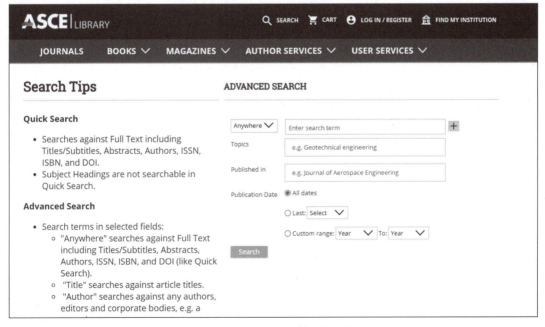

图 5.17　ASCE 全文数据库高级检索

3. ScienceDirect 全文数据库

ScienceDirect全文数据库是Elsevier出版集团的核心产品，是大型综合性全文数据库，共涵盖了四大领域的29个学科，包括农业和生物科学数学、化学、化学工程学、物理学和天文学、生物化学、遗传学和分子生物学、土木工程、计算机科学、决策科学、地球科学、能源和动力、工程和技术、环境科学、免疫学和微生物学、材料科学、医学、神经系统科学药理学、毒理学和药物学、经济学、计量经济学和金融、心理学、人文科学、社会科学等。

ScienceDirect自1999年开始向读者提供电子出版物全文的在线服务，包括Elsevier出版集团所属的同行评议期刊、系列丛书、手册及参考书等。它收录的电子期刊大部分都是SCI、EI等国际公认的权威大型检索数据库收录的各个学科的核心学术期刊。

ScienceDirect全文数据库提供期刊和书籍的浏览、简单检索(如图5.18所示)和高级检索(如图5.19所示)。

图 5.18　ScienceDirect 期刊和书籍的浏览、简单检索

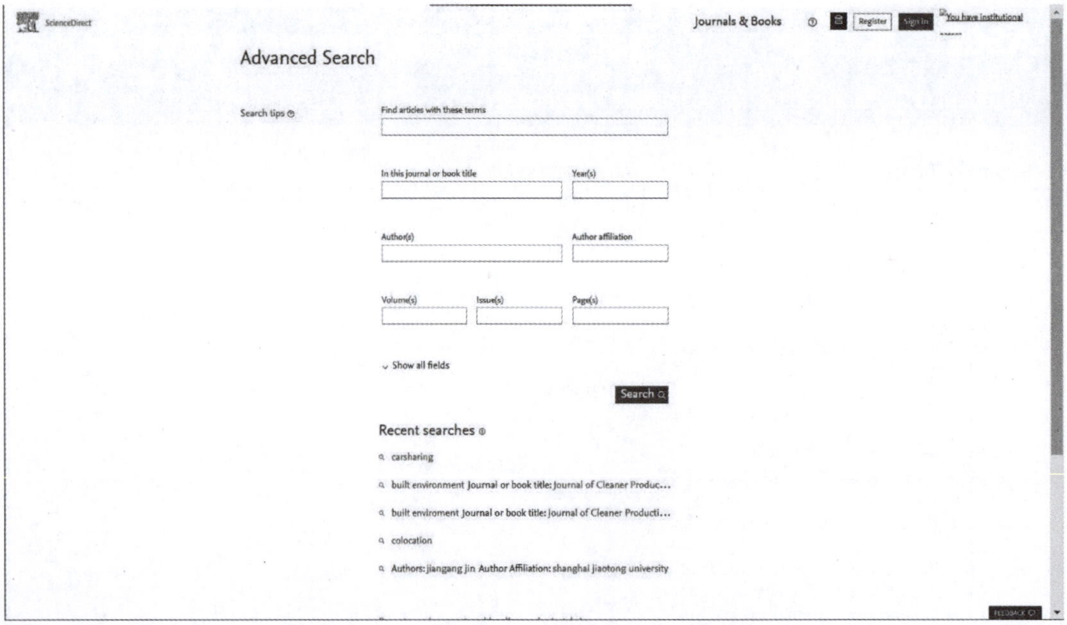

图 5.19　ScienceDirect 全文数据库的高级检索

4. IEEE/ IEE 的 IEL 全文数据库

IEEE/IEE Electronic Library(简称IEL)是美国电气电子工程师学会(IEEE)和英国电气工程师学会(IEE)所有出版物的电子版全文数据库，收录了自1988年以来出版的全部150多种期刊、5150余种会议录及1500余种标准的全文信息。其中IEEE学会下属的13个技术学会的18种出版物可以看到更早的全文。通过检索可以浏览、下载或打印与原出版物版面完全相同的全文、图表、图像和照片等。其文献类型包括期刊、会议论文、标准文献等。

IEL全文数据库的检索方式包括简单检索(如图5.20所示)和高级检索(如图5.21所示)。

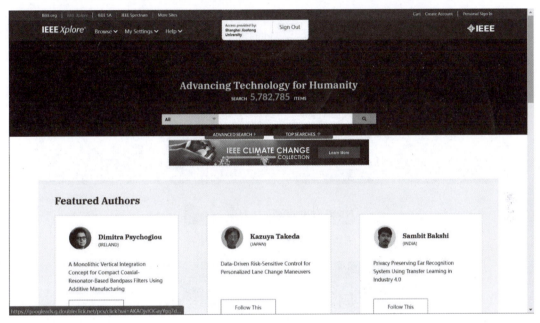

图 5.20　IEL 全文数据库的主页

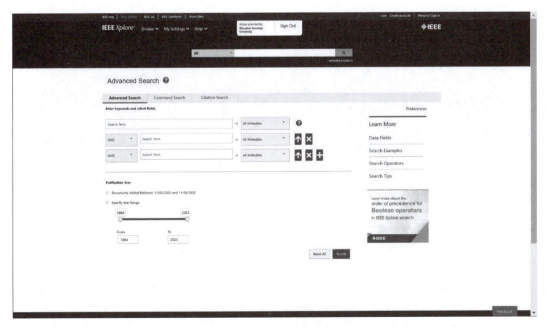

图 5.21　IEL 全文数据库的高级检索

5. EBSCOhost 全文数据库

该数据库是美国EBSCO公司提供的学术信息、商业信息网络版数据库。其中全文数据库Academic Search Premier(简称ASP)和Business Source Premier(简称BSP)，是CALIS最早引进的数据库(最初为Academic Search Elite和Business Source Elite)之一。

(1) 学术期刊集成全文数据库(Academic Search Premier，ASP)：包括有关生物科学、工商经济、资讯科技、通信传播、工程、教育、艺术、文学、医药学等领域的7000多种期刊，其中近4000种全文刊。

(2) 商业资源集成全文数据库(Business Source Premier，BSP)：包括国际商务、经济学、经济管理、金融、会计、劳动人事、银行等3000多种期刊的索引、文摘，其中近3000种全文刊。

EBSCOhost全文数据库的简单检索和高级检索页面分别如图5.22和图5.23所示。

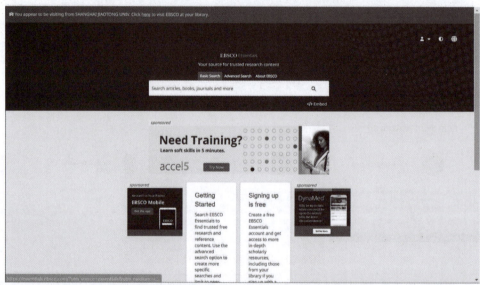

图 5.22　EBSCOhost 全文数据库的简单检索页面

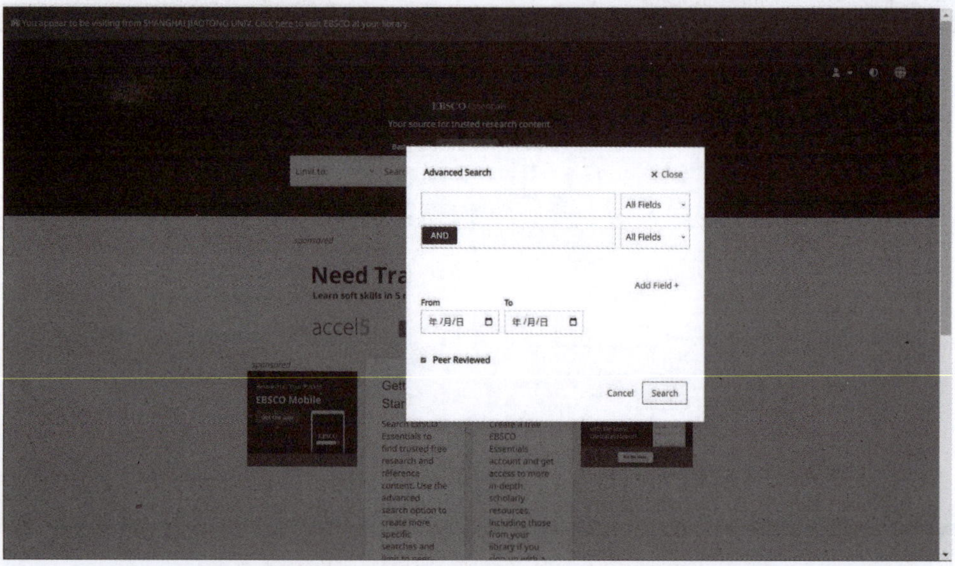

图 5.23　EBSCOhost 全文数据库的高级检索页面

5.5 国外其他免费信息资源

随着互联网的迅猛发展，网络上的信息资源呈指数级增长，人们信息需求的日益多样化、个性化，使网络成为人们获取信息的重要渠道。尤其是近年来开放运动的蓬勃发展，大量的免费学术信息资源可以轻松在线获得，吸引了越来越多的人。一些国外先进的学术信息资源的免费在线提供，极大地方便了网络用户对学术信息的获取，拓宽了视野，降低了科研创作成本。随着对免费学术信息资源日益深入的了解和开发利用，国外免费学术信息资源的意义和价值得到了前所未有的凸显。

John Wiley & Sons出版公司是有着200多年历史的专业出版机构，主要产品有高质量的学术期刊、过刊集、图书、参考工具书、实验室指南、循证医学图书馆(The Cochrane Library)、数据库等。Wiley是众多国际知名学会的合作伙伴，在化学、生命科学、医学、材料学以及工程技术等领域学术文献的出版方面具有一定的权威性。Wiley出版公司是全球最大的学协会出版商，与世界上550多个学术和专业学会合作，出版国际性的学术期刊，其中包含很多非英美地区出版的英文期刊。其网络检索平台(https://onlinelibrary.wiley.com/)检索功能丰富，支持基本检索、高级检索(如图5.24所示)和文献检索(如图5.25所示)。

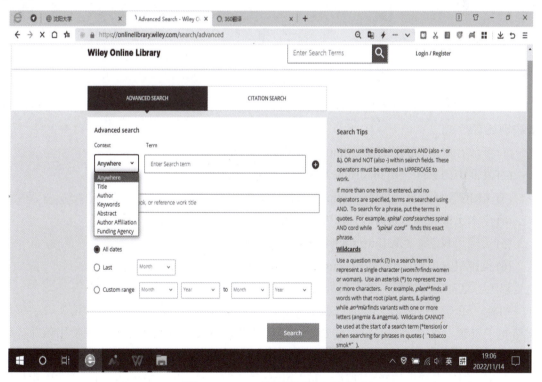

图 5.24 Wiley 电子期刊高级检索

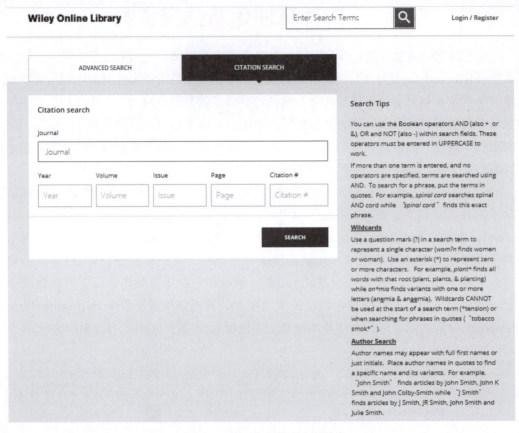

图 5.25　Wiley 电子期刊文献检索

国外很多机构提供学术性、研究性期刊和论文，具有免费、全文、高质量的特点，类似资源还有：

(1) 开放存取期刊列表DOAJ(http://www.doaj.org)。

(2) 发展中国家联合期刊库(http://www.bioline.org.br)。

(3) ERIC教育资源信息中心(http://eric.ed.gov/)。

(4) 学术出版和学术资源联盟SPARC(http://www.arl.org/)。

(5) 美国"科学"网站(http://www.science.gov/)。

(6) 英国皇家电子期刊IOPEl ectronic Journals(http://iopscience.iop.org/)。

以上，这些免费资源对学术研究有很高的参考价值。

另外，还有一些著名大学的公益信息库，提供其成员相关的期刊、学术论文、学位论文等电子资源，这些公益信息库整合了学术期刊数据资源，提高了学术期刊使用效益，推进了学术资源的公益使用、开放共享，提升了信息资源的服务质量。

例如，剑桥大学机构知识库(Apollo-University of Cambridge Repository)、牛津大学档案馆、佛罗里达州立大学的D-Scholarship仓库、美国密西根大学论文库、加利福尼亚大学国际和区域数字馆藏等。

5.6 检索实例

对国外信息检索是科学研究中科技查新的重要手段,主要检索工具有美国《工程索引》(EI)、《科学引文索引》(SCI)、《科技会议索引》(ISTP)、《社会科学引文索引》(SSCI)、《艺术与人文科学引文索引》(A&HSC)、美国《金属文摘》、美国《生物学文摘》、美国《化学文摘》和英国《科学文摘》等。

对国外信息进行检索的一般检索途径有:①输入范围控制条件(发表时间、作者、作者单位等);②输入文献内容特征信息(主题、题名、关键词、摘要、目录、全文、参考文献、图书分类号、学科专业名称等);③对检索结果分组排序(如根据文献所属学科、发表时间),筛选文献;④下载并阅读原文。在检索时,对于不同的检索工具,其选择的控制条件和文献内容特征是不同的,下面分别以EI和SCI为例来介绍国外信息的检索方法。

检索实例:检索有关"基于物联网的城市轨道交通系统的研究"的文献资料。

检索分析:从轨道交通角度选择检索词,即城市轨道交通、系统、物联网(urban rail transit,system,the Internet of things)。

检索过程如下所示。

方法一:选择EI数据库网络检索。

进入EI数据库网络检索(http://www.engineeringvillage.com/),选择Quick Search(快速检索)方式,进行如下操作步骤。

(1) DATABASE选择"Compendex"。

(2) 在限制范围中,Document type(文件类型)选择"All Document types",DATE(时间)选择"Published 2019 to 2022",其他选择默认值。

(3) 检索字段选择"All fields",检索词为"urban rail transit",检索结果数量为2863,如图5.26所示。

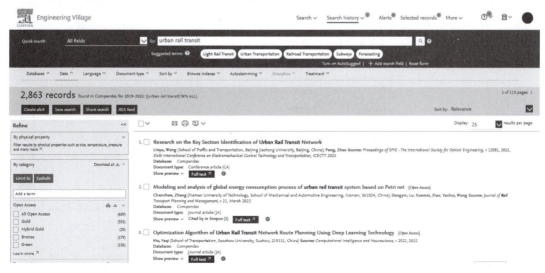

图 5.26　EI检索结果1

(4) 检索字段选择"Title",输入检索词"urban rail transit system"(城市轨道交通系统),检索结果为142个,如图5.27所示。

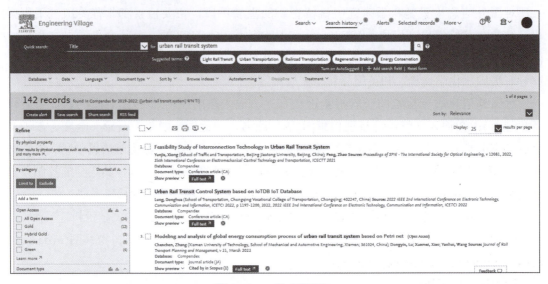

图 5.27　EI 检索结果 2

(5) 检索字段选择"Subject/Title/Abstract",输入检索词"urban rail transit system"(城市轨道交通系统)。再选择"+Add search field"(增加检索字段),选择检索字段"All fields",输入检索词"the Internet of things"(物联网),同时确定逻辑关系为"AND",检索数量为22,如图5.28所示。

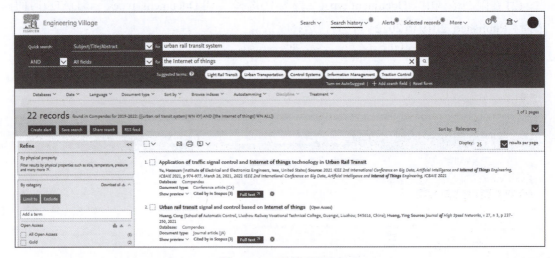

图 5.28　EI 检索结果 3

(6) 在检索结果图5.28中,单击第2篇文献的"Full text"可获得文献的基本特征信息,如图5.29所示,单击"Get PDF"按钮,可下载原文,如图5.30所示。

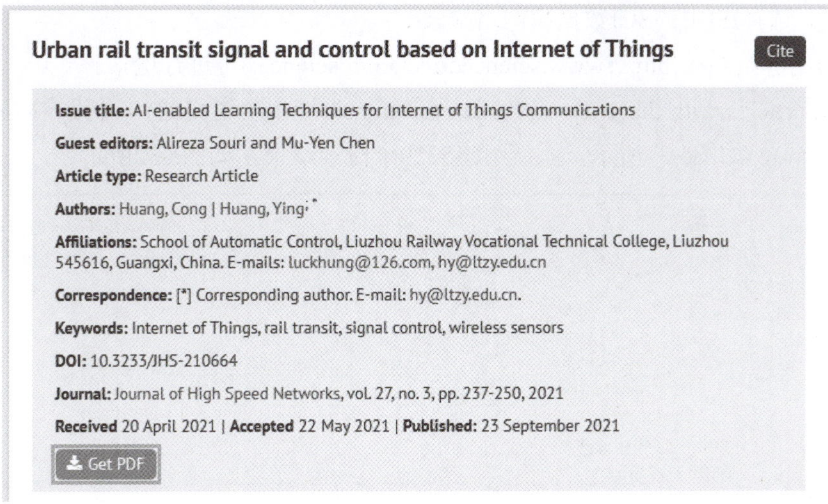

Urban rail transit signal and control based on Internet of Things

Cite

Issue title: AI-enabled Learning Techniques for Internet of Things Communications

Guest editors: Alireza Souri and Mu-Yen Chen

Article type: Research Article

Authors: Huang, Cong | Huang, Ying; *

Affiliations: School of Automatic Control, Liuzhou Railway Vocational Technical College, Liuzhou 545616, Guangxi, China. E-mails: luckhung@126.com, hy@ltzy.edu.cn

Correspondence: [*] Corresponding author. E-mail: hy@ltzy.edu.cn.

Keywords: Internet of Things, rail transit, signal control, wireless sensors

DOI: 10.3233/JHS-210664

Journal: Journal of High Speed Networks, vol. 27, no. 3, pp. 237-250, 2021

Received 20 April 2021 | **Accepted** 22 May 2021 | **Published:** 23 September 2021

Get PDF

图 5.29　EI 检索文献特征信息

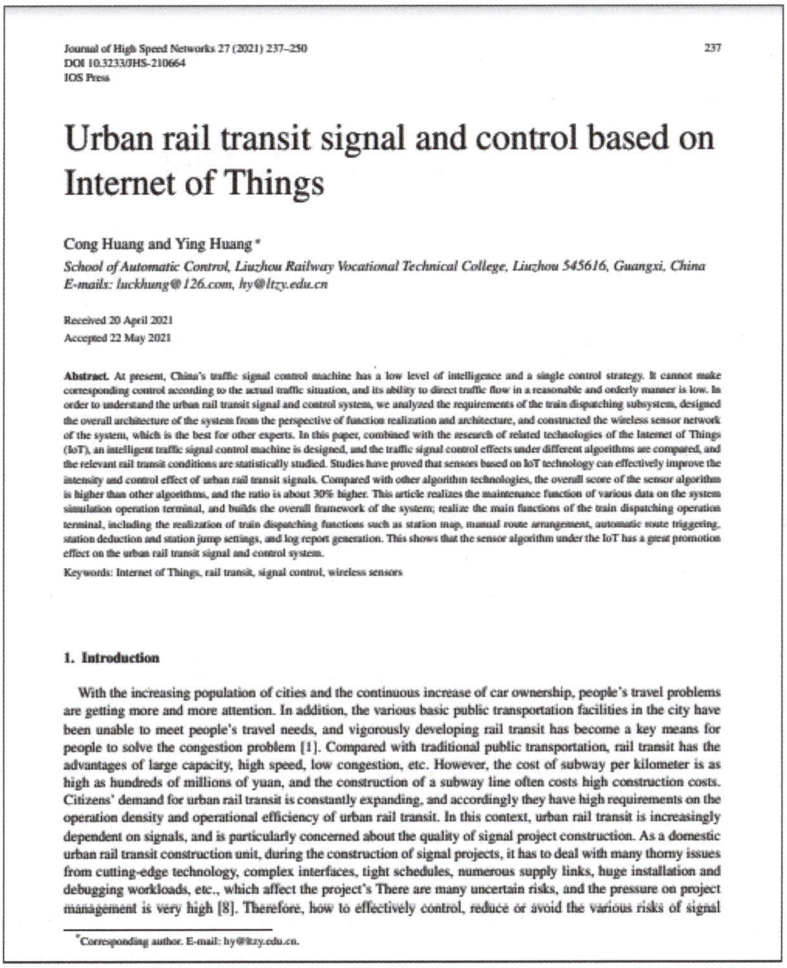

Journal of High Speed Networks 27 (2021) 237–250　237
DOI 10.3233/JHS-210664
IOS Press

Urban rail transit signal and control based on Internet of Things

Cong Huang and Ying Huang *
School of Automatic Control, Liuzhou Railway Vocational Technical College, Liuzhou 545616, Guangxi, China
E-mails: luckhung@126.com, hy@ltzy.edu.cn

Received 20 April 2021
Accepted 22 May 2021

Abstract. At present, China's traffic signal control machine has a low level of intelligence and a single control strategy. It cannot make corresponding control according to the actual traffic situation, and its ability to direct traffic flow in a reasonable and orderly manner is low. In order to understand the urban rail transit signal and control system, we analyzed the requirements of the train dispatching subsystem, designed the overall architecture of the system from the perspective of function realization and architecture, and constructed the wireless sensor network of the system, which is the best for other experts. In this paper, combined with the research of related technologies of the Internet of Things (IoT), an intelligent traffic signal control machine is designed, and the traffic signal control effects under different algorithms are compared, and the relevant rail transit conditions are statistically studied. Studies have proved that sensors based on IoT technology can effectively improve the intensity and control effect of urban rail transit signals. Compared with other algorithm technologies, the overall score of the sensor algorithm is higher than other algorithms, and the ratio is about 30% higher. This article realizes the maintenance function of various data on the system simulation operation terminal, and builds the overall framework of the system; realize the main functions of the train dispatching operation terminal, including the realization of train dispatching functions such as station map, manual route arrangement, automatic route triggering, station deduction and station jump settings, and log report generation. This shows that the sensor algorithm under the IoT has a great promotion effect on the urban rail transit signal and control system.

Keywords: Internet of Things, rail transit, signal control, wireless sensors

1. Introduction

With the increasing population of cities and the continuous increase of car ownership, people's travel problems are getting more and more attention. In addition, the various basic public transportation facilities in the city have been unable to meet people's travel needs, and vigorously developing rail transit has become a key means for people to solve the congestion problem [1]. Compared with traditional public transportation, rail transit has the advantages of large capacity, high speed, low congestion, etc. However, the cost of subway per kilometer is as high as hundreds of millions of yuan, and the construction of a subway line often costs high construction costs. Citizens' demand for urban rail transit is constantly expanding, and accordingly they have high requirements on the operation density and operational efficiency of urban rail transit. In this context, urban rail transit is increasingly dependent on signals, and is particularly concerned about the quality of signal project construction. As a domestic urban rail transit construction unit, during the construction of signal projects, it has to deal with many thorny issues from cutting-edge technology, complex interfaces, tight schedules, numerous supply links, huge installation and debugging workloads, etc., which affect the project's There are many uncertain risks, and the pressure on project management is very high [8]. Therefore, how to effectively control, reduce or avoid the various risks of signal

*Corresponding author. E-mail: hy@ltzy.edu.cn.

图 5.30　EI 全文下载结果

方法二：选择ISI中的SCI数据库网络检索。

进入ISI的检索系统(http://www.sciencedirect.com/science/)可进行检索。

(1) Find articles with these terms：urban rail transit(城市轨道交通)，并设定时间为2019年至2022(以下同)，如图5.31所示，系统给出5229个检索结果，如图5.32所示。

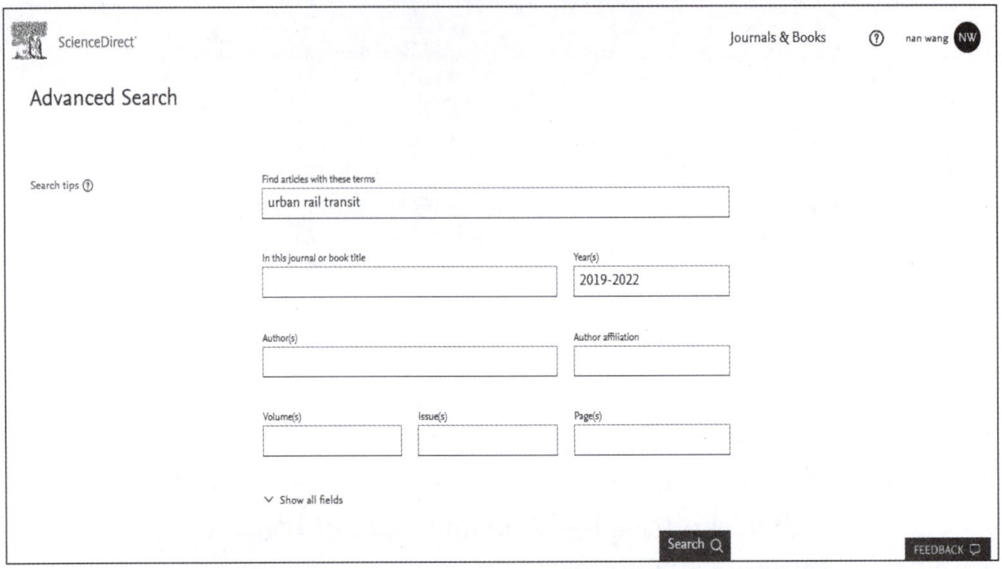

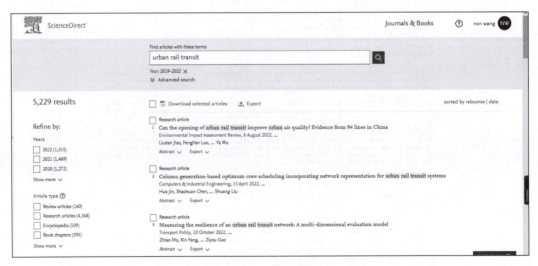

图 5.31　SCI 检索

图 5.32　SCI 检索结果 1

(2) Find articles with these terms：urban rail transit system(城市轨道交通系统)，系统给出4994个检索结果，如图5.33所示。

(3) Find articles with these terms：urban rail transit(城市轨道交通)；Title, abstract, keywords：the Internet of things(物联网)，系统给出27个检索结果，如图5.34所示。

(4) 在如图5.34所示的检索结果的界面中单击文献标题可以获得文献链接内容，如图5.35所示。

图 5.33　SCI 检索结果 2

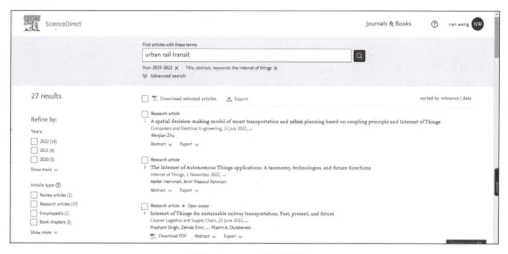

图 5.34　SCI 检索结果 3

图 5.35　SCI 文献检索结果

本章小结

国外信息资源是科技工作者进行科技查新的重要检索工具，为广大用户提供了丰富的信息检索资源。本章以美国《工程索引》、美国《科学引文索引》、英国《科学文摘》为例，介绍了主要的国外检索工具的资源特点和基本使用方法，以及国外部分免费学术信息资源的获取方法。通过实例讲解了检索系统的使用及检索方法，同时对部分检索结果的处理给出了合理化解决方案。

【关键术语】

美国《工程索引》　　　　美国《科学引文索引》　　　　英国《科学文摘》

综合练习

一、填空题

1. 常用的外文检索工具有＿＿＿＿、＿＿＿＿、＿＿＿＿、＿＿＿＿。
2. EI的中文全称是＿＿＿＿，英文全称是＿＿＿＿。
3. SCI的中文全称是＿＿＿＿，英文全称是＿＿＿＿。
4. SCI的网络版，即SCIE(Science Citation Index Expanded)由美国汤姆森科技信息集团开发，是＿＿＿＿检索平台的一个子库。
5. EI的检索结果可以有3种显示方式：＿＿＿＿、＿＿＿＿和＿＿＿＿。
6. 印刷版《科学引文索引》有＿＿＿＿、＿＿＿＿、＿＿＿＿、＿＿＿＿4种索引方式。

二、判断题

1. EI Compendex是全世界最早的工程文摘来源。（　　）
2. 《工程索引》网络版EI Compendex 数据库的数据通常需要每月进行更新。（　　）
3. EI Village数据库中Quick Search和Expert Search提供的Browse Indexes的字段完全相同。（　　）
4. ISI Web of Knowledge是《工程索引》的检索平台。（　　）
5. SCI的网络版是Web of Science(简称WOS)检索平台的一个子库。（　　）
6. 在ISI Web of Knowledge的检索结果显示界面中，可以看到有full text这一链接，这说明该数据库是一个全文数据库。（　　）
7. Web of Knowledge数据库的检索结果可通过出版日期、入库时间、相关性、第一作者等方式对检索结果进行排序。（　　）
8. INSPEC和EI可以使用同一个检索平台进行检索。（　　）
9. CA学科覆盖面很广，报道的内容几乎涉及了工程技术方面的各个领域。（　　）

三、选择题（单选或多选）

1. 印刷版《工程索引》分为(　　)和(　　)两种版本。
   A. 年刊　　　　B. 季刊　　　　C. 月刊　　　　D. 周刊

2. 在SCIE数据库检索高晋生老师发表的文章，检索式正确的是(　　)。
   A. AU=gao jinsheng　　　　B. AU=gao js
   C. AU=js gao　　　　D. AU=gao，J-S

3. 有关ISI Web of Knowledge，下列说法中错误的是(　　)。
   A. 可以检索期刊文献
   B. 可以检索到国际会议文献
   C. 不能实现跨库检索
   D. 具备知识的检索、提取、分析、评价等多项功能

4. SCI数据库中已知一篇2006年发表的文献，通过(　　)可以了解与这篇文献有共同引文的文献。
   A. 相关文献Related Records　　　　B. 被引频次Times Cited
   C. 被引参考文献Cited References　　　　D. 出版年份Publication Year

5. SCI提供了被引参考文献检索的途径，这是SCI的特色，可通过(　　)字段进行检索。
   A. 被引作者　　　　B. 被引著作，如期刊或者图书
   C. 被引文献发表年代　　　　D. 论文作者

6. INSPEC网络版的检索平台有(　　)等。
   A. ISI Web of Knowledge　　　　B. CNKI
   C. Engineering Village　　　　D. OVID

四、简答题

1. 本章中的检索工具美国《工程索引》、美国《科学引文索引》和英国《科学文摘》分别有哪些出版方式？

2. 美国《工程索引》第一版的出版时间是哪年？现在使用版的名称是什么？

3. EI Compendex Web的检索方式有哪些？

4. EI Compendex Web的Quick Search(快速检索)和Expert Search(专业检索)的区别是什么？

5. Web of Science的检索方式有哪些？

6. Web of Science的"检索"有哪些检索途径？"被引参考文献检索"有哪些检索途径？

7. EI Compendex Web包括哪些检索工具？ISI包括哪些检索工具？

8. 《科学文摘》的收录特色与EI Compendex Web和ISI的收录特色的区别是什么？

五、检索实训

姓名：　　　　　　　　检索时间：

课题 5.1：检索 2021 年国外关于基因芯片技术的文章。

检索目的：掌握外文检索途径及应用。

检索要求：

(1) 选择外文检索工具。

(2) 确定与主题相关的关键词。

(3) 检索文献全文，记录命中文献数量和3篇文献篇名。

检索结果：

课题 5.2：检索发表在 Economists 中的文章，要求篇名中出现 economic globalization。

检索目的：掌握外文检索工具的使用方法。

检索要求：

(1) 确定与主题相关的检索词。

(2) 选择相应的检索数据库。

(3) 按要求检出文章题录信息。

检索结果：

第6章

信息资源的利用

学习目标

1. 了解信息资源利用的意义，以及信息资源利用的各个环节及其内涵。
2. 掌握信息资源收集的方法和原则。
3. 理解信息资源的鉴别和整理。
4. 掌握信息资源利用的4种形式的结构和注意事项。
5. 掌握信息资源利用效果的评价方法，以及提高信息资源利用效果的技巧。

在当今社会，信息、物质、能源一起构成三大支柱资源，而其中的信息资源对人们来说已不再陌生。随着社会的发展，信息显得越来越重要，信息是一种财富，对经济的繁荣、科技的进步、社会的发展都起着非常重要的作用。

信息资源属于非消耗性资源，在其使用过程中价值不会改变，同时由于使用者对信息资源自身的鉴别、整理、分析、利用，可以促进使用者对信息资源深层内容的挖掘，从而形成新的信息资源，即信息资源的再生过程，最终有利于整体社会信息资源的提升和丰富。所以信息资源的利用非常重要，一方面可以使信息资源的价值得以发挥，使其指导实践，创造生产力；另一方面可以促进新信息的产生，从而促进全社会信息的共享和传递。

本章主要从信息资源的收集、信息资源的鉴别、信息资源的整理、信息资源的分析、信息资源的利用、信息资源再生、信息资源研究的评价等方面进行介绍。

6.1 信息资源的收集

信息资源(Information Resources)是指以文字、图形、图像、声音、动画和视像等形式，存储在一定的载体上并可供利用的信息。信息资源广泛存在于社会各个领域和部门，是各种事物形态、内在规律等的反映。随着社会的不断发展，信息资源对国家和民族的发展，对人们的工作和生活至关重要，成为国民经济和社会发展的重要战略资源。信息的开发和利用是整个信息化体系的核心内容。

信息的来源包括两大类：一类是初始的、原始的，是有关研究对象的数据、事实，属于直接资料；另一类是间接的，是他人对研究对象的论述或经验，属于间接资料。直接资料是进行研究的主要来源和依据，如科学实验数据、经济商业指数等。同时，间接资料也非常重要，资料收集者可以从他人的研究中受到启发，也可以引用一些经过考证的事实资料作为旁证，或者从他人的论点中找出漏洞加以批驳，树立自己的观点。

6.1.1 信息资源收集的方法

信息资源收集就是通过各种途径，对相关信息进行搜索、归纳、整理并最终形成所需有效信息的过程。信息收集是信息资源利用工作的第一步，信息资源利用各环节的开展必须以信息资源为载体，信息资源必须经过收集才能被使用者掌握，才能进入信息利用的各环节，如图6.1所示。信息资源收集对信息工作非常重要，通过信息资源的收集过程，可以使信息资源利用者对研究问题初步了解，并且厘清研究思路，明确研究对象。

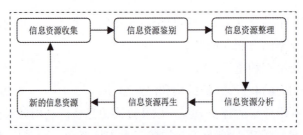

图 6.1　信息资源过程管理示意图

信息资源收集首先需要明确相应的研究对象，这样才能具有信息敏感度。这就要求在资料搜索过程中要有准备，而不是忙乱搜索。如果所有课题都用同一搜索引擎，那么会使信息资源收集难度变大，增加信息资源鉴别和整理的工作量，减小信息资源的利用效果。

信息资源的来源主要有两大类，所以获取途径也有两大类：一是通过实地调查、采访、亲身经历，获得第一手资料；二是通过某种介质间接获得信息，如通过书刊、报纸、电视、网络。

信息资源的收集可采用系统检索收集法和访问调研收集法。系统检索收集法是利用手工检索工具和计算机检索系统，查找已公开发布的信息。访问调研收集法是有目标地进行专访、座谈、实地参观或参加有关的国内外学术会议等收集未公开发布的信息，以弥补系统检索的不足。

除此以外，更具有实际可操作性的方法，是根据课题的性质和要求，采用更有针对性的收集方法。

（1）带技术攻关性质的课题。信息资源收集的重点通常是科技报告、专利、会议文献和期刊论文。收集步骤一般分成两步：一是使用相应的专门检索刊物或数据库查找一批相关信息资源；二是根据这批信息资源，找出核心的分类号、主题词、作者姓名以及主要相关期刊或会议等，利用这些线索再使用检索刊物、数据库或专业期刊、会议录复查，以找全主要的参考文献。

(2) 带仿制性质的课题。信息资源收集的重点通常是同类的产品说明书、专利说明书和标准资料。有时科技报告和期刊等也有参考价值。收集的步骤一般也分两步：一是通过各种手册、指南了解有关公司的名称和情况，进而利用检索刊物或数据库普查相关的专利和标准，掌握专利占有和标准的公布情况，摸清有哪些主要的公司、厂商；二是通过各种途径向这些公司、厂商索取产品样本和产品说明书等。

(3) 带综述性质的课题。信息资源收集的重点通常是近期发表的各种信息资源，包括以期刊论文、会议文献、专著丛书、年鉴手册和科技报告等形式出版的综述、述评、进展报告、现状动态、专题论文等。收集的方法以使用检索刊物或数据库为主，辅以直接查阅有关期刊、图书和手册等工具书。另外，还要注意最新发表的相关一次文献。

(4) 带成果水平鉴定性质的课题。信息资源收集的重点通常是专利文献，也包括相关的科技成果公报类期刊、专业期刊和专业会议文献。收集的步骤一般分手工检索和计算机检索两部分。手工检索部分用以摸清基本情况，计算机检索部分利用手工检索所得线索予以扩展和完善，以增加可靠性。这类课题对相关信息的查全率和查准率都有较高的要求，收集时应特别注意检索策略的优化和比较。

6.1.2 信息资源收集的原则

我们应依据研究课题的学科专业性质以及与其他相邻学科的关系，以确定信息资源收集的深度与广度，信息资源收集的具体原则如下。

1. 针对性原则

信息资源收集过程就是选择信息的过程。首先必须明确收集的信息资源为谁所用，有何用途。企业的信息需求总是特定的，有层次、有范围的。信息收集针对性是指要有针对性、有重点、有选择地收集价值大的、符合企业发展需求的信息资源，以提高信息工作的投入产出效益。

2. 可靠性原则

真实可靠的信息资源是正确决策的重要保证。信息收集的可靠性原则是指收集的信息必须是真实对象或环境所产生的，必须保证信息来源是可靠的，必须保证收集的信息能反映真实的状况，可靠性原则是信息收集的基础。在信息资源收集过程中，必须深入实际地调查研究，细心分析、比较、鉴别，剔除虚假信息，以保证信息的真实性和准确性。

3. 完整性原则

信息收集完整性是指收集的信息在内容上必须完整无缺，信息收集必须按照一定的标准要求，收集反映事物全貌的信息，完整性原则是信息利用的基础。所收集的信息资源必须保证在时间和空间上全面、完整地反映事物的真实面貌。从时间角度上要对某一事物在不同时期、不同阶段发展变化的信息进行跟踪收集；从空间角度上要把与某一事物相关的分布在不同区域的信息收集齐全。收集的信息资源之间要形成完整系统，保证资源的完整性。

4. 实时性原则

信息资源具有较强的时效性。随着事物的运动变化,过时的信息不能准确反映事物的属性。信息资源的收集要保证信息的新颖性,使得信息资源的使用价值实现最大化。信息收集的实时性是指能及时获取所需的信息,一般有3层含义:一是指信息自发生到被收集的时间间隔,间隔越短就越及时,最快的是信息收集与信息发生同步;二是指在企业或组织执行某一任务急需某一信息时能够很快收集到该信息,谓之及时;三是指收集某一任务所需的全部信息所花去的时间,花的时间越少,谓之越快。实时性原则保证信息收集的时效。

5. 准确性原则

准确性原则是指收集到的信息与应用目标和工作需求的关联程度比较高,收集到信息的表达是无误的,是属于收集目的范畴之内的,相对于企业或组织自身来说具有适用性,是有价值的。关联程度越高,适应性越强,信息也就越准确。准确性原则保证信息收集的价值。

6. 经济性原则

社会信息数量庞大、内容繁杂,如果不加限制地滥采,不仅会造成人力、物力、财力的巨大浪费,还会干扰有用信息,无法发挥其经济、社会效益。坚持经济性原则,就是根据收集的最终目的,选择合适的信息源,以及适当的信息收集途径和方法。

7. 预见性原则

在当今信息技术迅猛发展的时代,如果仅仅考虑当前的信息需求,那么信息资源收集工作就会永远滞后于信息需求。因此,信息收集过程不仅要立足于现实需求,同时还要有一定的超前性。

8. 重要性原则

在众多的信息中,根据价值大小、易用程度、成本高低选出综合质量最好的信息作为重点收藏。

9. 易用性原则

易用性原则是指采集到的信息按照一定的形式表示,便于使用。

6.2 信息资源的鉴别和整理

通过各种正式和非正式渠道,包括通过检索刊物、计算机和通信手段,一次文献信息调研所得的信息资源常常数以百计。这些收集到的资料应该首先进行整理,然后再加以利用。信息资源的鉴别和整理一般包括信息资源的阅读和消化、信息资源可靠性的鉴别、信息资源的摘录和组织编排。

6.2.1 信息资源的鉴别

在分类的基础上,通过正确的方法阅读粗选后的信息资源,针对课题的需要,对材料进行认真对比鉴别、科学分析和审定,去粗存精、去伪存真,挑选出最有价值、最适用的信息资源。

1. 信息资源鉴别的对象

(1) 来源鉴别:对所收集的文献信息,应进行来源国、学术机构、研究机构的对比鉴定。看是否出自著名学术机构或研究机构,是否刊登在同领域的著名核心期刊上,文献被引用频次多寡,来源是否准确,是公开发表还是内部交流。对那些故弄玄虚、东拼西凑、伪造数据和无实际价值的资料,一律予以剔除。

(2) 著者鉴别:对所收集的文献信息的著者应进行必要的考证,看该著者是否是本领域具有真才实学的学者。

(3) 事实和数据性信息的鉴别:主要是指论文中提出的假设、论据和结论的鉴别,应首先审定假定的依据、论据的可信程度,结论是否是推理的必然结果,实验数据和调查数据是否真实、可靠。对于那些立论荒谬、依据虚构、逻辑混乱、错误频出的资料,应予以剔除。

2. 信息资源鉴别的侧重点

鉴别优选信息资源主要侧重于以下3个方面。

(1) 可靠性。审定信息资源提供的假定的依据、观点是否明确,论据是否充分并具有说服力,结论是否合理,实验数据和调查数据是否真实可靠。

(2) 新颖性。研究信息资源发表的历史情况和社会背景,对照所研究课题的历史以及学科发展趋势等,从而审定信息资源的新颖性。

(3) 适用性。审定信息资源对本课题的适用程度。

6.2.2 信息资源的整理

信息资源鉴别完成后,需要对收集的信息资源进行一系列的科学整理,整理方法主要包括信息资源分类和信息资源汇编。

(1) 信息资源分类。资源的分类是按照一定的标准,把与研究课题有关的信息资源分成不同的组或类,将相同或相近的资源合为一类,将相异的资源区别开来,然后再按分类标准将总体资源加以划分,构成系列。人们习惯于把收集的信息资源,按照信息资源的性质、内容或特征进行分类。

(2) 信息资源汇编。汇编就是按照研究的目的和要求,对分类后的资源进行汇总和编辑,使之成为能反映研究对象客观情况的系统、完整、集中、简明的材料。汇编有3项工作要做:一是审核资源是否真实、准确和全面,不真实的予以淘汰,不准确的予以核实;二是根据研究目的、要求和研究对象的客观情况,确定合理的逻辑结构,对资源进行初次加工;三是汇编好的资源要井井有条、层次分明,能系统、完整地反映研究对象的全貌,还要用简短明了的文字说明研究对象的客观情况,并注明资源的来源和出处。

6.3 信息资源的分析

用于信息资源分析的方法有逻辑学法、数学法和超逻辑想象法三大类,其中,逻辑学法是最常用的方法。逻辑学法具有定性分析、推论严密、直接性强的特点。属于逻辑学法的常用方法有综合法和分析法。

6.3.1 综合法

综合法是把与研究对象有关的情况、数据、素材进行归纳与综合,把事物的各个部分、各个方面和各种因素联系起来考虑,从错综复杂的现象中探索它们之间的相互联系,以达到从整体的角度通观事物发展的全貌和全过程,获得新认识、新结论的目的。综合法可具体分为简单综合、分析综合和系统综合。

简单综合是把原理、观点、论点、方法、数据和结论等有关信息资源一一列举,进行综合归纳。

分析综合是把有关的信息资源,在对比、分析、推理的基础上进行归纳综合,并得出一些新的认识或结论。

系统综合是一种范围广、纵横交错的综合方式。系统综合是把获得的信息,从纵的方面综合与之有关的历史沿革、现状和发展预测,从中得到启迪,为有关决策提供借鉴;从横的方面综合与之有关的相关学科领域、相关技术,从中找出规律,博采众长,为技术创新或技术革新提供相关依据。

6.3.2 分析法

分析法是将复杂的事物分解为若干简单事物或要素,根据事物之间或事物内部的固有关系进行分析,从已知的事实中分析得到新的认识与理解,产生新的知识或结论。分析法由于分析的角度不同,常用的有对比分析法和相关分析法。

1. 对比分析法

对比分析法是常用的一种信息资源定性分析方法。对比分析法可以分为纵向对比法和横向对比法。

(1) 纵向对比法。纵向对比法是通过对同一事物在不同时期的状况,如质量、性能、参数、速度、效益等特征进行对比,认识事物的过去和现在,从而探索其发展趋势。由于这是同一事物在时间上的对比,因此又称为动态对比。

(2) 横向对比法。横向对比法是对不同区域,如国家、地区或部门的同类事物进行对比,属于同类事物的对比。横向对比可以提出区域间、部门间或同类事物间的差距,判明优劣。横向对比又称静态对比。

2. 相关分析法

相关分析法也是一种常用的信息资源定性分析方法。事物之间、事物内部各个组成部分之间经常存在着某种关系,如现象与本质、原因与结果、目标与途径、事物与条件等关系,可以统称为相关关系。通过分析这些关系,可以从一种或几种已知的事物特定的相关关系,依次、逐步地预测或推知未知事物,或获得新的结论,这就是相关分析法。

6.4 信息资源的利用

信息资源开发利用的最终目的是:实现信息资源的利用,让信息资源成为社会经济发展的主导资源,尽量用信息资源去替代或者减少物质与能量的消耗,从而节约物质和能量资源,减少环境污染;用信息流去调控能量流和物质流,推动国家信息化进程,提高信息化建设的效益。

信息资源的利用结果是再生成为新信息。信息资源具有非消耗性,在满足需求者的使用后,不仅不会消耗,还会产生新的信息资源。信息资源的再生是对有关信息进行分析和利用,产生新知识的结果。根据利用信息的目的和类型,再生新信息可以以信息研究报告和学术论文、文献综述等形式再现。下面主要介绍科研选题及信息收集、学术论文的开题与写作,以及文献综述的写作等。

6.4.1 科研选题及信息收集

科研选题就是形成、选择和确定所要研究和解决的课题。科研选题是否得当,在研究工作中十分重要,其关系到科研的目标、方法、水平和价值。

1. 科研选题类型

科研课题因其管辖机构、经费来源以及研究内容的不同而丰富多彩,主要来源于以下几个方面:科学本身的发展,社会生产实践的需求,国家政治、经济特别是军事(战争)的需要,社会生活其他方面的需要等。

1) 按研究内容或经费来源

按研究内容或经费来源,科研课题主要有以下几类。

(1) 一般分类:理论性、实验性和综合性研究课题。

(2) 基本类型:基础性、应用性和发展性研究课题。

(3) 特殊类型:专项研究、指令性、招标性研究课题。

2) 按课题来源

按课题来源,科研课题主要包括纵向课题、横向课题、委托课题和自选课题。

(1) 纵向课题:由各级政府指定的科研管理单位代表政府立项的课题。

常见的纵向课题包括以下几个方面。

- 国家自然科学基金:面上项目、重点项目、重大项目等。
- 科技部专项计划课题:973 计划项目、863 计划项目等。
- 政府管理部门科研基金:教育部博士点基金、优秀青年教师基金等。

- 单位科研基金：各单位自行设立的基金及课题。
- 国际协作课题：跨国家课题、跨区域课题。

(2) 横向课题：设备改造、科技攻关、技术创新及新产品开发等课题。
(3) 委托课题：来源于各级主管部门、大型厂矿企业和公司等的课题。
(4) 自选课题：专业特长及个人喜好的课题。

2. 科研选题方式和程序

科研选题方式包括6种：从招标范围中选题，从碰到的问题中选题，从文献的空白点选题，从已有课题延伸中选题，从改变研究要素中选题，以及从跨领域的研究中选题。

科研选题程序包括以下几个方面。

(1) 提出问题：注重始动性、基础性、战略性。
(2) 构建方案：方案要思路新、起点高、意义大。
(3) 选题报告：集思广益，反复修正，形成方案，专家评估。
(4) 申报取向：知己知彼，有的放矢，部门对口，学科相符。

3. 科研选题的信息收集

收集和积累有关信息，是科学研究首要的、日常的工作，也是科研选题的基础。在自然科学研究中，基础理论的研究成果一般不保密，而且为争得最先发现权而抢先发表；以应用技术为研究成果的新技术、新配方、新工艺、新材料等真正的技术秘密，则需及时申请专利加以保护。科研选题的信息收集采用多渠道、多角度、多层面收集的方式，主要包括以下4种。

(1) 科学文献：图书、期刊及其他文献。
(2) 学术会议：报告、讨论、论文集等。
(3) 信息交流：通过参观、访问、座谈、通信等方式收集信息。
(4) 网络查询：互联网或专业网站检索等。

6.4.2 学术论文的开题与写作

学术论文是某一学术课题在实验性、理论性或观测性上，具有新的科学研究成果或创新见解的科学记录；或是某种已知原理应用于实际中取得新进展的科学总结，用以提供学术会议上宣读、交流或讨论；或在学术刊物上发表；或作其他用途的书面文件(见国家标准《科学技术报告、学位论文和学术论文的编写格式》GB/T 7713—1987)。学术论文要求撰写者在阅读大量相关信息资源的过程中，以其专业思维对信息资源进行整理、筛选、分析、升华，最终写出一篇具有学术研讨价值的文章。

从形式上看，一般的学术论文要包括以下几个部分：标题、摘要、关键词、正文、结论、参考文献等。

1. 标题

标题是文章的旗帜，服务于揭示主题，体现文章的中心内容。学术论文标题的制作应符合下面几条原则。

(1) 题名应以简明、确切的词语反映文章中最重要的特定内容，要符合编制题录、索引和检索的有关原则，并有助于选定关键词。

(2) 中文题名一般不宜超过20个字，必要时可加副题名。

(3) 题名应避免使用非公知公认的缩写词、字符、代号，应避免出现结构式和数学式。

(4) 题名应通顺，合乎语法要求。

(5) 题名应明确，要有诱读力。标题要揭示文稿内容，一定要让人看了就明白说的是什么，要能吸引读者阅读，有诱读力，而不能不明确、暧昧含混。

(6) 题名要与文章内容相符。标题是要服从、反映、概括、揭示文稿内容的。因此，标题必须与文章内容相符，切不可题文不符、题不对文。

2. 摘要

摘要主要叙述从事这一研究的目的和重要性，研究的主要内容，完成了哪些工作，获得的基本结论和研究成果，并能突出论文的新见解、结论或结果的意义。摘要一般要求如下：结构严谨，表达简明，语义确切，文字简练，内容充分概括。

摘要写作的注意事项有以下几个方面。

(1) 论文都应有摘要。

(2) 摘要是对整篇文章的高度概括，具体包括研究的目的、方法、结果和结论等。

(3) 摘要应具有独立性，应是一篇完整的短文。一般不用图表和非公知公认的符号或术语，不得引用图、表、公式和参考文献的序号。

(4) 摘要中应排除本学科领域已成为常识的内容。

(5) 切忌把应在引言中出现的内容写入摘要。

(6) 用第三人称。建议采用"对……进行了研究""进行了……调查"等记述方法标明一次文献的性质和文献主题，不必使用"本文""作者"等作为主语。

(7) 要使用规范化的名词术语，新术语或尚无合适汉文术语的，可用原文或译出后加括号注明原文。

(8) 除了实在无法变通以外，不要用数学公式和化学结构式，不出现插图、表格。

3. 关键词

关键词是标示文献关键主题内容、为了便于进行文献索引和检索而选取的、能反映论文主题内容的词或词组，一篇论文可选取3～8个词作为关键词。关键词选择方法是由作者在完成论文写作后，纵观全文，选出能表示论文主要内容的短语或词汇。

4. 正文

论文的正文部分是论文的核心。正文是论文的主体，占据主要篇幅。论文所体现的创造性成果或新的研究结果，都将在这一部分得到充分证明和反映。

正文内容包括：调查与研究对象，实验和观测方法，仪器设备，材料原料，实验和观测结果，计算方法和编程原理，数据资料，经过加工整理的图表，形成的论点和导出的结论等。当然,其中的结论可以单独设一部分(或一节)展开叙述。

正文写作时应注意以下几方面。

(1) 段落划分。应视论文性质与内容而定,要把段落作为一个相对独立的文章单位来看待,要善于疏通思路,以增强思维的条理性。

(2) 构段要求。段意要明确、统一、完整,段的长度要适中。正文内容的一般思路如下。

① 提出问题:分析问题的背景,奠定理论基础等。

② 分析问题:分析问题的现状、原因等。

③ 解决问题:给出具体的政策建议等。

④ 可以安排图、表对问题进行分析和说明。

(3) 实验结果和分析。这一部分是论文的关键部分,应当阐述主要的、关键的内容,凡属通过的、标准的和常见仪器设备,只需提供型号、规格及主要性能指标。

(4) 结果和分析。全文的一切结论由此得出,一切推理由此导出。这部分需要列出实验数据和观察所得,并对实验误差加以分析和讨论。要注意科学、准确地表达必要的实验结果,舍弃不必要的部分。实验数据或结果通常用表格、图或照片等予以表达,而且尽量用图,不用表格或少用表格。

(5) 结果和讨论。这是一篇论文中比较难写的部分,在此处应该表明实验结果以及对其进行分析,找出得到这种结果的原因,并分析成功与否以及原因。同时,要能指出本次结果与以前相关结论的异同,并论述你的研究工作的理论含义以及实际应用的各种可能性,应明确提出尚未解决的问题及解决的方向。

5. 结论

论文的结论部分,应反映论文中通过实验、观察研究并经过理论分析后得到的学术见解。结论应是论文的最终的、总体的观点。结论的写作特点包括准确、完整、明确、精练。

6. 参考文献

国家标准《信息与文献 参考文献著录规则》(GB/T 7714—2015)指出参考文献是"对一个信息资源或其中一部分进行准确和详细著录的数据,位于文末或文中的信息源。"参考文献是为撰写或编辑论文和著作而引用的有关文献信息资源,是对正文中某一内容作进一步解释或补充说明的文字。

根据国家标准《信息与文献 参考文献著录规则》(GB/T 7714—2015)规定,主要参考文献的标识和书写规范如表6.1和表6.2所示。

表6.1 主要参考文献的著录格式

标识代码	文献类别	著录格式
M	专著	主要责任者.题名[M].出版地:出版者,出版年.
	译著	主要责任者.题名[M].其他责任者(译者),译.出版地:出版者,出版年.

（续表）

标识代码	文献类别	著录格式
C	文集析出	析出文献主要责任者. 析出文献题名[C]. 析出文献其他责任者. 文集名. 出版地：出版者, 出版年：起始页码 - 终止页码. 或：析出文献主要责任者. 析出文献题名 [A]. 原作者 (可选). 原文献题名 [C]. 出版地：出版者, 出版年. 起始页码 - 终止页码.
J	期刊析出	析出文献主要责任者. 析出文献题名[J]. 刊名, 年, 卷 (期)：页码.
D	学位论文	主要责任者. 文献题名[D]. 出版地：出版者, 出版时间.
P	专利文献	专利申请者或所有者. 专利题名：国名, 专利号[P]. 公告日期或公开日期 [引用日期].
S	技术标准	技术标准代号. 技术标准名称[S]. 出版地：出版者, 出版时间.
R	科技报告	主要责任者. 文献题名, 报告代码及编号[R]. 出版地：出版者, 出版时间.
N	报纸析出	析出文献主要责任者. 析出文献题名[N]. 报纸名, 出版日期 (版次).

表 6.2　主要电子文献的著录格式

标识代码	电子文献 / 载体类型	著录格式
DB	数据库	主要责任者. 电子文献题名 [文献类型标识 / 文献载体标识]. 电子文献的出版地：出版者, 出版年 (发表或更新日期)[引用日期]. 获取和访问路径. 文献类型标识 / 文献载体标识举例： [J/OL] 网上期刊 [EB/OL] 网上电子公告 [M/CD] 光盘图书 [DB/OL] 网上数据库 [DB/MT] 磁带数据库
EB	电子公告	
OL	联机网络	
CD	光盘	
MT	磁带	
DK	磁盘	

示例6.1：参考文献标准格式具体示例。

(1) 专著、学位论文的示例如下：

陈睿峰. 创业风险管理[M]. 北京：清华大学出版社，2022.

刘紫微. 我国政府信息资源增值开发与利用模式研究[D]. 哈尔滨：黑龙江大学，2014.

(2) 期刊文章的示例如下：

董睿, 俞竹青, 晁令锦. 基于神经网络的雷达天线稳定平台控制设计[J]. 自动化与仪表，2021，36(12)：33-37.

(3) 论文集、会议录的示例如下：

牟治宇, 高飞飞. 基于相似学习的无人机网络层级结构检测[C]. 中国指挥与控制学会. 第十届中国指挥控制大会论文集(上册)，2021：494-500.

(4) 报纸文章的示例如下：

徐恒. 我国信息技术领域专利量保持两位数高速增长[N]. 中国电子报，2015-04-17(12).

(5) 专利文献的示例如下:

施明. 一种输入法及其客户端和提供候选图片/视频的方法: 中国, CN110908525A[P], 2020-03-24.

(6) 电子文献的示例如下:

余驰疆, 崔隽. 从冬奥会到二十大, 他依然是"旋风一样的男子"[EB/OL]. 2022-10-20/[2022-10-21].https://new.qq.com/rain/a/20221020A07IF500.

6.4.3 文献综述的写作

文献综述是对某一方面的专题收集大量情报资料后, 经综合分析而写成的一种学术论文, 它是科学文献的一种。文献综述反映当前某一领域中某分支学科或重要专题的最新进展、学术见解和建议, 它往往能反映出有关问题的新动态、新趋势、新水平、新原理和新技术等。文献综述还可以称为文献评述、文献动态、文献进展和文献概要等。

文献综述的写作是信息研究过程中的重要环节, 也是科研课题实践的第一步。文献综述的撰写过程中, 作者可以通过收集文献资料的过程, 进一步熟悉所学专业文献的查找方法和资料的积累方法; 在查找的过程中同时也扩大了知识面。查找文献资料、写文献综述是科研选题及论文写作的第一步, 是为将来的科研活动打基础的过程。通过综述的写作过程, 能提高撰写者的归纳、分析、综合能力, 有助于独立工作能力和科研能力的提高。

1. 文献综述的特征

文献综述是作者对某一学科领域在一定时间范围内公开发表的文献, 进行广泛收集和阅读后, 就其中的主要观点和结论加以汇总、摘录或摘译, 有目的地对大量分散的文献资料分别整理、分类、归纳、综合, 撰写出的能阐述该学科专业研究现状和发展动向的一种专题情报研究论文。所以说文献综述是建立在一次文献和二次文献的基础上, 生产出来的一种文献, 即三次文献。通过比较会发现, 综述论文不同于原始论文, 因为文献综述不是对某一科研课题研究过程及其结论与讨论的报道, 更不是对论文内容的摘要和索引, 不能简单地对文献进行罗列。文献综述是对许多互有关联的文献进行分析、对比和评论所做的高层次的文献资料的综合论述。

2. 文献综述的撰写步骤

文献综述的撰写包括以下几个步骤。

(1) 确定选题。撰写文献综述前, 先要确定选题, 进而广泛搜集和阅读与选题有关的文献。文献综述选题可以介绍某一专业领域近些年来的研究进展; 反映某一分支学科当前的研究进展; 介绍某一研究专题的最新研究成果等。选题要从实际需要出发, 必须具有明确的目的性。选题应注意两点: 一是不要贪大求全, 要充分注意到各方面的客观条件, 结合自己的实际工作, 选择自己所从事的专业及研究课题, 或者与自己学科专业及研究课题之间有密切关系的问题。二是要考虑实际需要, 主要选择当今科学研究中经常遇到, 而目前尚未解决又迫切需要予以解决的一些问题。

(2) 检索和阅读资料。文献资料的广泛搜集是写好综述的基础，这一方面除了靠平时积累外，还要靠有目的地搜集。可以先搜集资料，再确定文题；也可以先确定文题，再按照文题要求搜集资料。当然，往往两者是结合的，即在平时资料积累的基础上选题，再根据题目补充搜集素材。阅读文献是综述写作的"前奏"。阅读文献时，应选读一些近期发表的综述、述评，因为这样可以了解有关专题的概况，而省去查找和阅读大量原始文献的时间。而对查获的文献，应先进行普遍浏览，以求对文献的初步了解，并选定重点参考资料。然后通读选出的文献。通读时，要全面掌握每篇文献的内容及重点，做出摘录或笔记，完成选材。此外，阅读一篇文献时，应先读摘要和结论，以此来初步了解文献的主要内容，权衡其学术价值，确定其对撰写综述有无用处及实用性大小。可将查到的文献分成"价值不大""有价值"和"很大价值"三类。对有"很大价值"的文献要精读，仔细推敲和深入分析研究，并做好摘要，记下文献著者、题目、刊名、年、卷、期、页和重要内容(如研究方法、研究结果、数据、指标、核心观点等)。特别要注意外文文献的检索和阅读。

(3) 写作构思与拟定提纲。构思是在确定写作主题后，根据所搜集的文献资料及对其整理和分析的结果，确定如何围绕该主题进行介绍和论证的思维过程。提纲是构思的具体化，包括各级标题、每一段落所要表明的论点及论据等。提纲是文章的骨架，应力争详尽、层次分明、有纲有目、逻辑性强。

拟定了写作提纲，可以说文章已写成一大半。这一过程一般包括以下步骤。

① 将摘录的全部文献浏览一遍，根据反映的内容主题，确定文章的主要段落和段落标题(一级标题)。

② 将文献摘录中与一级标题内容相关的评论放置在一起。

③ 按照一级标题的内容安排，确定是否分出二级、三级标题。

④ 对以上的编排反复推敲，重点考虑编排顺序是否合理、标题与内容是否一致、各段落间是否呼应、论证是否符合逻辑和科学原理等。

3. 文献综述的格式

综述可以根据需要从不同的侧面、广度和深度阐述一个问题，因而其形式与结构是多种多样的。一篇综述一般包括以下部分：题目、作者和第一作者所在的工作单位、摘要、关键词、前言、正文、结论、参考文献。下面介绍题目、前言、正文、结论和参考文献5个部分。

(1) 题目。题目应对综述内容起到概括和揭示的作用，要确切、简明、一目了然，且文题相符，切不可小题大做或文不对题。字数一般控制在20字之内。

(2) 前言。前言又称概述，是正文的引言，能起到破题作用，简明扼要地介绍该综述的学术意义、内容主题和撰写目的，与文章题目相呼应。前言能让读者对全文有一个基本了解。前言既要开宗明义，又需短小精炼，字数一般控制在300～500字。

(3) 正文。这是全文的主体部分，以论证过程为主线，一般框架如下：提出问题，展开讨论，罗列证据，分析论点，得出结论，其间大多还进行历史回顾和现状介绍等。正文大多采用大标题下分列小标题方式展开，每段开头以论点引路，以论点带论据方式进行叙述，引用资料以使用公开出版的文献为原则,并尽可能引用近年出版的文献,引文应如实反映原文的观点及数据。正文的字数视内容而定,与一般论著一样,应控制在3000~5000字。

(4) 结论。著者在此对全文进行一个简要的概括和总结,指出本综述所涉及的专题研究中存在的问题和未来发展动向,或提出自己的意见或评价。字数一般在300~500字。

(5) 参考文献。文章末尾附有较多参考文献,是综述的特点之一。开列引用文献的意义包括3个方面:第一,为知识产权保护的需要,应标明引文出处,表示尊重被征引者的劳动成果;第二,能说明综述是言之有据的,反映综述的可信程度;第三,为读者提供据此查检文献信息的线索,因此引用文献均要求按正文中引用顺序编码,并注明著者姓名及文献出处。目前,国内期刊对参考文献数量有限定,一般不能超过30篇,这些文献应是作者亲自阅读过的主要参考文献。引用的外文文献直接用外文,不必译成中文。

4. 写作文献综述的注意事项

写作文献综述时,应注意以下几点。

(1) 两种观点不能混淆。不要把不成熟的(未被证实的或推测性的)观点和成熟的观点相混淆,也不要把原始文献的观点与综述作者自己的观点相混淆。

(2) 切忌文献堆砌。切忌文献堆砌,使读者阅后不得要领,应该吃透原著内容,经过充分消化,吸取精华,达到融会贯通,再用准确语言清晰表达出来。

(3) 要认真核对引用的文献。务必保证引用的数据、观点、人名、术语等准确无误。

6.4.4 信息资源研究报告

信息资源研究报告一般是为领导决策部门、行业决策部门提供决策参考。其是在占有大量信息的基础上,结合课题的研究目标与需求,对有关信息进行系统整理、分析、归纳、综合叙述,并提出分析结论或建议。信息资源研究报告根据研究的目标和使用的对象不同,主要以综述、述评和专题报告的形式再现。信息资源研究报告一般包括标题、署名、前言、正文、结论、附录、引文注释和参考文献。

1. 标题

研究报告的标题必须反映报告的主要内容,要做到确切、中肯、鲜明、简练、醒目。标题的字数不宜过多,为了便于更充分地表现主要内容,可以采用加上副标题的办法。副标题可以引申主题,也可为系列文章分题发表提供方便。

2. 署名

撰写研究报告必须签署作者姓名及其工作单位,署名的目的是表示对研究报告负责。署名先后的问题,则采用以贡献大小为先后次序的标准。

3. 前言

前言是对研究课题的目的、意义,研究内容、目标的简述。学术论文的前言部分必须说明以下内容：进行这项研究工作的缘由和重要性；前人在这一方面的研究进展情况，存在什么问题；本研究的目的，采用什么方法，计划解决什么问题，在学术上有什么意义。前言部分要力求简明扼要，直截了当，不要拖泥带水。调查报告的导言部分，应说明调查的目的、任务、时间、地点、对象，简单交代调查的过程、结果及其意义。经验总结报告的情况概述部分则应简要论述总结工作的时间、背景，取得了哪些成绩，有什么效果。实验报告的前言部分，必须交代实验的目的，实验对象、时间和方法，实验结果。

4. 正文

研究报告的正文部分占报告的绝大部分篇幅，它是报告的主体。正文部分必须对研究内容进行全面的阐述和论证，包括整个研究过程中观察、测试、调查、分析的材料及由材料形成的观点和理论。调查报告的正文部分着重叙述所调查问题的现状和实质，以及产生问题的原因及其发展趋势。经验总结报告则要指出所总结的具体经验是什么，并对经验进行分析、归纳、论证，指出经验的意义。实验报告的正文部分应包括实验对象、实验经过、实验结果、结果分析和论证等。

正文部分是研究报告的关键部分，它体现了研究报告的质量和水平的高低。撰写研究报告的正文部分，首先必须掌握充分的材料，然后对材料进行分析、综合、整理，经过概念、判断、推理的逻辑组织，最后得出正确的观点，并以观点为轴心，贯穿全文，用材料说明观点，做到材料与观点的统一。

撰写研究报告必须正确处理论点和例证的关系。学术论文必须以论为纲，论点明确，并以确凿的论据来说明论点，做到论点与论据的统一。正文部分常常采用若干表、图、照片来集中反映数据和关键情节。特别是各种图表，很易于显示事物变化的规律性。当然，选用图、表、照片也要注意少而精，数据必须准确无误。

5. 结论

研究报告的结论部分是根据信息归纳、分析综合概述，按照研究课题的内容、目标，提出定性或定量的分析结果，其结论应与正文的叙述或评论紧密呼应。如研究报告为述评或专题报告，还应包括预测性建议。结论必须指出哪些问题已经解决了，还有什么问题尚待研究。有的研究报告可以不写结论，但应做简单的总结或对研究结果展开一番讨论；有的报告可以提出若干建议；有的报告还专门写一段结论性的文字，而把论点分散到整篇文章的各个部分。

结论部分必须总结全文，深化主题，揭示规律，而不是正文部分内容的简单重复，更不是仅仅谈几点体会。所以写结论必须十分谨慎，措辞要严谨，逻辑要严密，文字要简明具体，不能模棱两可，含糊其辞。

6. 附录

将信息研究报告所引用的各条信息，按主题或分类的原则编制成题录或文摘，可作为报告的附录，以供需要时参考。

7. 引文注释和参考文献

撰写研究报告，引用别人的材料、数据、论点、文章时要注明出处。注明出处反映出作者严肃的科学态度，体现出研究报告的科学依据，同时也是尊重别人劳动的表现。引文注释分文页末注(脚注)、文末注(段落后或篇后注)、文内注(行内夹注)和书后注4种。

6.5 信息资源研究的评价

在运用检索工具或检索系统进行检索时，检索者期望检索出来的文献信息都是自己所需的，并且能够把该检索工具或检索系统中适合自己检索需要的文献信息全部检索出来。然而，利用不同检索系统实现信息的查找，其检索效果是不一样的。利用同样的检索系统，但检索能力存在差异，也将导致检索效果的不同。对信息检索效果进行评价，能为改善检索系统性能提供明确的参考依据，进而更有效地满足用户的信息需求。掌握有效的信息检索方法与途径，提高对信息资源的鉴别能力，有助于广、快、精、准地查取所需求的信息资料，获得令人满意的检索结果。

6.5.1 信息资源的评价

信息资源的评价包括文献资源的评价、网络信息资源的评价和中国期刊评价体系。

1. 文献资源的评价

在进行文献信息检索时，应注意文献的可靠性。有用、可靠的信息，能指导科研、社会生产、国民经济向正常轨道上健康发展；而虚假、失实的信息，有可能为生产及生活带来惨重的损失。所以分析文献的可靠性非常重要，通常应考虑以下几个方面。

(1) 文献来源。通常联机检索数据库中的信息都是经过专业人员筛选过的，其内容数量多、质量好、自成体系、载体形式上多样化、更新速度快、可靠性较高。通过网络检索的联机数据库的信息具有同样的可靠性。

我国的电子政务虽然起步较晚但发展速度较快，大部分省市的教育、就业、医疗、电子采购、社会保险等领域的政府电子化服务已经展开，政府网站上提供的信息可靠性较高。

网络上正规出版社的专业技术杂志信息，能够提供和印刷版同样内容的专业知识，其信息可靠性较高。一些经过国家正式注册、信誉度较高的大型企业在网络上发布的信息，包括产品、价格、市场状况等相对可靠性较高。

个别企业和个人利用互联网建立的临时性网站，经常更换站名网址，有些用电子公告板发布的信息，都是没有经过专业机构审批的信息，相对可信度较低，甚至有些信息是违法的。

(2) 文献作者。文献的可信程度与作者密切相关，学者在专业杂志上发表的论文可信度较高，信誉度高的人士发表的论文、著作、专利及其他信息可信度高。

(3) 文献的发表时间。在技术发展领域，新的技术总能取代旧的技术，这种新旧更迭是随着时间而不断变化的，在科学研究中应注意这种变化，以便更好地利用信息。在经济及社会信息中，新旧信息更迭更加重要，不同时间发表的信息内容差别会很大，有时是相互对立的，有的信息在某一时间允许的，另一时间则被否定，如不及时掌握该信息会给用户带来巨大的损失。

(4) 出版商。在进行文献信息检索时，出版商与索引的质量、用途很有关系。国内外一些著名出版商(如美国威尔逊公司、中国的科技文献出版社)的文献数量多、质量好，在某些专业检索机构中出版的文摘类检索工具，在内容上自成体系，各索引之间有良好的分工，缺漏和重复较少。

2. 网络信息资源的评价

互联网是一条开放的信息高速公路，每个人都可以成为网上信息发布者，其信息量的迅猛增长给人们带来了丰富的资源。但是由于互联网缺乏类似出版机构那样完善的管理机制，网上信息质量良莠不齐，这就给网上信息产品的消费者提出了一个问题：如何判断网上信息的权威性、准确性、客观性、适时性、完整性？这就要求网上信息的使用者要具备对网上信息质量的评价能力。

(1) 判断信息的权威性。信息的权威性可以借鉴信息提供者的权威性，如作者的知名度、网站的主办者(网络信息的发布者)、网站的性质(如教育机构、政府机构、商业性机构、非营利性组织)、网页内容的责任编辑，以及有关知识产权说明。

(2) 判断信息的准确性。可通过观察信息来源是否标有负责监测发表内容的编辑姓名来核实事实的准确性。

(3) 判断信息的客观性。信息的客观性表现于信息或事实没有倾向性的宣传和评价，并且在表述有争议的观点时能保持中立，或提供公正评判。

(4) 判断信息的适时性。信息的适时性表现于信息内容发表和修改的时间、版权日期。网页上的信息是经常变换的，在使用网上资源时，要关注信息是否为最新。

(5) 判断信息内容的完整性。明确网上信息提供的实际内容与声明宗旨是否相符，且有无重要遗漏。

3. 中国期刊评价体系

期刊可提供科学研究的学术资源。然而，面对数量众多、内容繁杂的期刊，人们往往迷茫和困惑，在选择期刊方面难以达到最省力法则。这就涉及如何对期刊进行评价的问题。期刊评价指标是针对期刊内在质量和影响所进行的各种评判的标准，不同指标从不同的角度反映了期刊的质量和影响力，综合各类期刊评价，指标就构成了期刊评价指标体系。期刊评价体系为各学科期刊之间的比较与评价，提供了准确、客观、公正的数据参考。

对中国内地出版的期刊中核心期刊的认定，目前，国内比较权威的有以下几种期刊评价体系。

(1)《中文核心期刊要目总览》是由北京大学图书馆及北京十几所高校图书馆众多期刊工作者及相关单位专家参加的中文核心期刊评价研究项目成果，已经出版了1992、1996、2000、2004、2008、2011、2014、2017、2020、2022年版共10版。其收编包括社会科学和自然科学等各种学科类别的中文期刊。经过定量评价和定性评审，从我国正在出版的中文期刊中评选出1983种核心期刊，分属七大编74个学科类目。该核心期刊定量评价，采用了被索量、被摘量、被引量、他引量、被摘率、影响因子、他引影响因子、被重要检索系统收录、基金论文比、Web下载量、论文被引指数、互引指数12个评价指标，选作评价指标统计源的数据库及文摘刊物达50余种。

(2) 《中国科技期刊引证报告》分为核心版及扩刊版。其核心版结合中国期刊实际情况选用了诸如总被引频次、影响因子、即年指标、他引率、引用刊数、扩散因子、学科扩散指标、学科影响指标、被引半衰期等多种指标，根据不同的权重系数对期刊进行综合评价。其扩刊版是核心版的扩展和补充，可以了解期刊引用和被引用的情况，以及引用效率、引用网络、期刊自引等数据的统计分析，可以方便地定量评价期刊的相互影响和相互作用，正确评估某种期刊在科学交流体系中的作用和地位。

(3) 《中国科学引文索引(China Science Citation Index，CSCI)》是由中国科学技术信息研究所推出的基于期刊引用的检索评价数据库，囊括2000年来我国出版的各类学术期刊约10000余种(其中连续收录学术期刊6000余种)，累计论文约4800万篇，引文记录约2.4亿条，是目前国内最完备的中文期刊论文引文数据库。

(4) 中国科学引文数据库(Chinese Science Citation Database，CSCD)。创建于1989年，收录我国数学、物理、化学、天文学、地学、生物学、农林科学、医药卫生、工程技术和环境科学等领域出版的中英文科技核心期刊和优秀期刊千余种。中国科学引文数据库内容丰富、结构科学、数据准确。用户可迅速从数百万条引文中查询到某篇科技文献被引用的详细情况，还可以从一篇早期的重要文献或著者姓名入手，检索到一批近期发表的相关文献，对交叉学科和新学科的发展研究具有十分重要的参考价值。

(5) 中文社会科学引文索引(Chinese Social Sciences Citation Index，CSSCI)是由南京大学中国社会科学研究评价中心开发研制的数据库，用来检索中文社会科学领域的论文收录和文献被引用情况，是我国人文社会科学评价领域的标志性工程。CSSCI遵循文献计量学规律，采取定量与定性评价相结合的方法从全国2700余种中文人文社会科学学术性期刊中精选出学术性强、编辑规范的期刊作为来源期刊。收录包括法学、管理学、经济学、历史学、政治学等在内的25大类的500多种学术期刊。

6.5.2 信息检索效果评价

检索效果是指用户利用检索系统(或工具)开展检索服务时，对检出文献的满意程度或检索系统检索的有效程度，它反映了检索系统的能力。评价系统的检索效果，目的是准确地掌握系统的各种性能和水平，找出影响检索效果的各种因素，以便有的放矢，改进系统的性能，提高系统的服务质量，保持并加强系统在市场上的竞争力。

检索效果包括技术效果和社会经济效果。技术效果指检索系统在满足用户的信息需要时所达到的程度，主要指系统的性能和服务质量；社会经济效果是指系统如何经济有效地满足用户需要，使用户或系统本身获得一定的社会和经济效益，主要指检索系统完成检索服务的成本及时间。因此，技术效果评价又称为性能评价。社会经济效果评价则属于效益评价，而且要与费用成本联系起来，比较复杂。

1. 信息检索效果的评价指标

判定一个检索系统的优劣，主要从质量、费用和时间三方面来衡量。因此，对信息检索系统的效果评价也应该从这三方面进行。质量标准主要有查全率、查准率、漏检率、误检率、检索速度、新颖率和有效率等。费用标准是考虑检索费用。检索费用是指用户为检索课题所投入的费用。时间标准是考虑花费时间，花费时间包括检索准备时间、检索过程时间、获取文献时间等。其中，查全率与查准率是衡量信息检索效果的主要技术指标，其与检索系统的收录范围、索引语言、标引工作和检索工作等有着非常密切的关系。因此，明确影响查全率与查准率的因素，有利于提高检索效率。

(1) 查全率。查全率(Recall Factor)是指检出的相关文献数与检索系统中相关文献的总数的比率，是衡量信息检索系统检索出相关文献能力的尺度。

$$查全率\ (R) = \frac{检出的相关文献数}{检索系统中相关文献的总数} \times 100\% = \frac{a}{a+c} \times 100\% \quad \text{(公式 6.1)}$$

其中，a为检出的相关文献数，c为未检出的相关文献数。例如，要利用某个检索系统查某课题，假设在该系统文献库中共有相关文献40篇，而只检索出来30篇，那么查全率就等于75%。

从文献存储的角度，影响查全率的因素如下：文献库收录文献不全；索引词汇缺乏控制和专指性；词表结构不完整；词间关系模糊或不正确；标引不详；标引前后不一致；标引人员遗漏了原文的重要概念或用词不当等。

从文献检索的角度，影响查全率的因素如下：检索策略过于简单；选词和进行逻辑组配不当；检索途径和方法太少；检索人员业务不熟练和缺乏耐心；检索系统不具备截词功能和反馈功能；检索时不能全面地描述检索要求等。

(2) 查准率。查准率(Pertinency Factor)是指检出的相关文献数与检出的文献总数的比率，是衡量信息检索系统检出文献准确度的尺度。

$$查准率\ (P) = \frac{检出的相关文献数}{检出的文献总数} \times 100\% = \frac{a}{a+b} \times 100\% \quad \text{(公式 6.2)}$$

其中，a为检出的相关文献数，b为检出的非相关文献数。例如，如果检出的文献总篇数为50篇，经审查确定其中与项目相关的只有40篇，另外10篇与该课题无关。那么，这次检索的查准率就等于80%。

影响查准率的因素主要如下：索引词不能准确描述文献主题和检索要求；组配规则不严密；选词及词间关系不正确；标引过于详尽；组配错误；检索时所用检索词(或检索式)专指度不够，检索面宽于检索要求；检索系统不具备逻辑"非"功能和反馈功能；检索式中允许容纳的词数量有限；截词部位不当，检索式中使用逻辑"或"不当等。

显然，查准率是用来描述系统拒绝不相关文献的能力。查准率和查全率结合起来，描述了系统的检索成功率。

(3) 漏检率。漏检率(Omission Factor)是指未检出的相关文献数与检索系统中的相关文献总数的比率。漏检率与查全率是一对互逆的检索指标，查全率高，则漏检率必然低。

$$漏检率(O) = \frac{未检出的相关文献数}{检索系统中的相关文献总数} \times 100\% = \frac{c}{a+c} \times 100\% = 1 - 查全率 \quad (公式6.3)$$

实际上由于现代检索系统的数据更新迅速，并大量采用关键词进行特征标引，用户不可能清楚系统中相关信息的实际数量，因此，查全率和漏检率实际上均为模糊的指标。

(4) 误检率。误检率(Fallout Factor)是指检索出的不相关文献数与检索出的文献总数的百分比。误检率与查准率是一对互逆的检索指标，查准率高，则误检率必然低。

$$误检率(F) = \frac{检索出的不相关文献数}{检索出的文献总数} \times 100\% = \frac{b}{a+b} \times 100\% = 1 - 查准率 \quad (公式6.4)$$

对于检索来说，漏检是影响检索质量的最主要因素，故必须将漏检率降低到最低限度。误检会降低检索的效率，也会影响检索质量。因此，任何检索工具和检索系统必须力争克服漏检(必要条件)，同时尽量避免误检(充分条件)。

(5) 检索速度。检索速度(Time Factor)是衡量检索效率的一个重要指标。影响检索速度的因素主要是检索系统本身的运行速度、用户的检索技能水平和网络通信传输速度等方面。

$$检索速度(T) = \frac{检索出的相关文献数}{检索所用的时间} \times 100\% \quad (公式6.5)$$

(6) 新颖率。新颖率(Novelty Factor)指获得最近一年或半年或一个月等单位时间内的最新信息量的比重。

$$新颖率(N) = \frac{检索出的单位时间内的最新相关信息量}{单位时间内发布的最新相关信息量} \times 100\% \quad (公式6.6)$$

(7) 有效率。有效率(Availability Factor)指被检索出的相关信息中与用户需求密切相关并被利用的信息量的比重。

$$有效率(A) = \frac{用户实际利用的相关信息量}{检索出的相关信息量} \times 100\% \quad (公式6.7)$$

从以上几个指标可以清楚地看到，我们对所需信息的满足程度是相对的，几个评价指标都同时达到百分之百是不可能的。实际上，影响检索效果的因素是非常复杂的。国外有关专家所做的实验表明，查全率与查准率是成反比关系的。要想做到查全，势必要对检索范围和限制逐步放宽，则结果是会把很多不相关的文献也带进来，影响了查准率。因此，应当根据具体课题的要求，合理调节查全率和查准率，保证检索效果。

6.5.3 改善计算机检索效果的方法与技巧

信息资源的利用是信息检索的目的，也是信息检索效果的一个重要评价内容。而同样的平台，同样的检索课题，不同的检索策略所得结果并不相同，这就存在检索效率问题。在实际检索工作中，检索人员必须了解影响检索效率的因素有哪些，同时掌握改善计算机检索效果的方法与技巧。

1. 检索命题的分析

计算机检索是专业知识与检索知识结合的过程，检索命题的分析是检索的良好开端。通过分析，我们可以了解检索意图、检索要求；了解有关的专业背景知识(如常用的方法、研究进展、发展方向等)；了解课题的查新点；了解有关的概念、主题词，包括行业术语等，从而明确检索的范围，如主题范围、时间范围、文献类型等。

2. 检索词的选取

在检索中选取合适的检索词是非常重要的，其直接关系到检索式能否很好地反映课题的要求，进而关系到检索结果是否合适。检索词的选取可以从以下几个方面着手。

(1) 核心检索词的选取。首先要分析课题，挑选出能反映课题要求的最重要的概念。对于概念明确的课题，如"高温超导故障限流器"，可提出两个核心概念，即"高温超导"和"故障限流器"；而对概念没有明确提出的课题，要认真分析，发掘出隐含概念。

(2) 发掘隐含检索词。隐含的概念是指课题中没有明确指出的，但是又与课题密切相关的概念，如"并购"一词的隐含概念有"剥离""拍卖"等，如"石质文物的保护"，通常以"文物and石质and保护"作为检索式，但从石质文物保护专业知识出发，可将"涂层""薄膜"这样的隐含概念选出。同样，"石质文物"也包含"石楼""石碑""纪念碑""金字塔"等隐含概念。

(3) 考虑同义词。一个词语在英文中往往有多个单词与之对应，如"保护"一词在英文中即有conservation、preservation、protection等词与之对应。"引擎"一词有engine、motor与之对应。中文词汇同样存在同义词的选择，如西红柿、番茄、番柿，选择合适的同义词，可以扩大检索范围。

(4) 使用规范的用语。应当使用行业术语、通用的概念作为检索词，尽量不要使用俗语等不规范的名称。使用词表或者查看已有的参考文献，通常可以帮助检索者找到规范的用语。

(5) 排除不必要的概念。有的概念依附于另外的概念存在，是附加概念，在检索时可以排除，如"利用矿业废渣中的绿泥石、千枚岩烧结制砖的工艺"中的"烧结"就是制砖的工艺，而"工艺"是一个附加概念，可以不必提出。还有如发展、进展、技术等词，可以在选择概念时予以排除。

(6) 使用准确的代码。化学物质登记号、产品代码、德温特专利号在检索时也是非常重要的，使用准确的代码可以提高检索的准确度，如在《化学文摘》和德温特专利数据库中，以上代码可以作为检索词来使用，如ammonia(氨)的化学物质登记号为7664-41-7。

3. 检索策略的制定与调整

(1) 检索式的制定方法如下：将提出的检索词用布尔逻辑算符和位置算符组配或连接在一起。这里要注意的是，检索词应当考虑全面，对于词尾有变化的可以用截词来表示。检索式的制定往往需要在检索的过程中不断修正，以取得较好的检索效果。

(2) 检索结果过少的原因及调整方法具体如下。

原因之一：检索词的选择不恰当。检索人员应当进行核对、调整，如气象卫星云图的通用写法是 WE fax，而日本通常使用 LR fax，如果检索词的选择不恰当，那么检索到的文献十分有限。

原因之二：隐含概念挖掘不够。例如检索"基于电话线介质的多媒体现场总线技术"，以"电话线 AND 现场总线 AND 多媒体"作为检索式去查找，检索到的文献很有限；选取"远程监控""信号收集"作为现场总线同位概念，则可检索到很多相关文献。

原因之三：词与词之间的关系限制太严格。例如使用了(W)算符的检索式，如果将其改为限制宽一些的位置算符或者使用 AND 逻辑算符，则检索结果会有所增加。

原因之四：要求同时出现的概念过多。检索人员可以用适当减少同时出现的概念的办法，扩大检索范围。

(3) 检索结果过多的原因及调整方法具体如下。

原因之一：可能是所选的概念范畴太大。例如，可以利用所检索的某种物质的材质、性能或用途等某方面的特点加以限制，或者使用 NOT 逻辑算符将无关的概念排除，这是提高查准率的好办法。

原因之二：原来的限制较为宽松。可以将原来使用的逻辑算符改为限制严格的位置算符，使检索结果更精确；可以用年代范围来做限制；可以限制以某一个或几个字段(如题目、关键词字段)来进行检索，使检索结果减少。

原因之三：截词使用不当。如果检索词"蚂蚁"，用截词形式 anti？，则会将许多不相干的词包含进来，严重影响检索结果的准确性。因此使用截词应当斟酌，词根太短的词应避免使用截词。

4. 改善检索效果的技巧

(1) 准确、全面地选择检索工具。选择合适的检索工具，对于提高信息的查全率有重要的作用。

(2) 手检与机检相结合。手检在从原文中分析、判断其相关性等方面比机检更深入，而且，手检可以克服检索标识选择和检索策略上的一些失误，如题中大概念和小概念不清而造成的泛义—狭义混淆、错误、纯字面上的组配，选词漏义和漏词，外语翻译上的失误等。机检后再由手检来核定密切相关的文献，准确性更高。

(3) 扩检，以提高查全率。

① 降低检索词的专指度。
② 通过同义词、近义词等增加命中文献数。
③ 增加待检的检索工具与数据库，多种索引配合使用。

④ 多用OR运算，减少AND运算。

⑤ 采用分类号进行检索。

⑥ 取消过严的限制符，如字段限制符等，调整位置算符。

(4) 缩检，以提高查准率。

① 用逻辑与AND连接一些进一步限定主题概念的相关检索项。

② 用逻辑非NOT排除一些无关的检索项。

③ 利用文献的外表特征(如文献的类型、语种、出版年代等)，限制输出的检索结果。

④ 限制检索词出现的可检字段，如限定在篇名字段和叙词字段中进行检索。

(5) 扩大检索工具外的检索范围。

① 利用有关学科的核心期刊查找最近的文献。

② 查找近期的会议文献和学术论文集。

③ 利用相关文献的引文检索。

6.6 检索实例

一般说来，科研选题有以下4个步骤：①科学分析，文献调研；②提出选题，初步论证；③课题论证；④课题确定。

下面以"溶胶凝胶法制备镧掺杂$BiFeO_3$薄膜和多层膜及铁电性质的研究"来介绍科研选题的过程。

1. 科学分析，文献调研

针对检索任务"溶胶凝胶法制备镧掺杂$BiFeO_3$薄膜和多层膜及铁电性质的研究"进行科学分析，选择中国知网作为检索系统，分析确定课题的从属学科属于材料学范畴。

进入中国知网(http://www.cnki.net)，在"文献分类目录"下的"工程科技Ⅰ辑"下拉列表中选择"材料科学"，检索项为"全文"，检索词为"BiFeO3材料"，命中文献的检索结果为101篇，检索界面如图6.2所示。

图6.2 中国知网检索界面

首先查阅大量与$BiFeO_3$(以下简称BFO)材料相关的文献，并通过仔细研读这些文献，对BFO这一多铁性材料的研究历史、现状及发展趋势有初步了解。

所研究课题的现状分析：BFO是一种典型的单相多铁性材料，其主要优点在于其具有很高的铁电居里温度(T_C=1103K)和很高的反铁磁性转变温度(T_N=643K)，该材料是最有希望应用于器件的多铁材料之一，但纯相BFO材料存在着不足，其本身性质决定了很难制备出纯相并且观测到其饱和电滞回线，这成为阻碍其应用的重要因素。

通过以上分析，发现在制备纯相BFO材料的过程中，往往存在着铁电性低及结构不稳定等问题，而设计者所希望得到的材料往往需要具备高的铁电性及小的漏电流。通过查阅文献发现，通过稀土离子掺杂及制备多层膜可以很好地解决这个问题。所以考虑可以通过改变稀土离子的掺杂量以及制备不同层数的多层膜，来改变BFO材料结构不稳定及铁电性差等问题。

2. 提出选题，初步论证

通过对BFO材料研究现状及存在问题的分析，提出了"溶胶凝胶法制备镧掺杂$BiFeO_3$薄膜和多层膜及铁电性质的研究"这一研究课题，接下来需要对课题进行可行性分析。

(1) 理论分析：离子掺杂是ABO_3型铁电材料用来降低漏电流、提高铁电性、稳定钙钛矿结构的常用方法。单相BFO对制备工艺要求相对较高，而稀土元素和铋化合价都是正三价，且离子半径相近，适合掺杂。通常来说，在BFO的A位离子替代中，可以掺杂La、Sm、Gd、Dy等稀土元素，以取代BFO中的Bi^{3+}，减少氧空位数目，稳定氧八面体，进而减小漏电流。多层膜是人们在研究改善薄膜性能的过程中，逐渐认识和发展起来的一种能够改善薄膜性能的方法。任何具有不同性能、结构和成分的薄膜材料，都可能形成多层膜。铁电多层膜或者是超晶格结构，对于提高铁电薄膜的介电性能有帮助，且都显示出超常的铁电和介电性能。

(2) 设计实验初步验证：通过上面的分析，设计了两个对比实验，通过改变镧离子的掺杂浓度$La_xBi_{1-x}FeO_3$ (x=0.00，0.05)，对实验样品的结构和性能进行分析。结果研究发现未掺杂的BFO薄膜剩余极化很小，且漏电流较大，而通过La替代，BLFO薄膜的剩余极化增强，且漏电流得到了很好的抑制。通过实验进一步验证了以上猜想，证明实验是可行的。

3. 课题论证

论证是指对课题进行全面的评审，看其是否符合选题的基本原则，并分别对课题研究的目的性、根据性、创造性和可行性进行论证，以确定选题的正确性。

在论证过程中，所选题目应当符合科研选题的4个原则。

(1) 创新性原则。在以往的实验中发现，对溶液进行稀土离子掺杂制备多层膜，往往是同一种溶液的多层膜，而在理论分析可行的基础上，提出了制备样品a(ABCD)、样品b(DCBA)、样品c(ABAB……AB)不同溶液的多层膜，以期改善薄膜的性能。

(2) 科学性原则。通过对钙钛矿结构的替位理论的分析可知，通过稀土离子掺杂和多层膜的制备，改进BFO材料的铁电性在理论上是可行的，遵守了科学性原则。

(3) 可行性原则。采用溶胶-凝胶方法在ITO/glass基底上制备了对$BiFeO_3$进行A位La掺杂的系列薄膜样品$La_xBi_{1-x}FeO_3$ ($x=0.00$，0.05，0.10，0.20)及多层膜。在室温下对薄膜的XRD表征、铁电性质及漏电流性质进行了测试，并将其与纯的$BiFeO_3$薄膜的性质进行了比较，上述实验都在实验室条件的允许之下，遵守可行性原则。

(4) 社会需求原则。多铁性材料具有十分丰富的科学内涵和重大的应用前景，特别是铁电极化对外部磁场的响应和自旋磁矩对外加磁场的响应特性，使得多铁材料在许多领域有着潜在的应用前景。而这些应用都需要铁电材料具有很强的铁电性，所以通过掺杂改性及多层膜制备BFO材料来提高其铁电性是迫在眉睫的一个问题，所以这一课题的提出符合社会需求原则。

4. 课题确定

经过课题论证之后，"溶胶凝胶法制备镧掺杂$BiFeO_3$薄膜和多层膜及铁电性质的研究"这一课题符合课题选择的基本原则且符合基本实际，所以该课题通过。

本章小结

信息资源收集的目的是信息资源的利用，信息资源的利用过程可以充分发挥信息资源的价值。为了使信息资源的价值能够充分发挥，在利用中通常需要经历信息资源的收集，信息资源的鉴别和整理，信息资源的分析，信息资源的利用以及信息资源的评价等环节。

本章从信息资源综合利用出发，介绍了信息资源利用的各环节的内容和使用方法，包括信息资源收集的方法和原则，信息资源的鉴别和整理，以及信息资源分析的方法，并且着重介绍了较为实用的4种信息资源再生利用形式，即科研选题、学术论文、文献综述、信息资源报告的结构和撰写要点。最后介绍了信息资源的评价因素、评价指标，让读者了解提高信息资源利用的技巧和方法。

【关键术语】

信息资源收集	信息资源整理	信息资源分析
信息资源利用	信息资源利用效果评价	

综合练习

一、填空题

1. 信息的来源包括 _____ 和 _____ 两大类。

2. 信息资源收集的原则包括 _____、可靠性原则、_____、_____、准确性原则、经济性原则、预见性原则、重要性原则和易用性原则。

3. 信息收集的方法可采用 _____ 和 _____。

4. 信息资源分析逻辑法包括 _____ 和 _____ 法。

5. 学术论文是某一学术课题在 _____ 、_____ 或 _____ 上具有新的科学研究成果或创新见解的知识和科学记录。

6. 信息资源整理方法主要包括 _____ 和 _____ 。

7. 检索效果是指用户利用检索系统(或工具)开展检索服务时，对 _____ 的有效程度，他反映了 _____ 的能力。

8. 信息资源的鉴别一般分为 _____ 、_____ 、_____ 。

9. 信息资源的整理方法主要包括 _____ 和 _____ 。

10. 信息资源分析法一般有 _____ 、_____

二、判断题

1. 信息资源的来源主要有两大类，获取途径也有两大类：一是通过实地调查、采访、亲身经历获得第一手资料；二是通过某种介质间接获得信息，如通过书刊、报纸、电视、网络。（　　）

2. 信息收集有利于厘清思路，通过信息资源的收集过程，可以使信息资源利用者对研究问题初步了解。（　　）

3. 对所收集的文献信息的著者应做必要的考证，看该著者是否是本领域具有真才实学的学者，属于事实鉴别。（　　）

4. 带技术攻关性质课题的信息资源收集的重点通常是同类的产品说明书、专利说明书和标准资料。（　　）

5. 文献综述的目的一般是为领导决策部门、行业决策部门提供决策参考。它是在占有大量信息的基础上，结合课题的研究目标与需求，对有关信息进行系统整理、分析、归纳、综合叙述，并提出分析结论或建议。（　　）

6. 查全率是指检索出的相关文献数与检索系统中相关文献的总数的比率，是衡量信息检索系统检索出相关文献能力的尺度。（　　）

7. 信息资源的利用结果是再生成为新信息。（　　）

8. 在刊物上发表的均为学术论文。（　　）

9. 文献分为一次文献、二次文献。（　　）

10. 科研选题方式包括6种：从招标范围中选题，从碰到的问题中选题，从文献的空白点选题，从已有课题延伸中选题，从改变研究要素中选题，以及从跨领域的研究中选题。

（　　）

三、选择题（单选或多选）

1. （　　）信息收集方法属于第一手资料法。
   A. 采访　　　　　B. 阅读报纸　　　　　C. 录制电视节目　　　　　D. 阅读杂志

2. 把分散的信息进行综合、分析、对比、推理重新组成一个有机整体的过程是（　　）。
   A. 信息资源收集　　　　　　　　　　　B. 信息资源整理
   C. 信息资源鉴别　　　　　　　　　　　D. 信息资源分析

3. 审定信息资源提供的假定的依据、观点是否明确，论据是否充分并具有说服力和可信程度属于鉴别信息资源(　　)。

　　A. 适用性　　　　B. 可靠性　　　　C. 新颖性　　　　D. 创新性

4. (　　)指检索系统在满足用户的信息需要时所达到的程度，主要指系统的性能和服务质量。

　　A. 经济效果　　　B. 社会效果　　　C. 技术效果　　　D. 系统效果

5. 文献著录标引的结果对于文献存储的质量至关重要，(　　)在查找过程中则起着决定性的作用。

　　A. 检索语言功能　B. 检索策略　　　C. 检索途径　　　D. 检索人员素质

6. 下列属于影响查全率的因素是(　　)。

　　A. 选词及词间关系不正确　　　　　B. 文献库收录文献不全
　　C. 标引过于详尽　　　　　　　　　D. 检索词专指度不够

四、简答题

1. 信息资源的鉴别有哪些内容？
2. 学术论文一般的结构是什么？
3. 参考文献类型有哪些？请举例说明参考文献的形式。
4. 影响查全率与查准率的主要因素有哪些？
5. 简述可以使用哪些技巧提高检索效果。
6. 检索结果过少的原因有哪些？
7. 信息资源收集的原则有哪些？
8. 信息资源的整理方法有哪些？

五、检索实训

姓名：　　　　　　　检索时间：

课题6.1：进行毕业论文选题资料的收集、整理与分析。

检索目的：掌握毕业论文选题资料利用的基本途径，学习毕业论文开题报告的写作方法。

检索要求：按照毕业论文选题原则，完成符合以下要求的毕业论文开题报告。

(1) 自拟与本专业相关的题目，确定选题类型。

(2) 提出问题、构建方案。

(3) 分析毕业论文选题的信息收集渠道，进行毕业论文选题资料的收集、整理与分析，完成论文选题报告。

(4) 正文不是资料的罗列，需要进行整理分析，并给出结论，形成选题方案。

(5) 参考文献按照正规参考文献格式，并不少于10篇。

检索结果：

课题 6.2：已知某检索系统中与某一课题有关的信息共 250 条，实际检索中得出下面结果：显示检索结果 400 条，经查阅与本课题相关的信息为 200 条，计算此次检索的查全率、漏检率、查准率、误检率。

检索目的：了解检索系统评价各指标含义及计算方法。

检索要求：根据教材中的公式计算，理解并掌握检索效果评价指标计算方法。

检索结果：

课题 6.3：检索与"大学生考研英语技巧"有关的学术文献，汇总成参考文献文档。

检索目的：掌握参考文献的写作规范。

检索要求：

(1) 检索系统自定，至少20条参考文献。

(2) 检索结果文档按照标准参考文献格式书写。

(3) 检索的学术文献与主题相关度较高。

检索结果：

第 7 章 文献信息服务

学习目标

1. 了解文献信息服务系统的含义及特点。
2. 熟悉常用文献服务系统的服务功能。
3. 了解中文全文数字图书馆的内容，熟悉数字图书馆检索和使用方法。
4. 理解科技查新的意义及科技查新流程。

文献信息服务机构是文献信息服务的提供方，主要负责搜集、存储、传递各种文献信息。在互联网时代下，各国各地方文献信息服务机构都在进行数字图书、电子报刊等信息服务。本章主要介绍各类文献信息服务系统。

7.1 文献信息服务系统

信息服务是指利用信息设备进行信息收集、加工、存储、传递等，以满足用户信息需求的一系列服务活动，它涉及通信、硬件制造、软件开发、系统集成、影视节目制作，以及信息资源的存储、开发与利用等领域。信息服务业作为一门新兴的产业，在我国每年以25%～30%的速度发展。

文献信息服务大致经历了3个阶段：传统文献信息服务，基于计算机的文献信息服务，基于Internet的文献信息服务。文献信息服务系统包括图书馆系统、科技信息研究系统、档案馆系统等。它们之间有着密切的联系，又有各自不同的服务重点与服务对象。

7.1.1 图书馆系统

图书馆是对文献信息资源进行搜集、整理、保管并提供服务的科学、教育、文化机构，主要承担着搜集和保存文化遗产、整理和传递科学信息、进行用户教育等任务。图书馆的主要服务方式有文献外借服务、文献阅览服务、文献复制服务、信息咨询与检索服务、用户教育与辅导、信息研究服务、网上文献信息检索与提供服务等。

随着信息社会的迅猛发展，数字化信息的应用已经深入各个领域，数字图书馆成为信息收集者关注的话题。数字图书馆不是简单的网上图书馆,它将包括多媒体在内的各种信息的数据化、存储管理、查询和发布集成在一起,使这些信息得以在网络上传播,从而帮助用户最大限度地利用这些信息。

1. 公共图书馆

公共图书馆是面向全社会公众服务的图书馆,可分为国家图书馆,各省、自治区、直辖市图书馆,以及区、县级图书馆。不同级别的图书馆,在搜集文献信息的范围、种类、服务范围等方面各不相同。

知识窗: 中国的公共图书馆

中国的公共图书馆大部分是在省、市、县、乡等地域划分的基础上,由政府投资建立的,依次分类为:

国家图书馆	省级图书馆
市级图书馆	县级图书馆
城市图书馆	教会图书馆
中小学图书馆	音乐图书馆
青年图书馆	医院图书馆
监狱图书馆	工具书图书馆
盲人图书馆	军队图书馆

国家图书馆全面收藏本国的主要出版物以及各种珍本、善本特藏文献,而且有选择地收藏国外文献,起着国家总书库的作用,主要为从事教学和学术研究的专家、学者以及普通读者提供服务。各省、自治区、直辖市图书馆全面收藏地方性文献,并且有选择地收藏各种中外文书刊和其他类型的文献,主要面向本地区各层次的读者服务。

1) 中国国家图书馆

中国国家图书馆(http://www.nlc.cn/)是中国的国家总书库、国家书目中心、国家古籍保护中心、国家典籍博物馆。其履行国内外图书文献收藏和保护的职责,指导协调全国文献保护工作;为中央和部门领导机关、社会各界以及公众提供文献信息和参考咨询服务;开展图书馆学理论与图书馆事业发展研究,指导全国图书馆的业务工作;对外履行有关文化交流职能,参加国际图联及相关国际组织,开展与国内外图书馆的交流与合作。

中国国家图书馆于1987年落成,1909年9月9日,清政府批准筹建京师图书馆(国家图书馆前身),百年来,京师图书馆陆续更名为国立北平图书馆、北京图书馆,1998年12月12日改称国家图书馆。

目前,中国国家图书馆的馆藏居亚洲之首,是世界五大图书馆之一,也是世界收藏中文图书最丰富的图书馆。截至2020年底,中国国家图书馆馆藏文献达41079751册件,数字资源总量2274.5TB。国家图书馆馆藏继承了南宋以来历代皇家藏书以及明清以来众多名家私藏,最早的馆藏可追溯到3000多年前的殷墟甲骨。珍品特藏包含敦煌遗书、西域文献、善本古籍、金石拓片、古代舆图、少数民族文字古籍、名家手稿等280余万册件。《敦煌遗书》《赵城金藏》《永乐大典》以及文津阁《四库全书》被誉为国家图书馆"四大专藏"。

2) 美国国会图书馆

美国国会图书馆(http://www.loc.gov/)建于1800年，于1800年4月正式开放，它设立在华盛顿国会山上，是世界上最大的图书馆，也是全球最重要的图书馆之一。美国国会图书馆是美国历史最悠久的联邦文化机构，已经成为世界上最大的知识宝库之一，是美国知识与民主的重要象征，在美国文化中占有重要地位。该图书馆中超过三分之二的书籍是以多媒体形式存放的。其中包括很多稀有图书、特色收藏、世界上最大的地图、电影胶片等。

3) 俄罗斯国立图书馆

俄罗斯国立图书馆(http://www.rsl.ru/)是欧洲第一大图书馆，藏书总量仅次于美国国会图书馆，居世界第二位。俄罗斯国立图书馆始建于19世纪60年代，其前身是1862年7月1日成立的莫斯科公共和鲁米采夫博物馆。1862年鲁米采夫博物馆由彼得堡迁往莫斯科，1925年改名为"苏联国立列宁图书馆"，1992年在"苏联国立列宁图书馆"的基础上建立了俄罗斯国立图书馆。

俄罗斯国立图书馆是俄罗斯联邦国家图书馆、国家书库、国家级科学研究和信息机构及文化中心，也是俄罗斯联邦最大的图书馆学与书目学研究中心之一。其收藏国内外文献，藏书丰富，内容全面，是俄罗斯联邦各民族珍贵文化遗产保存地。

4) 法国国家图书馆

法国国家图书馆(http://www.bnf.fr)是法国最大的图书馆，也是屈指可数的世界大型图书馆之一。它是由皇家图书馆发展起来的，其历史可上溯至查理五世为收藏历代王室藏书而建立的国王图书馆，后经弗朗索瓦一世在枫丹白露重建，称皇家图书馆。

2018年3月5日，法国国家图书馆馆藏敦煌遗书的数字资源，正式于中国国家图书馆开通的古籍数字化网站"中华古籍资源库"中发布。本次发布的资源共计5300余号3.1万余拍，标志着流落海外的敦煌文献通过数字化形式回归中国。

5) 大英图书馆

大英图书馆(http://www.bl.uk/)，也译作不列颠图书馆、英国国家图书馆，是世界上最大的学术图书馆之一。其于1973年7月1日建立，位于伦敦和西约克郡。它是由前大英博物馆图书馆、国立中央图书馆、国立外借科技图书馆以及英国全国书目出版社等单位所组成。

该图书馆拥有英国出版的每一种书和每一份报纸；期刊以及乐谱都必须有一份复制件存放在该图书馆。人文及社会科学部有海量的藏书，包括东方及印度的收藏、国家音声档案、手稿、音乐、地图、报纸及邮票。

2. 高校图书馆

高校图书馆作为各高等院校的文献信息中心，为各校的教学和科研提供服务，是高等教育的三大支柱之一。各高校图书馆根据本学校的学科、专业设置和发展趋势，对重点专业的文献全面收藏，对相关专业的文献重点收藏，对一般性书刊选择性收藏，主要为高校师生提供文献信息服务。

(1) 北京大学图书馆(http://www.lib.pku.edu.cn/)，前身是始建于1898年的京师大学堂藏书楼。一百多年来，北京大学图书馆形成了宏大丰富、学科齐全、珍品荟萃的馆藏体系。北京大学图书馆馆藏图书现已达800余万册,居国内高校图书馆之首。馆藏中以150万册中文古籍为世界瞩目,其中20万件5至18世纪的珍贵书籍,是中华民族的文化瑰宝,被国务院批准为首批国家重点古籍保护单位。外文善本、金石拓片、晚清民国时期出版物的收藏均名列国内图书馆前茅。北京大学图书馆是在国内外享有盛誉的大型综合性图书馆,现为国际图书馆协会联合会(IFLA)、中国图书馆协会和中国科技情报学会的会员。

(2) 清华大学图书馆(http://lib.tsinghua.edu.cn/),前身是始建于1911年的清华学堂图书室,1919年3月建立清华学校图书馆,1928年更名为"清华大学图书馆"。截至2021年底,清华大学图书馆(含专业图书馆及院系资料室)的实体馆藏总量约562.45万册(件),形成了基本覆盖全学科、包含丰富文献类型和载体形式的综合性馆藏体系。除中外文印刷型图书外,读者可使用的文献资源还包括:古籍线装书22.24万册;期刊合订本约61.78万册;年订购印刷型中外文报刊1919种;本校博、硕士论文16.93万篇;缩微资料2.82万种;各类数据库913个;电子期刊16.74万种;电子图书735.29万册,电子版学位论文1348.12万篇。总馆和专业图书馆总经费中电子资源经费比例为71.4%。

3. 数字图书馆

数字图书馆是传统图书馆在信息时代的发展,它不但包含了传统图书馆的功能,向社会公众提供相应的服务,还融合了其他信息资源(如博物馆、档案馆等)的一些功能,提供综合的公共信息访问服务。信息化、网络化、数字化,这一连串的名词符号其根本点在于信息数字化;同样电子图书馆、虚拟图书馆、数字图书馆,不管用什么样的名词,数字化也是图书馆的发展方向。

数字图书馆的服务是以知识概念引导的方式,将文字、图像、声音等数字化信息,通过互联网传输,从而做到信息资源共享。每个拥有任何计算机终端的用户只要通过联网,登录相关数字图书馆的网站,都可以在任何时间、任何地点方便快捷地享用世界上任何一个"信息空间"的数字化信息资源。数字图书馆的主要优点有以下几个方面。

(1) 数字图书馆是一个由网络连接的互联空间或信息空间,而不是传统图书馆所定义的一个物理"场所"。数字图书馆把信息以数字化形式加以存储,一般存储在计算机光盘或硬盘里,与过去的纸质资料相比占地很小。而且,以往图书馆管理中的一大难题就是,资料多次查阅后就会磨损,一些原始的比较珍贵的资料,一般读者很难看到。数字图书馆就避免了这一问题。

(2) 数字图书馆的文献信息资源是以多种媒体、多种语言为特征的。为了适应不同国家、不同地区、不同文化背景和不同语言的读者的需要,数字图书馆兼有多种语言转换和编译的能力,以帮助读者从任何国家、地区获得任何语言形式的文献资源。

(3) 数字图书馆具有智能化、基于全文的检索技术。读者可以用自然语言,通过人机交互利用人工智能中学习和自适应算法以及模糊集合理论中的模糊推理,在异构的分布式数据库中查询和检索信息,获得一致性的(连贯)文献资源。

(4) 数字图书馆具备强大的信息和知识收集、传播和发布的功能。这使得图书馆从传统以图书借阅为主的单功能服务向以信息和知识检索、收集、传播发布为主的多功能服务转变，从"被动式"服务转向"主动式"服务。

(5) 同一信息可多人同时使用。众所周知，一本书一次只可以借给一个人使用。而数字图书馆可以突破这一限制，一本"书"通过服务器可以同时借给多个人查阅，大大提高了信息的使用效率。

7.1.2 科技信息研究系统

科技信息研究系统主要负责搜集、整理、研究和传递各种专业性学术信息，收藏中外文的各种类型的专业性文献，如专业性图书、期刊、会议文献、科技报告、专利文献、标准文献等。其服务方式主要有文献阅览、文献信息检索服务、文献复制服务、文献代译服务、科技信息研究及科技信息传递报道服务等。

中国有一个庞大的科技信息研究系统，分布于不同的部门，其中最高级别的是隶属于国家科学技术委员会的中国科技信息研究所，其次是隶属于各省、市的科技信息研究所，以及隶属于国务院各部委的专业性科技信息研究所。

下面简要介绍国家科技图书文献中心和科学图书馆。

1. 国家科技图书文献中心

国家科技图书文献中心(National Science and Technology Library，NSTL)(http://www.nstl.gov.cn/)是经国务院领导批准，于2000年6月12日成立的一个基于网络环境的科技信息资源服务机构。该中心由中国科学院文献情报中心、中国科学技术信息研究所、机械工业信息研究院、冶金工业信息标准研究院、中国化工信息中心、中国农业科学院农业信息研究所、中国医学科学院医学信息研究所、中国标准化研究院标准馆和中国计量科学研究院文献馆组成。

国家科技图书文献中心的主要任务是负责科技文献信息资源共建共享工作的组织、协调与管理，较完整地收藏国内外科技文献信息资源；制定数据加工标准、规范；建立科技文献数据库；利用现代网络技术提供多层次服务；推进科技文献信息资源的共建、共享；组织科技文献信息资源的深度开发和数字化应用；开展国内外合作与交流。

国家科技图书文献中心全面收藏和开发理、工、农、医四大领域的科技文献，已发展成为集中外文学术期刊、学术会议、学位论文、科技报告、科技文献专著、专利、标准和计量规程等于一体，形成了印本和网络资源互补的保障格局，资源丰富、品种齐全的国家科技文献信息资源保障基地。截至目前累计订购了电子现刊数据库包括38个数据库，年代最早至1840年，519种现刊；23家出版社3075种回溯期刊。学科覆盖科技综合、理工类、农业科学、医药卫生。2021年NSTL订购印本外文文献2.5万余种，其中外文期刊1.6万余种、外文会议文献等非刊文献8000余种，居国内首位。

国家科技图书文献中心具有以下特色资源：外文回溯数据库、外文现刊数据库、开放获取资源、外文科技图书、部分开通数据库、高能物理开放获取图书、高能物理开放获取期刊论文。目前开通的特色服务包括：国际科技引文服务、元数据标准服务、预印本、代查代借等。国家科技图书文献中心以文摘的方式在NSTL网络服务系统上报道，面向全国用户提供检索浏览，进而获取文献服务。

2. 科学图书馆

科学图书馆是各种学术研究机构的组成部分之一，主要为本系统或本单位的科学研究服务。如中国科学院文献情报中心(https://www.las.ac.cn/)，又名中国科学院图书馆，经过70多年的发展已经发展成为全国最大的专业图书馆、科学院和国家知识创新工程重要的基础设施。中国科学院文献情报中心馆藏图书1145余万册(件)，是集文献信息服务、情报研究服务、科学文化传播服务和图书馆学情报学高级人才培养功能于一身的研究型国家科学图书馆。

中国科学院文献情报中心立足中国科学院、面向全国，主要为自然科学、边缘交叉科学和高技术领域的科技自主创新提供文献信息保障、战略情报研究服务、公共信息服务平台支撑和科学交流与传播服务，同时通过国家科技文献平台和开展共建共享为国家创新体系其他领域的科研机构提供信息服务。中国科学院文献情报中心是国际图书馆协会与机构联合会(IFLA)的重要成员。目前已经与美国、德国、韩国、俄罗斯等多个国家的文献情报机构建立了稳定的合作关系。

中国科学院文献情报中心提供的研究服务包括：特色资源获取、开放科研服务、知识产权服务、区域咨询服务、情报研究服务、学术评估支持、智能知识服务LAB、软件工具等。其中特色资源获取包括：中国科学院学位论文知识发现系统、中国科讯、中国科学引文数据库、院士文库、中科院机构知识库、中国科学院档案馆。

中国科学院文献情报中心开通网络数据库170余个，涵盖1.9万种外文电子期刊，1.8万种中文电子期刊，18.4万卷/册外文电子图书，35万种中文电子图书。数据库包含全文数据库、文摘数据库、数值型数据库和工具型数据库等多种类型。

7.1.3 档案馆系统

档案馆负责档案资料的收集、整理和保管，并向社会提供利用服务，它是档案史料的服务中心。中国档案馆大致可分为国家档案馆、地方档案馆、专门性档案馆、基层单位的档案室等。由于档案的特殊性，它通常是单份且具有一定的密级，档案馆按档案密级的限制提供服务。

国家档案馆隶属于政府机构，主要掌管党和国家的档案事务，对全国档案工作进行指导、监督与检查，负责收集、保管党和国家重要档案和有关资料，并提供研究和利用服务。

各省(自治区、直辖市)、市、区、县等地方档案馆隶属于各级政府机构或部门，负责收集、保管有关省(自治区、直辖市)、市、区、县需要长久保存的档案和资料。专门性档案馆隶属于各相关系统，负责保管各种专门性的档案资料，如军事档案馆等。各基层档案室作为各个机关、企业、事业单位的一个部门，负责管理本单位内部的全部档案资料，一般分为科技档案和人事档案。

中华人民共和国国家档案局(http://www.saac.gov.cn/)是中华人民共和国国务院的直属机构之一，掌管全国档案事业。国家档案局对全国档案事业实行统筹规划，组织协调，统一制度，监督和指导。其主要职责如下。

(1) 贯彻并监督执行国家关于档案工作的法律、法令、方针、政策。

(2) 制订档案工作规章制度、业务标准和全国档案事业发展规划，并组织实施。

(3) 负责设计全国档案馆网规划，重点监督、指导中央级国家档案馆工作。

(4) 重点监督、指导各省、自治区、直辖市档案行政管理部门和中央国家机关、团体、企业事业单位档案室的工作。

(5) 制订全国档案干部队伍建设规划，组织档案专业教育和专业干部培训工作。

(6) 组织并指导档案理论、技术研究和宣传、出版工作。

(7) 办理国家有关档案工作的国际事务。

(8) 与国务院有关部门协商解决档案工作机构设置、人员编制、事业经费、专业教育、馆舍建筑、劳动保护、外事工作和历史档案文献管理等问题。

7.1.4 中国版本图书馆

中国版本图书馆(中央宣传部出版物数据中心)(https://wap.capub.cn/)的前身为中央人民政府出版总署图书馆，是我国唯一一家负责出版物征集、典藏、管理的机构，负责版本文化资源的整理、发掘、抢救和保护，承担出版物书号发放、条码制作、在版编目审核、版本征集催缴等管理职能，其首页如图7.1所示。

图 7.1　中国版本图书馆首页

1. 中国版本图书馆馆藏

中国版本图书馆成立于1950年,建馆70多年来征集到馆的各类出版物样本以每年40万种(册)的速度增长,现已成为我国规模最大、最完整的新中国版本资源库。中国版本图书馆收藏的出版物以其品种多、版本全、出版物整体记录完整为主要特征。保藏图书、杂志、报纸、期刊、图片、画册、卷轴、年历、挂历、明信片、碑帖、拓片、乐谱、歌片、地图、中小学课本、教学挂图、低幼读物、技术标准、影印古籍、盲人读物、音像及电子出版物等。

2. 中国版本图书馆核心数据库

2018年中国版本图书馆划归中央宣传部,副牌更名为"中央宣传部出版物数据中心",中央宣传部出版物数据中心是我国唯一的国家级出版物数据生产服务机构,具有版本管理的完整数据链,已形成行业权威、业界独有的五大核心数据库:书号实名申领数据(简称ISBN数据);图书在版编目数据(简称CIP数据);馆藏出版物样本数据(简称馆藏数据);出版社年鉴数据和网络文学作品标识数据。

3. 中央宣传部出版物数据中心 (PDC)

中央宣传部出版物数据中心(Publications Data Center of the Publicity Department of the CPCCC,PDC)(https://pdc.capub.cn/)是依托大数据、人工智能、云计算等技术,基于中国版本图书馆的ISBN数据、CIP数据、馆藏数据和网络文学作品标识数据,聚集全网出版数据融合应用场景打造的,其首页如图7.2所示。

图 7.2　PDC 数据服务平台首页

PDC面向政府部门、图书馆、出版发行机构、科研机构、数据服务商、社会公众等多方用户,提供全方位、一体化的数据服务。为政府机关提供全局性图书市场的动态数据,以及出版物宏观分析型数据。为出版市场宏观管理、优化图书出版结构、促进出版业高质量发展提供数据支持和辅助决策。为出版机构提供全国选题信息收集、监测分析和预警、历史出版物数据查询服务。为图书馆提供新书书目、馆配商服务数据化分析报告。为高校、科研院所提供文献关联分析及互动传播研究的知识服务，提供各主题知识服务资源库的深度分析型数据，实现数据关联分析、学术不端查询等。为行业其他单位提供专业加工制作的出版物元数据、出版物数据信息产品、定制化专题书库，实现全行业数据的服务支撑。

知识窗：CIP 核字号

CIP 是图书在版编目数据 (Cataloguing In Publication) 的缩写，国家新闻出版署负责 CIP 数据的制作，保证了数据的唯一性、权威性，是检验20世纪90年代后出版的图书是否为正版的重要指标。CIP 由四部分组成：图书在版编目数据标题、著录数据、检索数据、其他注记。

通过对CIP核字号查询，可以实现对CIP数据的真伪及反映的内容进行核实。核字号格式为："年号"+"核字流水号"。例如：核字(2015)第123456号，则输入的完整核字号为"2015123456"。

【检索示例7.1】 查询汪楠、成鹰《信息检索技术》(第四版)的CIP信息。

汪楠、成鹰的《信息检索技术》(第四版)的图书在版编目(CIP)数据显示，"中国版本图书馆CIP数据核字(2019)第264880号"。

进入中央宣传部出版物数据中心(PDC)数据服务平台https://pdc.capub.cn/，在高级检索筛选项中选择"CIP核字号"，并填入2019264880，如图7.3所示。检索结果如图7.4所示。

图 7.3　PDC 数据服务平台高级检索

图 7.4　PDC 数据服务平台 CIP 数据检索结果

版权页中的著录数据包括：书名与作者项、版本项、出版项这三项连续著录，丛书项、附注项、标准书号项均单独起行著录，如图7.5所示。

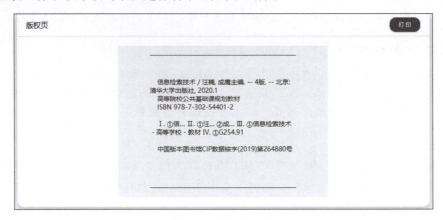

图 7.5　版权页信息

版权页中的检索数据包括：书名检索点、作者检索点、主题词、分类号。各类检索点用罗马数字加下圆点排序，各类之间留一个汉字空。除分类号外，同类检索点用阿拉伯数字圈码排序。分类号不止一个时，各个分类号之间留一个汉字空，但不用任何数字或符号排序。书名、作者检索点采用简略著录法，即仅著录书名、作者姓名的首字，其后用"…"表示。

7.2　图书资源检索

当前，图书馆已经成为人们获取信息、学习研究、休闲娱乐不可或缺的重要场所。各个国家都有国家图书馆，各省、市、县都有省图书馆、市图书馆和县图书馆，城市社区图书馆的服务覆盖面也越来越广。学校、科研机构、企业等也大都有自己的图书馆。随着科学技术的发展和人类文明的进步，图书馆的资源收藏范围、服务方式手段及开放服务程度都在发生着巨大的变化。下面简要介绍图书馆的信息资源及其服务。

图书馆是收集、整理、保管信息资源，并为公众提供信息资源服务的公益性机构。它的职能主要包括3个方面的内容。

(1) 收集和整理人类发展过程中所产生的文献，使之系统化和规模化。

(2) 采取科学专业的手段保存人类的文化遗产，使之能长久保存并流传后世。

(3) 利用所藏信息资源为公众提供信息资源服务，满足人们学习、研究、娱乐的信息需求。

7.2.1　常见的图书类型

图书的数量多、类型复杂，在整个文献中占有重要地位。中国通用的图书分类是按照《中国图书馆分类法》(以下简称《中图法》)进行的，但是还可以按照以下两个方面分类。

(1) 按照图书功能分类,有阅读型图书(如教科书、专著、论文集、普及读物等)和工具型图书(如字典、辞典、百科全书、年鉴、手册等)。

(2) 按照图书内容分类,有全集、选集、丛书、论文集、史志、政书、类书、方志、参考资料等类型。

7.2.2 图书馆信息资源导航

1. 图书与古籍

图书通常是分页并形成一个物理单元的,以书写、印刷或电子形式出版的知识作品(GB/T 4894—2009)。图书是用文字、图画或其他符号手写或印刷于纸张上并具有相当篇幅的文献,是一种比较成熟和定型的文献。图书的历史悠久,流传广泛,数量庞大,使用方便,影响深远,是迄今为止图书馆收藏的最主要的信息资源。图书的内容特征是主题突出,知识系统全面,是人们学习各学科的基础知识和查找各种事实、数据、资料的主要来源。

按照历史学家对中国历史的分期,图书可以划分为两大类:一是1911年前形成的图书,一般称之为古籍;二是1911年后形成的图书,一般称之为普通图书。

2. 报纸与期刊

报纸与期刊也称连续出版物,是一种具有统一名称、固定版式、统一开本连续编号,汇集多位著者的多篇著述,定期或者不定期编辑发行的出版物。期刊的内容广泛,知识新颖,出版周期短,信息含量大,流通范围广,作者与用户人数多,是获取和传递信息、交流思想最快的平面媒体和最基本的途径之一。期刊的内容涉及经济、政治、思想、科技、文化、教育、文学艺术及社会生活等各个领域。

报纸主要刊登新闻、评论,兼顾娱乐、生活等其他内容,是出版周期最短的定期连续出版物。报纸具有宣传、报道、评论、教育、参考、娱乐等多种功能。

3. 非书资料

非书资料主要包括缩微资料、视听资料等。

4. 数字信息资源

数字信息资源是指以电子数据的形式,将信息资源存储在光磁介质等载体上,并通过网络和计算机等方式再现出来的信息资源。一般图书馆收藏或提供服务的数字信息资源可以分为以下两种。

(1) 数字书刊。数字书刊包括将过去出版的纸质文献数字化,通过网络和计算机传输与阅读的书刊,也包括直接以数字信息形式编辑、出版、发行的数字书刊。

(2) 数据库。数据库是以数字化形式存储的、按一定规律组织起来,保存在计算机中的数据集合。图书馆收藏或提供服务的数据库有综合性的大型数据库,也有专题性的数据库。

7.2.3 图书馆信息资源服务

1. 阅览服务

阅览服务是图书馆为用户提供阅览座位，以供其在馆内阅览馆藏文献的服务方式。图书馆馆藏资源无论是否可以外借，基本上都可以在馆内阅览。

2. 外借服务

文献外借服务是指持有图书馆有效用户证件的用户在规定的借阅册数内，经办理手续后，将图书借出馆外的服务，它是图书馆用户服务工作中最基本的方式。

3. 馆际互借和文献传递

馆际互借是图书馆之间相互利用对方的藏书，满足用户的特殊需要的外借服务形式。当用户需要的文献当地图书馆没有收藏时，用户可以向该图书馆提出馆际互借申请，由图书馆通过馆际互借的方式与其他图书馆联系，将所需图书借到本馆来再借给用户使用。馆际互借已经发展到国际范围。

文献传递服务可以为用户提供从其他图书馆或者从文献提供商处获取的文献复制品，包括文献的纸本或电子文本。馆际互借和文献传递服务通常要收取相应的成本费用。

4. 文献复制服务

图书馆可以为用户提供对馆藏文献进行复制的服务。复制的方式包括复印、临摹、拓印、录音、录像、翻录、翻拍等。图书馆某些文献出于文献保护的目的，在复制时会受到限制，如古籍复制不能用复印的方式等。无论是图书馆还是用户，在复制文献的时候，都必须遵守《中华人民共和国著作权法》的有关规定。

5. 参考咨询服务

参考咨询服务主要包括以下4项。

(1) 解答用户提出的咨询问题，包括传统的面对面解答、网络实时解答、电子邮件解答等方式。

(2) 培训用户查找和利用图书馆信息资源的方法与技能。

(3) 信息资源推广服务，包括向用户推荐图书馆所藏的特色信息资源、新收藏的信息资源等。

(4) 信息检索服务，帮助用户查找所需要的信息资源。

6. 网络信息导航服务

网络信息导航服务是指图书馆针对某一学科领域或专题，通过对互联网上可免费获取且具有学术参考价值的信息资源进行搜集、鉴别、分类、描述，以及有序化重新组建成网络信息资源集成化系统，为广大用户提供网络信息导航服务，如清华大学图书馆的"推荐学术站点"。

7. 个性化信息推送服务

个性化信息推送服务是图书馆根据用户的借阅历史、学科背景等为用户提供推荐信息，或用户按照自己的个人信息资源需求来进行各种订制，通过图书馆网络系统的智能检索和信息推送等功能模块，实现为不同用户提供有针对性的信息服务，如许多图书馆已经开通的"我的图书馆"等。

7.2.4 图书的检索途径

如何查找一本图书，取决于我们掌握了多少有关这本书的信息量。这就好比我们要从茫茫人海中寻找某个人，必须先掌握这个人的一些特征，如身高、相貌、性格等，才能锁定目标。每本图书也一样具备独有的特征，如书名、著者、主旨内容等。因此，可通过以下途径查找图书。

(1) 书名途径。根据图书的名称(包括正书名、并列书名、副书名及说明书名等)进行查找，往往比较方便简单。

(2) 著者途径。根据著者、译者的名称进行查找，也比较方便。但是由于存在别名、笔名等同一著者不同名字的情况，以及外文姓名的姓与名编写方式不一致等情况，需与其他途径结合使用。

(3) 编号途径。编号途径是以图书特有的编号(包括国际标准书号ISBN、中国书号CN等)为特征进行查找的途径。编号的查找也会存在一定的缺漏，因为同一本书，不同的版本有不一样的出版书号，甚至平装书和精装书都会分配不同的ISBN号码。因此，如果只依赖一个图书号码作为检索途径，很可能造成遗漏。

(4) 分类途径。分类途径是按照学科分类体系进行查找的途径。采用这一途径的前提是了解分类体系，并对查找的图书所属类别有比较明确的认识。

(5) 主题途径。主题途径是通过图书内容的主题(包括书的内容要点、涉及人物及事件等)进行检索的途径。编制图书目录时，往往从图书中抽取代表主体内容的主题，并从主题词表中选取主题词，按一定顺序排列为主题目录以供检索。

上述这些检索途径同样适用于纸质图书和电子图书，如能够多种途径结合使用，互相配合、互为补充，就能比较快捷地找到所需要的图书。

7.3 科技查新

随着科学技术的不断发展，学科分类越来越细，信息源于不同的载体已成为普遍现象，这给获取信息带来了一定的难度。有关研究表明，技术人员查阅文献所花的时间，约占其工作量的50%，若通过专业查新人员查新，则可以大量节省科研人员查阅文献的时间。查新机构一般具有丰富的信息资源和完善的计算机检索系统，能提供从一次文献到二次文献的全面服务，可检索科技、经济、商业等资料的数据库，内容涉及各种学术会议和期刊的论文、技术报告、学位论文、政府出版物、科技图书、专利、标准和规范、报纸、通告等，保证信息的回溯性和时效性，基本能满足科研工作的信息需求。

7.3.1 科技查新概述

1. 科技查新简介

科技查新(简称查新)是指具有查新业务资质的查新机构，根据查新委托人提供的需要查证其新颖性的科学技术内容，按照《科技查新规范》进行操作，并做出关于检索结果的查新结论。查新结论也称查新报告。

科技查新内容包括以下几点。

(1) 科研课题立项查新。

(2) 科研成果鉴定查新。

(3) 新产品立项查新。

(4) 新产品鉴定查新。

(5) 科技成果、发明奖励查新。

(6) 专利申请查新、项目引进查新。

(7) 各级成果的鉴定、验收、评估、转化查新。

(8) 技术引进查新。

2. 科技成果

科技成果是指在科学技术研究、开发、试验和应用推广等方面取得的收获。科技成果包括研究课题结束取得的最后结果，还包括研究课题过程中取得的可以独立应用或具有一定学术意义的阶段性成果。一般来说，科技成果可分为基础理论成果、应用技术成果和软科学成果。

基础理论成果是指探索自然界各种物质形态及其运动规律，揭示各种自然现象之间的联系而取得的具有一定学术意义的科学理论成果。

应用技术成果是指为提高生产力水平而进行的科学研究、技术开发、后续试验和应用推广中所产生的具有实用价值的新技术、新产品等。

软科学成果是指在促进科技与经济、社会协调发展中，对战略、政策、规划、评价、预测、情报、科技决策、科技立法、科技管理，以及其他有关管理科学等进行研究所获得的成果。

科技成果具有以下基本特征。

(1) 新颖性与先进性。没有新的创见、新的技术特点，或与已有的同类科技成果相比较为先进之处，不能作为新科技成果。

(2) 实用性与重复性。实用性包括：符合科学规律、具有实施条件、满足社会需要。重复性是可以被他人重复使用或进行验证的。

(3) 应具有独立、完整的内容和存在形式，如新产品、新工艺、新材料及科技报告等。

(4) 应通过一定形式予以确认，如专利审查、专家鉴定、检测、评估或者市场认定等。

3. 科技查新与文献检索及专家评审的区别

文献检索是针对具体课题的需要，仅提供文献线索和原文，对课题不进行分析和评价。专家评审主要是依据专家本人的专业知识、实践经验，对事物的综合分析能力以及所了解的专业信息，对被评对象的创造性、先进性、新颖性、实用性等做出评价。评审专家的作用是一般科技情报人员无法替代的，但具有一定程度的主观影响。

科技查新是文献检索和情报调研相结合的情报研究工作，它以文献为基础，以文献检索和情报调研为手段，以检出结果为依据，通过综合分析，对查新项目的新颖性进行情报学审查，写出有依据、有分析、有对比、有结论的查新报告，也就是说查新是以通过检出文献的客观事实来对项目的新颖性做出结论。因此，查新有较严格的年限、范围和程序规定，有查全、查准的严格要求，要求给出明确的结论，查新结论具有客观性和鉴证性，但其不是全面的成果评审结论。这些都是单纯的文献检索所不具备的，也有别于专家评审。

7.3.2 科技查新的意义和作用

科技查新是信息检索的组成部分，在科研工作中有着重要的意义和作用。

1. 科技查新为科研立项提供客观依据

由中国科技部和教育部等所组建的科技查新中心，其任务就是开展查新服务等工作。国家规定用户在科研立项前，首要的工作是全面、准确地掌握国内外的有关情报，查清国内外有关科学技术的发展水平、研究开发方向；查清该课题是否已研究开发或正在研究开发、研究开发的深度及广度、已解决和尚未解决的问题等；查清科研课题在论点、研究开发目标、技术路线、技术内容、技术指标、技术水平等方面是否具有新颖性。这样可以防止重复研究开发而造成人力、物力、财力的浪费和损失。

2. 科技查新为科技成果的鉴定、评估、验收、转化、奖励等提供客观依据

科研主管部门规定，必须在成果鉴定时进行查新，以确定成果的水平。查新资料为科技成果的鉴定、评估、验收、转化、奖励等提供客观的文献依据。查新还能保证科技成果鉴定、评估、验收、转化、奖励等的科学性和可靠性。若无查新部门提供可靠的查新报告作为文献依据，只凭专家小组的专业知识和经验，难免会有不公正之处，可能会得不出确切的结论。高质量的查新，结合专家丰富的专业知识，保证了鉴定、评估、验收、转化、奖励等的权威性和科学性。

3. 科技查新为科技人员进行研究开发提供可靠而丰富的信息

随着科学技术的不断发展，以及学科分类越来越细，信息的获取有一定的难度。通过科技查新，则可以节省大量查阅文献的时间，并为科研人员的研究开发提供可靠而丰富的信息。

4. 科技查新在技术转让、专利纠纷、技术引进中发挥重要作用

在实施技术转让时，通过查新检索，可以掌握有关技术信息，了解谈判对象情况、技术先进程度、专利有效年限，以便有效地维护自身利益。在引进技术或引进设备时，通过查新可以对外商的资金、资信及信誉度进行了解，看其资金是否落实，看生产的产品能否外销。在申请专利、实施专利及发生专利纠纷时查新，可以了解其是否具有新颖性和先进性。

7.3.3 科技查新流程

1. 查新委托

(1) 查新委托人自我判断待查新项目是否属于查新范围。

(2) 查新委托人根据待查新项目的专业、科学技术特点、查新目的、查新要求以及需要查证其新颖性的科学技术内容，自主选择查新机构。

(3) 向查新机构提交在处理查新事务时所必需的科学技术资料和有关材料。

2. 查新受理

(1) 查新机构判断待查新项目是否属于查新范围，判断查新项目所属专业是否属于本机构承担查新业务的受理范围。

(2) 确定查新员和审核员。

(3) 初步审查查新委托人提交的资料是否存在缺陷，是否符合查新要求；判断查新委托人提交的资料内容是否真实、准确。

(4) 判断查新委托人提出的查新要求能否实现。

(5) 确认能否满足查新委托人的时间要求。

(6) 初步判别查新项目的新颖性。

(7) 若接受查新委托，查新机构按照规范中关于查新合同的要求与查新委托人订立查新合同。

3. 查新检索

1) 检索准备

查新员认真、仔细地分析查新项目的资料，以及查新委托人提出的查新点与查新要求；了解查新项目的科学技术特点。在检索前，还要做好以下几项工作。

(1) 明确检索目的。根据检索目的确定主题内容的特定程度和学科范围的专指程度，使

主题概念能准确地反映查新项目的核心内容。

(2) 确定检索文献的类型和检索的专业范围、时间范围，制定周密、科学而具有良好操作性的检索策略。

(3) 选择检索工具。在分析检索项目的基础上，根据检索目的和客观条件，选择最能满足检索要求的检索工具。手检时，根据专业对口、文种适合、收录完备、报道及时、编排合理、揭示准确的原则，选择检索工具书。机检时，在检索前根据查新项目的内容、性质和查新的要求，选择合适的检索系统和数据库。

2) 确定检索方法和途径

根据查新项目所属专业的特点、检索要求和检索条件确定检索方法。在手检条件下，文献的检索途径就是检索工具书中的目次、正文和辅助索引提供的途径。检索工具书提供的检索途径主要有分类途径、主题途径、文献名称途径、著者途径、文献代码途径及其他特殊途径。分类途径和主题途径是手检的主要途径。在机检条件下，为了确定检索途径，应当先弄清数据库采用的是规范化词表还是自由文本式词表，指示主题性质的代码是标准的还是任选的，提问式如何填写，再将表达检索提问的各概念依照数据库采用的词表转换成检索语言，即主题词、分类词、关键词等。

3) 正式检索

查找时，以机检为主，手检为辅。除利用检索工具书和数据库外，必要时还需补充查找与查新项目内容相关的现刊，以防漏检。此外，还应当注意利用相关工具书，如手册、年鉴等。在得出最终检索结果之前，有时会出现查到的文献极少甚至根本没有查到文献，或者查到的文献太多的情况。因此，还需要对每次检索的结果进行检验和调整，以扩检或者缩检。

4. 完成查新报告

查新员按照下述步骤完成查新报告。

(1) 根据检索结果和阅读的需要，索取文献原文。

(2) 对索取得到的文献，根据查新项目的科学技术要点，分为密切相关文献和一般相关文献，并将相关文献与查新项目的科学技术要点进行比较，确定查新项目的新颖性，草拟查新报告。

(3) 聘请查新咨询专家。在必要时，根据查新项目的所属专业和科学技术特点，以及其他实际情况，选聘若干名同行专家担任查新咨询专家。

(4) 审核员根据行业规范、相关文献与查新项目的科学技术要点的比较结果，对查新程序和查新报告进行审核。

(5) 查新员填写查新报告。

(6) 查新员和审核员在查新报告上签字，加盖"科技查新专用章"。

(7) 查新报告由查新机构按年度统一编号，并填写"查新完成日期"。

(8) 整理查新报告附件。附件包括密切相关文献的原文的复印件、一般相关文献的文摘。查新员应当将所有附件按相关程度依次编号。

5. 提交查新报告

查新机构按查新合同规定的时间、方式和份数，向查新委托人提交查新报告及其附件。

6. 文件归档

查新员按照档案管理部门的要求，及时将查新项目的资料、查新合同、查新报告及其附件、查新咨询专家的意见、查新员和审核员的工作记录等存档，及时将查新报告上传到国家查新工作数据库。

7.3.4 科技查新技术规范

《科技查新技术规范》(GB/T 32003—2015)由7部分组成。该标准由中华人民共和国国家质量监督检验检疫总局、中国国家标准化管理委员会于2015年9月11日发布，2016年4月1日实施。

第1部分　范围，规定了科技查新的基本术语、科技查新应遵循的基本规则及基本流程，规定了查新报告的基本内容、要求以及撰写格式。

第2部分　规范性引用文件。

第3部分　术语和定义，包括科技查新、查新项目、查新机构、查新目的、查新范围、科学技术要点、查新点、新颖性、查新委托人、查新人员、查新员、审核员、科技查新合同、科技查新委托单、科技查新报告、查新结论、查新报告附件、检索、检索词、检索工具、数据库、文献检索范围、检索策略、检索提问式、文献、参考文献、相关文献、一般相关文献、密切相关文献、对比文献。

第4部分　查新原则，包括基本原则、单一性原则、新颖性判断原则、回避和保密原则。

第5部分　查新资质，包括查新员资质要求、审核员资质要求、查新机构资质要求。

第6部分　查新程序，包括查新委托与受理、检索、撰写查新报告、查新审核、出具查新报告、复审、查新文件归档。

第7部分　查新质量控制，包括总体要求、信息公开与查新标识、自查与抽查。

7.4 检索实例

利用国家科技图书文献中心查询中国科学院文献情报中心的近十年有关基因应用方面的中文文献馆藏资料。

1. 检索步骤

(1) 选择检索数据库：国家科技图书文献中心(http://www.nstl.gov.cn/)。

(2) 检索模式："文献检索"的高级检索模式。

(3) 文献类型：期刊、会议、学位论文、报告、专利、文集、图书、标准。

(4) 检索条件：关键词=基因and题名=应用，如图7.6所示。

(5) 馆藏范围：中国科学院文献情报中心。

(6) 时间范围(年)：2012—2022。

检索结果如图7.7所示。

图 7.6　国家科技图书文献中心高级检索

图 7.7　国家科技图书文献中心检索结果

2. 检索结果分析

利用国家科技图书文献中心可以有针对性地查询相关的馆藏文献，如"中科院文献情报中心""中国科学技术信息研究所""机械工业信息标准研究所""冶金工业信息标准研究所""中国化工信息中心""中国农科院农业信息研究所""中国医科院医学信息研究所""中国标准化研究院国家标准馆"和"中国计量科学院文献馆"的馆藏文献。

本章小结

随着信息技术的发展和人类创造知识信息量的指数增长，人们的生活方式、教育模式、学习方法和研究方法都发生了根本的改变。信息检索不仅是信息服务机构的工作重心，还是联系信息生产者和信息使用者的桥梁，同时还是提高研究效率、节约研究费用的保障。本章介绍了部分文献信息服务系统的作用及其功能，描述了科技查新在科学研究中的作用以及查新流程。

【关键术语】

图书馆系统　　　文献信息系统　　　科技查新　　　数字图书馆

综合练习

一、填空题

1. 文献信息服务系统包括 _____、_____、_____、_____。
2. 图书馆系统主要分为 _____、_____ 和 _____。
3. _____ 是指在科学技术研究、开发、试验和应用推广等方面取得的收获。
4. 书籍按照图书功能来分类，可分为 _____ 和 _____。
5. 科技成果分为 _____、_____ 和 _____。
6. 国家科技成果网的网址是 _____。
7. _____ 是经国务院批准的我国高等教育"211工程""九五""十五"总体规划中3个公共服务体系之一。
8. 查新检索的步骤有 _____、_____、_____。

二、判断题

1. 文献信息服务系统指的是基于Internet的数字化文献信息服务系统。　　　　　　（　　）
2. 大英图书馆以1亿2800万册的馆藏量成为图书馆历史上之最。　　　　　　　　（　　）
3. 科技成果的实用性是指科技成果与已有的同类科技成果相比较，其所有的先进之处。
　　　　　　　　　　　　　　　　　　　　　　　　　　　　　　　　　　　　（　　）
4. 中国数字图书馆是运用现代高新技术所支持的国家级数字资源系统工程。　　　（　　）
5. 科技查新为科研立项提供客观依据。　　　　　　　　　　　　　　　　　　　（　　）
6. 没有新的创见、新的技术特点，或与已有的同类科技成果相比较为先进之处，不能作为新科技成果，属于科技查新的实用性与重复性。　　　　　　　　　　　　（　　）
7. 中科院科技成果数据库不仅仅包含中科院各研究所的科技成果。　　　　　　　（　　）

三、选择题（单选或多选）

1. （　　）居亚洲之首，是世界五大图书馆之一，同时也是世界收藏中文图书最丰富的图书馆。

    A. 中国国家图书馆   B. 日本国家图书馆

    C. 中国香港地区的香港图书馆   D. 韩国国家图书馆

2. (　　)是指图书馆根据用户的借阅历史、学科背景等为用户提供推荐信息，或用户按照自己的个人信息资源需求来进行各种订制，通过图书馆网络系统的智能检索和信息推送等功能模块，实现为不同用户提供有针对性的信息服务。

    A. 参考咨询服务   B. 文献整理服务

    C. 互借服务   D. 个性化信息推送服务

3. 以下不属于电子图书形式的是(　　)。

    A. 光盘电子图书   B. 虚拟电子图书

    C. 网络电子图书   D. 便携式电子图书

4. (　　)是指探索自然界各种物质形态及其运动规律，揭示各种自然现象之间的联系而取得的具有一定学术意义的科学理论成果。

    A. 科技成果   B. 基础理论成果

    C. 应用技术成果   D. 软科学成果

5. 不属于CALIS能提供的信息服务的是(　　)。

    A. 信息检索   B. 全文下载

    C. 馆际互借   D. 文献传递

四、简答题

1. 请你列出你所知道的世界五大图书馆以及网址。
2. 简述CIP的含义及作用。
3. 什么是科技查新？简述科技查新的意义和作用。
4. 通过实践了解我国高校图书馆，并指出该馆藏量最大的是哪本图书？
5. 请列出你所了解的国内科技信息资源检索系统，至少3个。

五、检索实训

    姓名：　　　　　　检索时间：

课题7.1：在中国国家数字图书馆中查找书名中有"太空"，主题词包括"航空"的图书，请写出该图书的书名、出版社、出版年、ISBN号。

    检索目的：掌握数字图书馆的基本操作与应用。

    检索要求：了解中国国家数字图书馆检索方法，可以通过手机进行查询。

    检索结果：

课题7.2：完成"溶胶-凝胶法制备无机/有机复合多功能纤维素纤维集成技术研究"的科技查新报告。

    检索目的：掌握科技查新工作如何开展，以及如何撰写科技查新报告。

检索要求：

(1) 科技查新平台由学生自己选定。

(2) 本题目的查新点如下。

- 采用无机高分子阻燃剂的阻燃纤维素纤维(粘胶纤维)及阻燃抗菌粘胶纤维、原液着色阻燃粘胶纤维。
- 溶胶-凝胶法制备阻燃纤维技术。

(3) 查新要求：要求查新机构通过查新，证明在国内外范围内有无相同或类似的文献报道，对本项目的新颖性做出判断。

(4) 该科技查新报告格式具体如下。

- 题目。
- 文献检索范围及检索策略：专利、科技文献、学术论文、会议论文、报纸等。
- 检索词及检索策略。
- 检索结果：每个重点文献的详细信息。
- 查新结论：对科技查新文献进行分析，并总结、提炼文献内容。

检索结果：

课题 7.3：利用你所在高校的数字图书馆，查询计算机学科中书名含有"Oracle"，作者为"袁晓君"，掌握数字图书馆的基本操作与应用。

检索目的：掌握高校数字图书馆的基本操作与应用。

检索要求：

(1) 选择某高校数字图书馆；

(2) 选择恰当的检索策略，并写出检索表达式；

(3) 写出检索的图书相关信息，包括书名、出版社、CIP数据信息。

检索结果：

参考文献

[1] 张振华. 信息检索与论文写作[M]. 北京：高等教育出版社，2012.

[2] 肖珑等. 数字信息资源的检索与应用(第二版)[M]. 北京：北京大学出版社，2013.

[3] 陈蔚杰，徐晓琳，谢德体. 信息检索与分析利用(第3版)[M]. 北京：清华大学出版社，2013.

[4] 李振华. 文献检索与论文写作[M]. 北京：清华大学出版社，2015.

[5] 邹广严，王红兵. 信息检索与利用(第二版)[M]. 北京：科学出版社，2015.

[6] 时雪峰等. 科技文献信息检索与利用(第4版)[M]. 北京：清华大学出版社，北京交通大学出版社，2015.

[7] 郭爱章，张洁. 网络应用与综合信息检索(第3版)[M]. 北京：清华大学出版社，2016.

[8] 刘富霞. 文献信息检索教程(第3版)[M]. 北京：机械工业出版社，2016.

[9] 陈英. 科技信息检索(第6版)[M]. 北京：科学出版社，2016.

[10] 赵静. 现代信息查询与利用(第四版)[M]. 北京：科学出版社，2018.

[11] 世界知识产权组织.国际外观设计分类表(第12版)中英文对照[M]. 国家知识产权局专利局，译. 北京：知识产权出版社，2019.

[12] 时雪峰等.科技文献信息检索与利用(第5版)[M]. 北京：清华大学出版社，2020.

附录 A

模拟试卷一

姓名：　　　　　　学号：　　　　　　专业：

本试卷一共6道大题，共3页，满分100分。

阅卷人		题号	一	二	三	四	五	六	合计
核分人		题分	10	20	10	20	10	30	100
总 分		得分							

一、单项选择题（请将正确答案的选项填在括号内，每题1分，共10分。）

1. "便于保存传递，但需要借助阅读机阅读"是以感光材料记录文字及相关信息的（　　）信息载体类型的特点。

　　A. 印刷型　　　　B. 电子型　　　　C. 声像型　　　　D. 微缩型

2. 下列文献中属于二次文献的是（　　）。

　　A. 百科全书　　　B. 学位论文　　　C. 会议文献　　　D. 目录

3. 在百度搜索引擎的高级搜索页面中有以下4个检索词输入框，其中相当于对检索词添加引号（""）进行精确检索的是（　　）。

　　A. 包含以下的完整关键词　　　　　　B. 包含以下全部的关键词

　　C. 包含以下任意一个关键词　　　　　D. 不包含以下关键词

4. 国际专利分类法(IPC)是以等级形式，将技术内容按部、分部、大类、小类、主组、分组逐级分类，组成一个完整的分类体系。部由大写字母表示，那么字母D是对（　　）部的表示。

　　A. 作业 运输　　　　　　　　　　　B. 纺织 造纸

　　C. 固体 建筑物　　　　　　　　　　D. 化学 冶金

5. 有法律约束力和一定的时效性，经权威机构批准的规章性文献是（　　）。

　　A. 标准文献　　　B. 学位论文　　　C. 档案文献　　　D. 科技报告

6. 信息资源检索中，在已获得所需文献的基础上，再利用文献末尾所附参考文献等作为检索入口查找更多文献的方法称为（　　）。

　　A. 顺查法　　　　B. 倒查法　　　　C. 回溯法　　　　D. 综合法

7. 下列选项中，并非搜索引擎功能的是(　　)。
   A. 及时搜索网络信息　　　　　　　　　　B. 搜索有效、有价值的网络信息
   C. 有目的地组织和存放网络信息　　　　　D. 有针对性地搜索网络信息
8. 了解各个国家政治、经济、科技发展政策的重要信息源是(　　)。
   A. 科技报告　　　　B. 政府出版物　　　　C. 档案文献　　　　D. 标准文献
9. 下列选项中不属于图书特点的是(　　)。
   A. 信息较新颖　　　B. 出版周期长　　　　C. 内容全面可靠　　D. 内容更新慢
10. 查找某一年的新闻、事件、数据和统计资料，应该用(　　)类参考工具书。
    A. 字词典　　　　　B. 年鉴　　　　　　　C. 手册　　　　　　D. 名录

二、填空题 (每空 1 分，共 20 分。)

1. 按信息源的表现形式分类，可将信息资源分为_____、数据型信息源、_____和多媒体信息源。
2. 分类语言是以_____为基础，用号码作为概念标识，按分类编排的_____。
3. 引文检索也称为_____检索，就是查找论文被收录或引用的情况，可通过被引著者、_____、被引刊名、被引论文题名进行引文检索，获得著者被引、刊物被引、论文被引等数据。
4. 在计算机信息检索中，用于组配检索词和限定检索范围的布尔逻辑运算符包括_____、_____和_____3种。
5. _____是提取标准文献原文的主要依据。
6. 信息资源收集的原则包括_____原则、真实性原则、系统性原则、及时性原则、_____原则、重要性原则。
7. 《中国图书馆分类法》共分_____个基本部类，下分22个大类。
8. _____是指在科学技术研究、开发、试验和应用推广等方面取得的收获。
9. 查新检索的步骤有_____、确定检索方法和途径、_____。
10. 图书馆系统主要分为_____、_____和科技图书馆。
11. CNKI的《中国期刊全文数据库》的全文格式有_____和_____两种。

三、判断题 (每题 1 分，共 10 分，若陈述正确，请在括号内打"√"；若陈述错误，请在括号内打"×"。)

1. 文献是用文字、图形、符号、音频、视频等技术手段记录人类知识的一切物质载体。
(　　)
2. 搜索引擎是互联网上专门用于检索网络信息的网站统称，并且是提供检索的网络信息的在线检索工具。
(　　)
3. 信息检索大体上分为两种类型，即文献检索和数据检索。(　　)
4. 文学类文献，在《中国图书馆分类法》中用字母J表示。(　　)

5. 索引是将文献中有价值的知识单元按照一定原则和方法有序编排起来，以供检索的工具书。（ ）
6. 年鉴是汇集一年内的重要时事、文献和统计资料，按年度连续出版的工具书。（ ）
7. 截词检索相当于用逻辑"或"扩展检索的范围，可以提高检索的查全率。（ ）
8. 国内大多数图书馆都把《中国图书馆分类法》作为图书排架的依据。（ ）
9. 搜索引擎建立的索引与目录服务相同，都是搜集网页上的单词。（ ）
10. 检索有关农产品加工的文献，用"农产品*加工"检索，不必用"鸡蛋""牛奶""棉花"等词扩大检索。（ ）

四、问答题（每题4分，共20分。）

1. 什么是文献？文献有几种类型？
2. 在数据库检索中，当检出的文献数量较少时，分析其可能原因，以及采用何种对应措施，才能增大文献信息的检出量。
3. 试举例说明国家标准号的构成。
4. 如何查找文学作品中的人物评价文献？
5. 简述中国经济信息网(http://www.cei.gov.cn)所提供的信息服务内容。

五、综合检索（每题10分，共10分。）

检索课题：有关"激光治疗近视眼"的文献。

检索要求：

(1) 分析课题，确定课题所属类目，提取关键词。
(2) 确定检索该课题所用的检索工具。
(3) 查阅分类类目(或主题索引)，列出所查到的分类号、类目、页码(或主题词及相关文献号)。
(4) 查找文献线索，写出所查到文献的著录款目。
(5) 根据所查文献线索获取文献，要求写出刊名、年、卷、期、起止页、文种等。

六、检索操作（每题10分，共30分。）

1. 请检索下面文章的被引次数，要求写出检索工具、检索词、检索字段、检索式和检索结果。

Gerda C, Bradley K J. Integrated PM Machine Design for an Aircraft EMA. IEEE Transactions on Industrial Electronics, 2008, 55(9): 3300-3306.

2. 查找华为公司2019—2022年申请的中国专利数量，并记录其中一件专利的名称、类型、公开号、申请号等特征。

3. 请在中国高等教育学生信息网(http://www.chsi.com.cn)进行你的学历信息检索。要求利用你的身份证号、姓名作为查询条件，核对你的学籍，并核对你所取得的学历证书，把查询结果记录下来。

附录 B

模拟试卷二

姓名：　　　　　　学号：　　　　　　专业：

本试卷一共6道大题，共4页，满分100分。

阅卷人	题号	一	二	三	四	五	六	合计
核分人	题分	20	20	10	20	10	20	100
总分	得分							

一、单项选择题（请将正确答案的选项填在括号内，每题2分，共20分。）

1. 下列选项中属于"国内统一刊号"的是(　　)。
   A. ISBN 7-04-014623-1　　　　　　　B. ISSN 0254-4164
   C. CN 11-2127/TP　　　　　　　　　D. 0254-4164/TP

2. 下述文献中属于特种文献的是(　　)。
   A.《网络信息检索简明教程》
   B.《博士论文——论网络时代的商务模式演变》
   C.《东南快报》
   D.《计算机工程与应用》

3. 检索"唐宋诗歌"的有关信息，以下检索式正确的是(　　)。
   A. (TI=唐 or TI=宋) and TI=诗歌　　　B. TI=唐 or TI=宋 and TI=诗歌
   C. 唐 and 宋 or 诗歌　　　　　　　　D. TI=唐 or TI=宋 or TI=诗歌

4. 在检索用词中，从文献题名、文摘和正文中抽出不做或稍做规范处理，具有实际意义的词是(　　)。
   A. 单元词　　　　B. 叙词　　　　C. 关键词　　　　D. 标题词

5. "刘志新，四轮驱动汽车牵引力模糊控制方法仿真研究[J]. 拖拉机与农用运输车，2005，(4)：23-25."其中，J代表的文献类型是(　　)。
   A. 专利　　　　　B. 会议论文　　　C. 专著　　　　　D. 期刊

6. WWW检索工具主要检索WWW站点上的资源，通常称为搜索引擎。常用的搜索引擎有很多，下列选项中不是搜索引擎网址的是(　　)。

　　A. http://www.sohu.com　　　　　　　　B. http://www.baidu.com

　　C. http://www.google.com　　　　　　　D. http://www.cnki.net

7. 若想找到某学位论文的电子版并下载到本地计算机中，应在(　　)中查找。

　　A. 维普中文科技期刊数据库　　　　　　B. 复印报刊资料全文数据库

　　C. 超星数字图书馆　　　　　　　　　　D. 万方数据资源系统

8. 国外著名的三大索引检索工具中隶属于"美国工程信息公司"的是(　　)。

　　A. 科学引文索引　　　　　　　　　　　B. 工程索引

　　C. 科学评论索引　　　　　　　　　　　D. 科学技术会议录索引

9. 根据国家标准GB/T 7713.1—2006《学位论文编写规则》，学位论文由5部分构成，不包括(　　)。

　　A. 前置部分　　　B. 主体部分　　　C. 版权说明　　　D. 参考文献

10. (　　)是指通过文献信息资料的主题内容进行检索的途径。

　　A. 题名检索途径　　　　　　　　　　　B. 作者检索途径

　　C. 分类检索途径　　　　　　　　　　　D. 主题检索途径

二、填空题（每空1分，共20分。）

1. 《中国图书馆分类法》有5个基本部类，分别是马克思主义、列宁主义、毛泽东思想，哲学，社会科学，自然科学以及综合性图书，在此基础上又划分为_____个大类。

2. 按内容可将计算机检索系统的数据库类型分为文献书目型数据库、_____、数值型数据库和_____数据库。

3. 追溯法是指利用已经掌握的文献末尾所列的_____，进行逐一地追溯查找_____的一种最简便的扩大情报来源的方法。

4. 在实际检索中，文献的检索方法主要有直查法、_____、_____和综合法。

5. 国际标准化组织简称为_____，本标准每_____年修订一次

6. 专利有3层含义：_____、_____和_____。

7. 检索工具按信息加工的手段，可以分为_____工具、机械检索工具和_____工具。

8. 在计算机信息检索中，用于组配检索词和限定检索范围的布尔逻辑运算符包括_____、_____和逻辑"非"3种。

9. _____是汇集词语，解释概念、词义和用法，并按一定的方法编排，供查检的参考工具。

10. 误检率是指检索出的_____文献数与检索出的文献总数的百分比。

11. 授予专利的时候给出的编号是_____。

12. 所需信息被检出程度的信息量指标为_____。

三、判断题（每题1分，共10分，若陈述正确，请在括号内打"√"；若陈述错误，请在括号内打"×"。）

1. 文献是用文字、图形、符号、音频、视频等技术手段记录人类知识的一切物质载体。（　）
2. 检索性工具书是指积累、报道和查找文献线索的书刊，它是在一次文献的基础上，按照规划和需要编制的二次文献。（　）
3. 信息是指人类社会活动中累积的信息、信息生产者、信息技术等要素的集合。（　）
4. 计算机信息检索系统是由计算机、检索终端设备和数据库组成的文献信息检索系统。（　）
5. CA与EI是英国《科学文摘》与美国《工程索引》的简称。（　）
6. 年鉴是汇集一年内的重要时事、文献和统计资料，按年度连续出版的工具书。（　）
7. 截词检索相当于用逻辑"或"扩展检索的范围，可以提高检索的查全率。（　）
8. 区分图书和期刊的主要标准是看厚薄情况。（　）
9. 专利文献根据发明创造的性质，可以分为发明、实用新型和外观设计专利。（　）
10. 国际标准书号的英文简称是ISBN，新版国际标准书号2007年正式实施，国际标准书号由10位升至13位。（　）

四、问答题（每题4分，共20分。）

1. 简述网络资源的特点和种类以及搜索引擎的功能。
2. 计算机信息检索技术包括哪些？
3. 简述特种文献的特点和作用，以及学术论文的结构。
4. 按级别分的标准的类型有哪些？我国标准分为哪些等级？分别用哪些符号表示？

五．检索分析（1小题，共10分）

说明下图中标记处的作用。

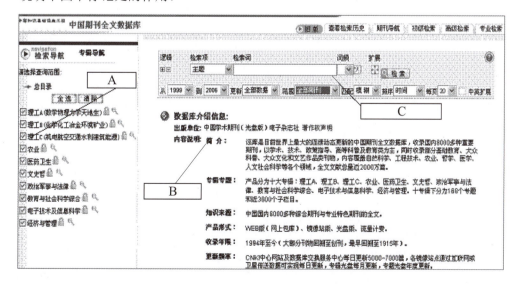

六、综合检索（共 5 小题，共 20 分。）

1. 请查找并给出下面这篇文章的SCI收录号。(3分)

   A Blind Source Separation Based Method for Speech Encryption，
   IEEE TRANSACTIONS ON CIRCUITS AND SYSTEMS-I:
   REGULAR PAPERS, VOL. 53, NO. 6, JUNE 2006

2. 利用CNKI期刊导航，查找你所在专业的两种核心期刊，写出刊名、主办单位、ISSN号和CN号。(4分)

3. 查找2016—2017年，中国农业大学授予的、农学专业的学位论文全文。(3分)

4. 检索2018年有关"计算机网络"方面的文献，检索要求如下。(5分)

   (1) 文献类型为会议，文献处理类型为理论，语种为英文。

   (2) 记下检索到的数量及第一条记录的篇名、作者、刊名(或会议名称)、年、卷、期、出版地、出版社(或会议召开的时间、地点、主办单位等信息)等。

5. 在中国知网CNKI期刊全文数据库中检索2006—2011年关键词为"纳米材料"的文献有多少篇？在结果中以关键词为"合成"进行二次检索，结果有多少篇？(5分)

附录 C 微课堂导学

微课堂通过十个专题：信息检索概述、信息检索特征、CNKI数据库检索、万方数据资源检索、网络信息检索、网络信息检索实例与技巧、专利检索、标准检索、国外科技信息检索、学位论文的检索，为读者展现了学习信息检索的意义、信息检索原理、CNKI和万方数据资源的特征和检索方法、搜索引擎工作原理、如何快速准确地利用搜索引擎、专利文献和标准文献的检索途径、如何检索EI数据资源、硕士和博士学位论文的检索方法等。

本书的微课堂是以PAM模型架构的，即提出问题(P，pose the problems)、分析问题(A，analyze the problems)、解决问题(M，manage the problems)。

首先，提出该课堂的专题或目标(P)；然后，分析出该专题要掌握的知识点(A)；最后，给出解决问题的方法和实例(M)。

微课堂 1：信息检索概述

P：信息检索原理

A：文献的分类和特点，信息检索方法

M：信息检索的步骤(检索实例分析)

微课堂 2：信息检索特征

P：为什么要学习《信息检索》

A：信息、知识、情报、文献、信息检索

M：信息检索工具(目录、索引、文摘)的利用

微课堂 3：CNKI 数据库检索

P：如何利用CNKI进行检索

A：CNKI期刊数据资源的特点、种类

M：CNKI期刊数据检索实例(初级检索、高级检索、专业检索)

微课堂 4：万方数据资源检索

P：万方数据资源如何检索

A：万方数据资源的特点、文献类型

M：万方数据知识服务平台检索实例(初级、高级、刊名导航)

微课堂 5：网络信息检索

P：搜索引擎是如何工作的

A：搜索引擎的工作原理，常用的搜索引擎

M：百度搜索引擎检索特点分析

微课堂 6：网络信息检索实例与技巧

P：如何快速准确地利用搜索引擎

A：搜索引擎检索策略、常见错误

M：搜索引擎检索实例分析(正确、错误)

微课堂 7：专利检索

P：申请专利前的检索准备

A：专利文献的结构、类型、特点

M：国家知识产权局专利检索途径

微课堂 8：标准检索

P：如何检索国内外标准文献

A：标准、标准文献、标准分类、标准文献结构

M：国家标准化委员会标准检索途径

微课堂 9：国外科技信息检索

P：如何检索EI数据资源

A：《工程索引》(EI)、美国《科学引文索引》(SCI)、英国《科学文摘》(CA)的资源特点和检索途径

M：EI Compendex Web检索方法

微课堂 10：学位论文的检索

P：如何检索硕士、博士学位论文

A：学位论文特点，学位论文组成，学位论文检索资源

M：常用学位论文检索数据库检索途径

微课堂的讲解深入浅出，在注重系统性和科学性的基础上，突出了实用性及可操作性，对重点知识和方法进行详细讲解，并引导读者更好、更快地完成信息检索任务，并掌握检索方法。微课堂的主讲教师有：方新儒、曹辉、肖倩、李佳洋。